«Im Schatten Deiner Flügel»
Tiere in der Bibel und im Alten Orient

Gefördert durch die
● ── GEBERT RÜF STIFTUNG ──●

Stationen der Ausstellung 2000-2003:
Fribourg, Zürich, Chur, Wiesbaden, Winterthur, München, St.Gallen

Die Deutsche Bibliothek – CIP-Einheitsaufnahme

Im Schatten deiner Flügel : Tiere in der Bibel und im Alten Orient / Othmar Keel ; Thomas Staubli
mit Beitr. von Susanne Bickel..., - Freiburg, Schweiz : Univ.-Verl., 2001
ISBN 3-7278-1358-X

0101 deutsche buecherei

Konzept:
Othmar Keel und Thomas Staubli

Redaktion:
Thomas Staubli

Satz und Layout:
Benny Mosimann, Atelier für Gestaltung, Bern, CH

 © Projekt «BIBEL+ORIENT Museum», Freiburg, CH 2001

Druck: Bolliger Druck, Köniz, CH
Bindung: Schumacher AG, Köniz, CH
Vertrieb: Universitätsverlag Freiburg, CH

ISBN 3-7278-1358-X

«Im Schatten
Tiere in der Bibel und im Alten Orient
Deiner Flügel»

Othmar Keel – Thomas Staubli

mit Beiträgen von
Susanne Bickel, Ingrid Glatz, Hildi Keel-Leu, Max Küchler, Madeleine Page Gasser,
Silvia Schroer, Ursula Seidl und Christoph Uehlinger

Universitätsverlag Freiburg Schweiz

IN MEMORIAM

Dr. Leo Mildenberg
(14.2.1913 - 14.1.2001)

Kat. 21
Tongefäss eines beladenen Kamels

Inhalt

| | 7 | Vorwort |

Zur Einleitung | 8 | *Silvia Schroer*
«Im Schatten Deiner Flügel»

Kapitel I | 13 | **Warum im alten Israel Bären und Hirsche neben Nilpferden und Krokodilen lebten**
Historische Tiergeographie

Thomas Staubli
Tiergeographie des antiken Palästina/Israel

Kapitel II | 20 | **Warum die Hebräerinnen ihren Kindern Namen wie «Hund», «Schaf», «Esel» und «Kuh» gaben**
Haustierwerdung und Wertung der Tiere

Thomas Staubli
Hinweise zur Haustierwerdung im Vorderen Orient

Othmar Keel
Tiere als Gefährten und Feinde

Ingrid Glatz
Tiernamen als Personennamen

Kat. 1-24

Kapitel III | 46 | **Warum man Hühner ass, aber keine Schweine**
Biblische Speisetabus und ihre Folgen

Thomas Staubli
Tiere als Teil menschlicher Nahrung in der Bibel und im Alten Orient

Kat. 25-45

Kapitel IV | 58 | **Warum bei der Taufe im Jordan eine weisse Taube zu Jesus fliegt**
Entstehung und Wandel von Tiersymbolen

Othmar Keel
Wie Tiere zu Symbolen wurden

Kat. 46-72

Kapitel V | 75 | **Warum man sich Gott als Schlange oder Aal vorstellen konnte**
Tiere als Gottessymbole

Othmar Keel
Hat Gott Tiergestalt?

Kat. 73-95

| 94 | Abkürzungsverzeichnis
| 95 | Abbildungsnachweis

Vorwort

Die Schlange im Paradies, Noachs Arche, das Goldene Kalb, die Eherne Schlange, Bileams Eselin, Jona im Walfisch, der Heilige Geist als Taube, Christus als Lamm... – in der Bibel ist fast auf jeder Seite von Tieren die Rede. Zur Zeit des Ersten oder Alten Testamentes waren Tiere im Gegensatz zu unserer industrialisierten Welt allgegenwärtig: Als unersetzbare Helfer bei der Arbeit, als Nahrungs- und Materialspender im Alltag, aber auch noch als reale Bedrohung in der damals üppigen Fauna ausserhalb der kultivierten Gebiete. Entsprechend gross war ihre Bedeutung im religiösen Symbolsystem.

Die professionelle Bibelauslegung, weitgehend von einer spirituell-theologischen, exklusiv auf das Verhältnis Gott-Mensch fixierten Tradition bestimmt, hat in ihren Entwürfen zur Religionsgeschichte und Theologie des antiken Israel die Tiere meistens schlicht ignoriert oder allegorisch gedeutet. Erst in letzter Zeit ist das Verhältnis zwischen Mensch und Tier in einigen Monographien und Sammelbänden systematisch angegangen worden, wodurch die Geschöpflichkeit des Menschen deutlicher hervortrat. Die Ausstellung, die dieser Katalog dokumentiert, will einen Beitrag zu diesen relativ neuen Bemühungen leisten. Dabei wurden die Aussagen der biblischen Schriften konsequent in ihren altorientalischen Kontext gestellt.

Das Grundgerüst der Ausstellung wurde im Rahmen eines Seminars des Departements für Biblische Studien der Universität Freiburg/Schweiz im Studienjahr 1999/2000 konzipiert und erstmals im Januar/Februar 2000 in vier Schaufenstern im Stadtzentrum von Freiburg realisiert, unter dem Motto: Die Universität kommt in die Stadt. Die sukzessiven Übernahmen der Ausstellung zuerst durch das Zoologische Museum der Universität Zürich (Mai-August 2000), dann durch das Bündner Natur-Museum in Chur (Januar-April 2001) und das Landeshaus Wiesbaden (April-Juni 2001) führten zur Erweiterung und Professionalisierung. Als sich weitere Ausstellungsstationen abzeichneten (Winterthur, München, St. Gallen, Lausanne), schien es uns angemessen, das vorerst flüchtige Dasein der Ausstellung durch einen umfassenden, konsequent illustrierten Katalog zu bereichern und zu dokumentieren. Die Ausstellung hat den Vorteil, durch die Präsentation originaler Zeitzeugen die Würde der Realität ernst zu nehmen. Der Katalog macht ihre Inhalte über die lokale und zeitliche Beschränktheit der Ausstellungen hinaus zugänglich.

Ohne die Stiftungen und privaten Donatorinnen und Donatoren, die uns den Kauf der Objekte erlaubten, und ohne die Leihgeber und Leihgeberinnen wäre die Ausstellung nicht möglich geworden. Die Realisierung des Katalogs in kurzer Zeit bedurfte der sachkundigen und spontanen Mitarbeit von Autoren und Autorinnen, die einzelne Objekte beschrieben haben, von Fotografen und der Fotografin, die die Objekte ins rechte Licht setzten. Die Theologin Prof. Silvia Schroer hat eine Einleitung in die Ausstellungsthematik verfasst, die die zur Darstellung gebrachten Themen mit Fragen unserer Zeit in Verbindung setzt. Ingrid Glatz hat einen Beitrag zu dem in der Forschung bisher vernachlässigten Thema der Tierbezeichnungen als Personennamen (vgl. Kap. IIc), den Ertrag ihrer Lizentiatsarbeit, beigesteuert. Prof. Dietrich Meyer, Biologe, hat die Kapitel I und IIa kritisch durchgesehen. René Schurte hat den Text lektoriert. Stefan Münger war bei der Bildverarbeitung behilflich. Ihnen allen sei an dieser Stelle ganz herzlich gedankt.

Der Katalog ist dem Andenken von Dr. Leo Mildenberg gewidmet. Als deutscher Jude seiner Generation hat er Hass und mörderische Aggressivität auf grausame Weise am eigenen Leib erfahren. In der Tradition einer antiken Praxis, die hauptsächlich durch Mosaikfussböden, und zwar pagane, jüdische und christliche, belegt ist*, hat er antike Darstellungen von Tieren gesammelt, die weder gejagt werden, noch sich gegenseitig fressen. Er hat so für sich und durch zahlreiche Ausstellungen für ein grosses Publikum ein virtuelles messianisches Reich geschaffen, in dem «der Wolf beim Lamme zu Gast ist und der Panther neben dem Ziegenböcklein lagert» (Jesaja 11,6). Diese utopische Welt, in deren jüdischer Version David als Orpheus fungierte, hat ihm und seiner Frau viel Freude gemacht und Zuversicht geschenkt. Dr. Mildenberg hat unser Projekt eines BIBEL+ORIENT Museums sehr unterstützt und die Ausstellung durch kostbare Leihgaben bereichert. Wir möchten ihm mit diesem Katalog danken, sein Andenken ehren und sein Werk ein Stück weiterführen.

Fribourg und Eern/Liebefeld, Oktober 2001

Othmar Keel und Thomas Staubli

* M. Barasch, Animal Metaphors of the Messianic Age. Some Ancient Jewish Imagery; The David Mosaic of Gaza; beide Aufsätze in: M. Barasch, Imago Hominis. Studies in the Language of Art, Wien 1991, 161-171.180-207.

Zur Einleitung

Silvia Schroer
«Im Schatten Deiner Flügel»

«Der Christ liebt die Tiere nicht mehr»
Bertolt Brecht lässt in einer Dorfschenkenszene seines frühen Stücks «Baal» (1919) den Titelhelden ein imposantes Fest für dessen Freund Ekart planen. Aus sieben Dörfern sollen die Bauern die besten Stiere zusammentreiben, nur damit sie beide sich an diesem Anblick weiden können. Baals Pläne werden jedoch durch den Pfarrer des Ortes rasch vereitelt. Enttäuscht sagt Baal zu Ekart: «Er begreift es nicht. Er hat die Geschichte verdorben. Der Christ liebt die Tiere nicht mehr.»

Treffsicher lässt Brecht die Konfrontation zwischen Baal, der seinen Namen und die Nähe zum Stier vom kanaanäischen Wetter- und Fruchtbarkeitsgott geerbt hat, und dem Vertreter der christlichen Religion auf diesen Satz zulaufen. Tatsächlich hat die christliche Tradition in ihrer anthropozentrischen Weltsicht und ihrem Misstrauen gegenüber allem «Animalischen» die Tierwelt häufig gering geachtet. Aus der Sphäre des Göttlichen musste sie fast gänzlich weichen. Da sie theologisch somit kaum eingebunden waren und die Isolierung des Unterwerfungsbefehls in Genesis 1,28 vom übrigen biblischen Kontext die gesamte Fauna buchstäblich zum Freiwild der Menschheit werden liess, konnten die Tiere in der abendländisch-christlichen Kultur einerseits zu reinen Objekten menschlicher Herrschaft, Ausbeutung und Ausrottung werden und andererseits der Romantisierung, Verhätschelung und Vermenschlichung anheimfallen. Die Aufarbeitung dieser unheilvollen Entwicklungen steht weitgehend noch aus. Beginnen kann sie mit der Erinnerung an biblische Traditionen, vor allem jene des Ersten (Alten) Testaments, das fast Seite um Seite von Tieren spricht.

Der hier vorliegende Katalog will, wie die Ausstellung, zur Erinnerungsarbeit beitragen und ermutigen. Er zeigt die vielen Facetten der biblischen Tierwelt und ihrer Symbolik in einer repräsentativen Auswahl auf, zum einen in Einleitungsbeiträgen, die jeweils besondere Aspekte des Themas beleuchten, zum anderen in Kommentaren zu den ausgestellten Objekten, die die Tierwelt des Alten Orients auf eindrückliche Weise sichtbar werden lassen.

Einspruch gegen die Tiervergessenheit der christlichen Theologie
Das Interesse an der biblischen Tierwelt kann ein zoologisches oder kulturgeschichtliches sein. Darüber hinaus bieten die Bilder und die biblischen Texte aber auch für hochaktuelle alltagsbezogene Fragen erstaunlich viele Anknüpfungspunkte. Sie geben uns, die wir in einer nicht-agrarischen, hochtechnisierten und tierfeindlichen Welt leben, einiges zu denken.

Mich interessieren die Tiere als feministische Theologin aus zwei Gründen in besonderer Weise. Im herrschenden patriarchalen Symbolsystem gibt es zum einen eine ausgeprägte Verbindung von Natur oder der Vorstellung des Animalischen und Weiblichkeit, und es gibt historisch nachweisbar einen Zusammenhang zwischen Naturzerstörung und Frauenunterdrückung.[1] Die toten Fische in vergifteten Flüssen, das Quälen und Ausbeuten von Versuchs- und Nutztieren betrifft Frauen besonders, weil sie in der Pyramide der patriarchalen Herrschaft schon seit Aristoteles den Tieren näher stehen als Männer. Tiere und Frauen sind aus androzentrischer Perspektive, wenn auch nicht in derselben Weise, als ganz Andere konstruiert. Das Ergehen der Tiere ist deshalb in verhängnisvoller Weise mit dem Ergehen der Frauen verwandt. Wenn Frauen sich für Tiere engagieren, vollzieht sich somit eine Verbündung von Unterdrückten. Zum anderen hat die herrschende christliche Theologie des 20. Jahrhunderts sich einer weitgehenden Schöpfungsvergessenheit schuldig gemacht, indem sie ganz einseitig Geschichte und Offenbarung, Befreiung und Erlösung als Grundachsen des Glaubens betrachtete. Den israelitischen Schöpfungsglauben hielt man für ausgeliehen und spät. Nur sehr zaghaft beginnt sich die Exegese von diesen starken Prägungen der dialektischen Theologie zu befreien und die ausgeblendeten Bereiche, darunter die Tiertheologie, verstärkt in den Blick zu nehmen.[2]

Ein und dasselbe Geschick – Mensch und Tier sind im höchsten Grad verwandt
In den biblischen Texten gilt das Tier vorrangig als Geschöpf Gottes und zwar als das Lebewesen, das den Menschen am nächsten steht (Genesis 2,18ff). Mensch und Tier sind aus demselben Erdboden gebildet, und sie teilen das Geschick des Todes (Kohelet 3,19). In der Sintflut gehen Mensch und Tier zugrunde, miteinander werden sie in der Arche gerettet. Wie stark die Israeliten und Israelitinnen sich den Tieren verbunden fühlten, lassen ihre zahlreichen Tiernamen erahnen (s. Kap. IIB), aber auch viele Vorschriften zum Schutz der Tiere (s. Kap. IIA).

Nach beiden Schöpfungserzählungen der Genesis erschafft Gott mit der Tierwelt einen Teil des bewohnbaren Kosmos, in den hinein Adam, der Erdling, gesetzt wird. Die Beziehung zwischen Mensch und Tier wird dabei nicht idealisiert. Von Anfang an sind Defizite (die Tiere vermögen die Einsamkeit des Erdlings nicht wirkungsvoll zu beenden) oder Machtverhältnisse ein Thema. Nach der gemeinsamen Rettung aus der Sintflut verlaufen die Entwicklungen nicht zugunsten der Tiere, denn den Menschen wird nun der Fleischgenuss zugestanden, und von da an (Genesis 9,2) herrscht im Tierreich Furcht und Schrecken vor den Menschen. Paradiesischere Zustände sind vorstellbar. Wichtig aber ist die biblische Grundeinsicht: Tiere sind nicht so etwas wie Garnitur und Ausschmückung der Schöpfung, sondern wesentlicher Teil des Kosmos. Und deshalb gehören sie auch zu den biblischen Utopien, den Vorstellungen von der «neuen Welt».

Die ersehnte Heilszeit bringt nach Jesaja 11,4-9 Mensch und Tier endgültige Versöhnung und den Frieden. Die von Gott selbst eingesetzte Herrschaft des gerechten neuen Davidsprosses führt zu einer neuen Lebensordnung im Tierreich und einem neuen Verhältnis zwischen Mensch und Tier. Das alte Gesetz des Fressens und Gefressen- werdens ist aufgehoben. Angreifer und Beute liegen friedlich nebeneinander, die Giftschlange stellt keine Bedrohung für das unschuldige Kind dar. Der berühmte Tierfriede ist die weltbewegende, kosmische Auswirkung der sozialen Gerechtigkeit und der Gottesfürchtigkeit unter den Menschen. Für die Israeliten und Israelitinnen gehörte diese Einsicht zur religiösen Weltanschauung. Die Harmonie im einen Bereich der Schöpfung hat unmittelbaren Einfluss auf die Harmonie im anderen. Wir können den Zusammenhang logischkausal bestimmen: Ohne ein gerechtes Zusammenleben der Menschen wird es für die Tiere und zwischen Mensch und Tier keinen Frieden geben (und umgekehrt). Ob es nur diese ganz rationale Deutung geben kann, sei dahingestellt. Es ist bezeugt, dass Schweizer Kühe am 8. Mai 1945, dem Kriegsende, bis zu einem halben Liter mehr Milch gaben als sonst.[3]

Ein Reich Gottes ohne Tiere wird es nicht geben. Der Weltenbaum des Senfkorngleichnisses verkörpert in Anlehnung an altorientalische Tradition die lebensstiftende Ordnung Gottes, an der die Tiere teilhaben (Markus 4,30ff.): «Und Jesus sprach: Wie sollen wir das Reich Gottes abbilden oder unter welchem Gleichnis sollen wir es darstellen? Es gleicht einem Senfkorn, das, wenn es in die Erde gesät wird, kleiner ist als alle Samenarten auf Erden, und wenn es gesät wird, geht es auf und wird größer als alle Gartengewächse und treibt große Zweige, so dass die Vögel des Himmels unter seinem Schatten nisten können.»

Keine willkürliche Tötung von Tieren

Gemäß Psalm 8,7-9 hat Gott den Menschen die Haustiere und die Tiere des Feldes unter die Füße gelegt. Dieses Bild eines herrscherlichen Verhältnisses drückt einen Anspruch aus, der immerhin die Verteidigung des schwächeren Lebewesens gegen das stärkere einschließt. Das Recht, Tiere willkürlich zu töten, wird daraus auch in den Schöpfungsberichten (Genesis 1-3) nicht abgeleitet, zumal die Menschen zunächst als VegetarierInnen geplant sind (Genesis 1,29; anders dann 9,3).[4] Der Genuss von Fleisch war im alten Israel wie im ganzen Orient weitgehend an kultische Opferhandlungen gebunden. Am Heiligtum wurde geschlachtet und das Opfertier dann von der Familie, die es gebracht hatte, verzehrt (vgl. 1 Samuel 1,4ff). Im Opfer des Tieres steckt die Ehrfurcht vor dem Leben, das die Gottheit schenkt, und dessen Tötung die Beziehung zwischen Mensch und Gott belasten würde, wenn der Kult sie nicht in Ordnung brächte. So wird das Tier vor der und für die Gottheit getötet, dann darf es in Gemeinschaft gegessen werden, dann ist dies Mahl ein fröhliches Fest. Die Probleme unserer modernen Zivilisation mit der Massenproduktion von Nutztieren als reinen Eier-, Milch- und Fleischlieferanten, das Grauen der Schlachthäuser, der übermäßige Fleischkonsum – der ganze Teufelskreis käme nicht zustande, wenn das Fleischessen, wie es noch vor einigen Jahrzehnten unsere Vorfahren gewohnt waren, an besondere Gemeinschaftsanlässe, Feste, den Sonntag usw. gebunden wäre und wenn das Schlachten der Tiere dort stattfinden müsste, wo sie leben, und von menschlicher Hand, statt von Maschinen, verrichtet würde. Es hat offenbar Sinn, den Fleischverzehr kultischkulturell zu regulieren. Eine völlige Deregulierung zeitigt, wie die jüngsten Skandale um Tierhaltung und Fleischproduktion und die wachsende Angst vor Krankheiten zeigen, desaströse Folgen.[5]

Das Recht der Tiere auf eine nutzlose Existenz

In der Weisheits- und Liedtradition Israels wird – anders als in Genesis 1-3 – die Einsicht entwickelt, dass die Tierwelt von Gott eine eigene, von den Menschen unabhängige Existenzberechtigung erhalten habe. Nach Psalm 104 gehört der Acker dem Erdling, die hohen Berge aber den Wildeseln, Steinböcken und Klippdachsen. Auch im zweiten Teil der ersten Gottesrede des Buches Ijob (Ijob 38,39-39,30) vertritt JHWH das Recht der wilden Tiere auf ein unverzwecktes, nicht am Profit der Menschen orientiertes Leben, ja er stellt sich selbst als Herrn und Hirten dieser Tierwelt dar.[6] Die entschiedene Parteinahme für den Eigenwert der Tierwelt ist sehr erstaunlich, auch im Vergleich mit Dokumenten aus der Umwelt Israels. So wird ein ägyptischer Schreiber von seinem Vorgesetzten in einem um 1100 v. Chr. verfassten Text durch den Vergleich mit einer nutzlosen Nilgans und einer vagabundierenden Antilope als arger Nichtsnutz beschimpft:[7] «Du bist schlimmer als die Nilgans im Uferland, die vor Nichtsnutzigkeit nur so strotzt. Sie verbringt den Sommer mit der Vertilgung der Datteln und den Winter mit der Vertilgung des Emmersamens. Den Rest des Jahres stellt sie den Pachtbauern nach und verhindert, dass man die Saat in den Boden einbringen kann, bevor sie nicht das Beste davon geraubt hat. Niemand weiß, wie man sie in die Falle bekommen soll, und im Tempel darbringen kann man ihn auch nicht, diesen schlimmen Vogel mit stechendem

Auge, der keinerlei Aufgabe erfüllt. Du bist schlimmer als die Kuhantilope in der Wüste, die vom Vagabundieren lebt. Noch nie hat sie einen Mittag pflügend verbracht, noch jemals eine Dreschtenne betreten. Sie lebt von dem, was die Rinder erarbeiten, ohne sich unter sie zu mischen.» Von dieser Tirade bis zur heute üblichen Verwendung von Tiernamen als Schimpfworten ist es nur noch ein kleiner Schritt. Das Bild einer Gottheit, die sich um die Tiere sorgt, die nicht arbeiten, produzieren und leisten, greift Jesus von Nazareth auf, um bei seinen JüngerInnen Vertrauen in die Fürsorge Gottes zu wecken (Lukas 12,24 in Anlehnung an Ijob 38,41; vgl. Matthäus 6,25): «Achtet auf die Raben: Sie säen nicht noch ernten sie, sie haben weder Vorratskammer noch Scheune, und Gott ernährt sie.»

Tiere als juristische Personen

Die biblischen Weisheitstraditionen sind bislang kaum in aktuelle Diskussionen einbezogen worden, wo sie aber sehr wertvolle Schützenhilfe für tiergerechteres Verhalten und tiergerechtere Gesetze liefern könnten. Seit einigen Jahren wird die Möglichkeit, die «Natur», vorab Tiere, die im Staatsrecht den Status einer Sache (*res* nach römischem Recht) hat, zum rechtsfähigen Subjekt zu erheben, ernsthaft erwogen.[8] Nach europaweiten Skandalen um Massentierhaltung und deren Folgen setzen sich immer vernehmbarer verschiedene, auch kirchliche Gruppen für die Rechte von Tieren ein. Christlich motiviert sind die deutsche Tierschutzorganisation «Animal's Angels» und – im ganzen deutschsprachigen Raum – der Verein «Aktion Kirche und Tiere» (AKUT), der seit 1988 europaweit Unterschriften für das «Glauberger Schuldbekenntnis» zur christlichen Tiervergessenheit sammelt (www.dike.de/akut).

Erste Ansätze, der Natur im Recht einen eigenen Wert zuzubilligen, sie nicht nur um des Menschen willen zu schützen, sind bereits in der schweizerischen Bundesverfassung auszumachen. Auch wenn sie ihre Interessen nicht selbst geltend machen könnte, wäre es doch möglich, Anwälte der juristischen Person «Natur» zu bestellen und so langfristig Umweltzerstörung aller Art viel wirksamer zu bekämpfen und zu bestrafen, als es bisher vom Gesetz her möglich ist. Dieser Schritt wäre ein entscheidender Bruch mit dem materialen Anthropozentrismus, der Mensch wäre nicht mehr das Maß aller Dinge. Im Grunde vollzieht sich hier ein Modellwechsel. Das Verhältnis von Mensch und Natur war immer auch eine Machtfrage, und bis vor noch gar nicht so langer Zeit war der Sieg des Menschen über die Natur nicht a priori entschieden, er ist es wohl auch heute und in Zukunft nicht, da das Zurückschlagen der Natur in Folge menschlicher Eingriffe immer deutlicher absehbar wird. Wenn aber das Modell der Bezwingung beibehalten wird, kann es künftig nur darum gehen, den Sieger – in seinem eigenen Interesse – davon abzuhalten, seine gesamte Beute zu vernichten, bzw. ihn zur Einsicht zu bringen, dass er zu seinem Überleben auf das Überleben der Natur angewiesen ist. Ein völlig anderes Modell wäre das der Natur als «Weltkulturgut» oder als «Gesamtkunstwerks Gottes». Nur weil jemand einen Picasso besitzt, darf er oder sie ihn nicht vernichten. Entsprechend gibt es ein unbedingtes Recht der Natur auf Weiterexistenz, unabhängig vom Menschen. In der Geschichte des Rechts geht es hier um eine weitere Emanzipation und ihre Verbriefung. Auch Sklaven und Frauen galten lange Zeit juristisch als Sachwerte, ihre rechtliche Mündigkeit schien kaum denkbar. Alle Theologen und Theologinnen, nicht nur die für Ethik spezialisierten, sind aufgefordert, sich mit Hinweis auf biblische Traditionen in diese Debatte einzumischen, denn die weisheitlichen Schöpfungstexte formulieren nicht-anthropozentrische Modelle, und es ist höchste Zeit, dass wir der Sogwirkung von Genesis 1 entkommen.

Die Numinosität der Tierwelt

Im Alten Ägypten und im Vorderen Orient galten Tiere als Repräsentanten oder Begleiter göttlicher Mächte. Auch die IsraelitInnen haben in vielen Tieren heilige Mächte, Tremendum et Fascinosum, erkannt.[9] Wohl erst im 6. Jh. v. Chr. hat die prophetische Bewegung der Deuteronom-isten die Darstellung göttlicher Macht in Tiergestalt prinzipiell verurteilt (Deuteronomium 4,12.16-18) – ohne durchschlagenden Erfolg. Auf Schritt und Tritt blieb in Israel die Nähe der Tiere zum Göttlichen bewusst. In der deuteronomistischen Redeweise «der Wurf deiner Rinder und der Zuwachs deines Kleinviehs» (Deuteronomium 7,13; 28,4.18.51) stecken noch die Namen einer nordsyrischen und einer kanaanäischen Fruchtbarkeitsgottheit, Schagar und Astarte. Die Gazellen und Hinden, bei denen im Hohenlied (2,7; 3,5) geschworen wird, sind die Attributtiere der Liebesgöttin. In der Beziehung von Mutter- und Jungtier wurde eine Art göttlicher Mütterlichkeit erkannt, weshalb beide nicht gleich nach der Geburt getrennt und das Böcklein nicht in der Milch seiner eigenen Mutter gekocht werden durfte (Exodus 23,19 u.ö.; Kat. 5, 6, 9, 33, 34). Deuteronomium 22,6f untersagt aus demselben Grund, die Vogelmutter mitsamt Eiern oder Küken zugleich zu behändigen. Das Kastrationsverbot (Levitikus 22,24) verhindert ebenfalls den Eingriff in die Fortpflanzungsfähigkeit der Tiere (s. auch Kap. IIB).

Das Wissen um die Numinosität der Tiere ist vielleicht auch in der markinischen Version der Versuchung Jesu erhalten (Markus 1,12f): «Und alsbald treibt ihn der Geist in die Wüste hinaus. Und er wurde in der Wüste vierzig Tage vom Satan versucht; und er war bei den Tieren, und die Engel dienten ihm.» Eine Paradiesgeschichte ist das nicht. Die Tiere und Engel in der wichtigen Phase der Versuchung zeigen die Gegenwart chaotisch-dämonischer und himmlischer Mächte an. Beide sind Jesus nah, mit beiden Sphären steht er im Kontakt. Tiefenpsychologisch gelesen ist das ein Plädoyer für die Verbundenheit mit dem Animalischen in uns und die Offenheit für das Göttliche. Die biblische Tradition hat den Erdling in dieser Spannung gesehen, verwandt mit dem

Tier, aber doch wenig geringer als ein göttliches Wesen (Genesis 1,26f; Psalm 8,6).

Gott hat Flügel

Als Erbe des kanaanäischen Wettergottes Baal wurde der israelitische Gott Jhwh in der Frühzeit Israels mit dem Stier verbunden. Wie der Personenname «Jhwh ist ein Stier» (hebr. *'egeljau*) auf einem Ostrakon aus Samaria[10] nahelegt, konnte man sich ihn in der Erscheinungsweise eines Stieres vorstellen. Diese Erscheinungsweise wird aber nicht exklusiv gewesen sein, sondern eine von vielleicht zwei, drei möglichen, ähnlich wie in Ägypten der Schreibergott Thot in Gestalt eines Ibis oder als Pavian erscheint. Das Erste Testament ist mit Hinweisen auf eine voll theriomorphe Gestalt Jhwhs durchaus vorsichtig, aber der Gott Israels ist bis in die nachexilische Zeit der Tierwelt sehr nahe, er steht in direktem Kontakt zu ihr, wie das Buch Ijob zeigt, wo Gott sich u.a. als «Herr der Tiere» erweist. Während er im Ersten Testament noch auf geflügelten Löwensphingen, den Keruben, thront, und in seiner Heiligkeit von geflügelten Kobras, den Serafen, umgeben ist, konnten die «Kerubim und Serafim» in der christlichen Überlieferung nur bestehen, weil man sie sich als menschengestaltige Engelwesen vorstellte. Aus dem reichen biblischen Fundus an Tiersymbolik fand in das christliche Gottesbild am Rand gerade noch das Bild von den Adlersfittichen («Lobe den Herren»), in das Christusbild Christusbild das Opferlamm und in die Vorstellung vom Heiligen Geist die Taube Eingang (s. Kapitel IV).

Die Beter und Beterinnen der Psalmen waren weit unbefangener in ihren Beschreibungen Gottes als wir. Ihren Gott stellten sie sich jedenfalls nicht rein menschengestaltig vor. Zuversicht und Trost spendete ihnen beispielsweise auch das Bild der göttlichen Flügel, die Schatten und Schutz gewähren (Psalm 36,7b-9; vgl. Psalmen 17,7f; 57,2; 61,4f; 63,8f; 91,1-4)[11] (s. Kap. V):

Den Menschen und den Tieren hilfst du, Jhwh!
Wie köstlich ist deine Güte, o Gott!
Im Schatten deiner Flügel bergen sich die Menschenkinder.
Sie laben sich am Überfluss deines Hauses,
und mit dem Strom deiner Wonnen tränkst du sie.

Es ist nicht ganz auszuschließen, dass die Beter und Beterinnen sich ihren Gott (unter anderem) im Bild eines stattlichen Vogels vorstellten. Auch menschengestaltige Gottheiten wurden in der darstellenden Kunst des Alten Orient aber gern mit Flügeln ausgestattet, wie z.B. in Ägypten die Göttinnen Maat, Isis und Nephtys, in Vorderasien der Wettergott oder die nackte syrische Göttin. Die Flügel – in Ägypten dürften es Geier- oder Falkenflügel sein – stehen für gesteigerte, übermenschliche Fähigkeiten (Schnelligkeit, Allgegenwärtigkeit, Kraft), wie sie die damals sehr bewunderten großen Vögel des Himmels besitzen, aber auch für bergenden Schutz, wie ihn die Vogelmutter ihren Jungen gewährt. Vor allem in Ägypten spielen Geiergöttinnen wie Nephtys und Mut von der Geburt bis zum Tod als fürsorgliche, barmherzige Begleiterinnen der Menschen eine wichtige Rolle. Im Schatten von Geierflügeln – als Gemälde an den Decken der Grabkammern oder in den Sarkophagen als Schmuck auf der Mumie – ließen sich die Toten bestatten und hofften auf die Barmherzigkeit der Geiergöttinnen beim Totengericht.

Die Exegeten versuchen zwar bis heute, die genannten Psalmenverse im Sinne bloßer Vergleiche oder Metaphern zu bagatellisieren, doch ist es gänzlich unwahrscheinlich, dass hinter den poetischen Bildern nur die willkürliche, subjektive Phantasie der Verfasser oder Verfasserinnen von Psalmen steht und nicht auch lebendige Traditionen und Konkretionen, wie sie aus der Bildkunst bekannt sind.

Die Tiere kennen ihren Schöpfer

Nach biblischer Tradition haben Tiere bisweilen ein besonderes Sensorium, einen siebten Sinn für die Gegenwart Gottes, so z.B. in der Erzählung über die Kühe der Philister in 1 Samuel 6,7-12. Obwohl ihre Kälber zuhause sind, ziehen sie den Wagen mit der Lade nach Bet Schemesch, weg von ihrem Stall, so als gehorchten sie einer anderen göttlichen Stimme als der mütterlichen, die ihnen angeboren ist. Auch die hellseherische Eselin Bileams (Numeri 22,22-35) ist unmittelbar empfänglich für den Willen der göttlichen Macht, weit mehr als der auf seine Ideen fixierte Seher.[12] Auf das Tier zu hören bedeutet in beiden Geschichten Lebensrettung. Nun sind dies außergewöhnliche Begebenheiten. Darüber hinaus setzt das Erste Testament jedoch ganz grundsätzlich voraus, dass alle Tiere ihren Schöpfer kennen, dass sie also eine Begabung zur Gotteserkenntnis haben. Ganz anders als in Griechenland (und im griechisch beeinflussten Buch Daniel[13]), wo den Tieren genau diese Fähigkeit abgesprochen wird, hat man in Israel in dieser Hinsicht kein exklusives Privileg der Menschen geltend gemacht (Ijob 12,7-10):

Frage doch das Vieh, dass es dich belehre,
die Vögel des Himmels, dass sie dir kundtun,
oder die Wildtiere des Feldes, dass sie dich belehren,
und dir sollen erzählen die Fische des Meeres.
Wer wüsste nicht unter diesen allen,
dass die Hand Jhwhs dies gemacht hat,
in dessen Hand alles Lebendigen Lebenshauch
und der Lebensgeist allen menschlichen Fleisches ist.

Die Beobachtung der Tiere bietet den Menschen eine Möglichkeit, weise zu werden, den göttlichen (Natur-)Ordnungen und damit Gott selbst näher zu kommen. Anders als die Menschen respektieren Tiere die von Gott verfügten, lebensstiftenden Ordnungen. Sie vergessen nicht, dass Gott sie ernährt (Psalmen 104,21; 147,9; Ijob 38,41; Joel 1,20), dass sie ihm gehören (Psalm 50,10f). Und dafür preisen sie ihren Schöpfer (Jesaja 43,20; Psalm 148).

Die meisten Theologen sind aber heute immer noch der Meinung, dass nur der Mensch Gott erkennen, also religiös sein kann. In Weihnachtsgeschichten von sprechenden Tieren in der heiligen Nacht und ähnlichen Volksüberlieferungen ist allenfalls noch die Erinnerung bewahrt, dass die Tiere einen direkten Draht zu Gott haben, den wir nicht haben. Wie können wir so sicher sein, dass Tiere Gott nicht erkennen können? Sicher ist ihre Wahrnehmung, ihre Erfahrung anders geartet als unsere menschliche. Vielleicht aber erahnen sie auf ihre Weise das Geheimnis der Schöpfung und ihres Schöpfers, vielleicht ist das Zwitschern der Vögel und das Lärmen der Paviane bei Sonnenaufgang tatsächlich auch Gotteslob. In ägyptischen Sonnenheiligtümern wurde mehrfach ein Text über den Jubel der Paviane beim Aufgang des Sonnengottes Re gefunden:[14]

Die Paviane, die Re verkünden,
(wenn) dieser große Gott geboren wird zur 6.(?) Stunde in der Unterwelt.
Sie erscheinen, nachdem er entstanden ist,
indem sie zu beiden Seiten dieses Gottes sind
bei seinem Aufgang im östlichen Lichtland des Himmels.
Sie tanzen für ihn, sie springen für ihn,
sie singen für ihn, sie klatschen für ihn, sie kreischen (?) für ihn,
(wenn) dieser Große Gott erscheint in den Augen der ‹Untertanen› und des ‹Himmelsvolkes›.
Diese hören dann die ‹Jubelrede› Nubiens.

1 Vgl. C. Merchant, Der Tod der Natur. Ökologie, Frauen und neuzeitliche Naturwissenschaft, München 1987, 2. Aufl. 1994; C. J.M. Halkes, Das Antlitz der Erde erneuern. Mensch, Kultur, Schöpfung, Gütersloh 1990; B. Orland/E. Scheich (Hg.), Das Geschlecht der Natur. Feministische Beiträge zur Geschichte und Theorie der Naturwissenschaften, Hamburg 1995.
2 Vgl. dazu auch im Folgenden ausführlich O. Keel/S. Schroer, Schöpfung. Biblische Theologien im Kontext altorientalischer Religionen, Göttingen/Freiburg (CH) 2001. – Zur biblischen Tiertheologie sind in jüngerer Zeit u.a. erschienen: B. Janowski/U. Neumann-Gorsolke/U. Gleßmer (Hg.), Gefährten und Feinde des Menschen. Das Tier in der Lebenswelt des alten Israel, Neukirchen-Vluyn 1993; P. Riede, Im Spiegel der Tiere. Überlegungen zum Verhältnis von Mensch und Tier in der christlich-jüdischen Tradition: Evangelische Akademie Baden (Hg.), Lammfromm oder saudumm? Das Tier in unserer Kultur, Karlsruhe 2000, 9-41.
3 A. Imfeld, Erinnerung an das Kriegsende: NW 89 (1995) 124-126, bes. 126.
4 M. Weippert, Tier und Mensch in der menschenarmen Welt. Zum sog. *dominium terrae* in Gen 1: H.-P. Mathys (Hg.), Ebenbild Gottes – Herrscher über die Welt. Studien zu Würde und Auftrag des Menschen (BThSt 33), Neukirchen-Vluyn 1998, 35-55.
5 W.-R. Schmidt et al., Geliebte und andere Tiere im Judentum, Christentum und Islam. Vom Elend der Kreatur in unserer Zivilisation, Gütersloh 1996; R. D. Precht, Noahs Erbe. Vom Recht der Tiere und den Grenzen des Menschen, Hamburg 1997; P. Münch/R. Walz, Tiere und Menschen. Geschichte und Aktualität eines prekären Verhältnisses, Paderborn 1998; G. Fuchs/G. Knörzer (Hg.), Tier, Gott, Mensch – Beschädigte Beziehungen, Frankfurt a.M. et al. 1998.
6 O. Keel, Jahwes Entgegnung an Ijob. Eine Deutung von Ijob 38-41 vor dem Hintergrund der zeitgenössischen Bildkunst (FRLANT 121), Göttingen 1978, französisch Paris 1993.
7 TUAT, Ergänzungslieferung, 2001, 128f.
8 G. M. Teutsch, Die «Würde der Kreatur». Erläuterungen zu einem neuen Verfassungsbegriff am Beispiel des Tieres, Bern 1995; I. Praetorius, Die Würde der Kreatur. Ein Kommentar zu einem neuen Grundwert: dies., Zum Ende des Patriarchats. Theologisch-politische Texte im Übergang, Mainz 2000, 97-137.
9 S. Schroer, In Israel gab es Bilder. Nachrichten von darstellender Kunst im Alten Testament (OBO 74), Freiburg (CH)/Göttingen 1987, bes. 67-135.
10 A. Lemaire, Inscriptions hébraïques, T. 1 Les ostraca, Paris 1977, 53.
11 Vgl. zum Folgenden S. Schroer, »Im Schatten deiner Flügel«. Religionsgeschichtliche und feministische Blicke auf die Metaphorik der Flügel Gottes in den Psalmen, in Ex 19,4, Dtn 32,11 und in Mal 3,20: R. Kessler et al. (Hgg.), «Ihr Völker alle, klatscht in die Hände!» Festschrift für E. S. Gerstenberger zum 65. Geburtstag, Münster 1997, 296-316.
12 Schroer, «Die Eselin sah den Engel JHWHs». Eine biblische Theologie der Tiere – für Menschen: Dorothee Sölle (Hg.), Für Gerechtigkeit streiten. Theologie im Alltag einer bedrohten Welt. FS für Luise Schottroff, Gütersloh 1994, 83-87.
13 Othmar Keel, Die Tiere und der Mensch in Daniel 7: O. Keel/U. Staub, Hellenismus und Judentum. Vier Studien zu Daniel 7 und zur Religionsnot unter Antiochus IV. (OBO 178), Freiburg (CH)/Göttingen 2000, 1-35.
14 J. Assmann, Ägyptische Hymnen und Gebete. Übersetzt, kommentiert und eingeleitet (OBO), Freiburg (CH)/Göttingen, 2. Aufl. 1999, 92.

Kapitel I

Warum im alten Israel Bären und Hirsche neben Nilpferden und Krokodilen lebten
Historische Tiergeographie

Thomas Staubli
Tiergeographie des antiken Palästina/Israel

Die Landschaft Palästinas/Israels wurde in der Antike und mehr noch in jüngster Zeit in manchen Teilen tiefgreifend verändert. Die historischen Quellen sind bruchstückhaft und wurden manchmal falsch verstanden. Die Zooarchäologie ist eine junge Disziplin, die nur auf eine beschränkte Datenmenge zurückgreifen kann und methodisch noch am Anfang steht. Trotz diesen Schwierigkeiten lohnt sich die Rekonstruktion der Tiergeographie des antiken Palästina/Israel, denn sie bietet eine weltweit einzigartige Faunenkombination und bildet den Hintergrund einer kulturgeschichtlich und damit auch für die Geschichte der Tierdomestikation hochinteressanten Gegend.

Ungewöhnliche Fauna im reich gegliederten Treffpunkt dreier Kontinente

Die südliche Levante ist ein durch das Meer im Westen, die syrisch-arabische Wüste im Osten, die Sinaiwüste im Süden und das Libanongebirge im Norden eng begrenztes Gebiet. Dennoch überrascht die Gegend durch eine ungewöhnlich vielfältige Fauna. Hauptgründe dafür sind die reiche Gliederung der Landschaft mit Höhen bis zu 1200m (Meron) und Depressionen bis –400m (Totes Meer), die lange Nord-Süd-Erstreckung am östlichen Mittelmeerrand und die geographische Lage der Gegend im Schnittpunkt dreier Kontinente, Europa, Asien und Afrika. In dieser Landschaft haben sich unzählige Ökosysteme herausbilden können, die Tieren aus verschiedenen tiergeographischen Zonen Lebensraum bieten. Biogeographisch wird zwischen der Paläarktis im Norden und der äthiopischen Zone im Süden (Afrika ohne Maghreb und Madagaskar) unterschieden.[1] Aufgrund der drei Kontinente kann eine eurasische, eine orientalische und eine afrikanische Tierwelt unterschieden werden. Meistens aber wird analog zu den wichtigsten Vegetationszonen des Landes von Mittelmeer- (oder paläarktischer), irano-turanischer, saharo-arabischer und sudano-dekkanischer (oder ‹tropischer›) Fauna gesprochen.[2] Noch mehr als die Flora ist die beweglichere Fauna dieser vier Zonen komplex ineinander verzahnt, so dass es kaum möglich ist, das Phänomen kartographisch zu erfassen. Das exotische Durcheinander ansonsten getrennt lebender Tierwelten ist das Charakteristikum dieser Fauna.

Typische Vertreter der Mittelmeertierwelt (Paläarktis) sind das Wildschwein (*Sus scrofa*), das Reh (*Capreolus capreolus*), der Braunbär (*Ursus arctos*), das Mauswiesel (*Mustela nivalis*), das Eichhörnchen (*Sciurus anomalus syriacus*), die Spitzmaus (*Crocidura russula, Crocidura leudodon*) oder der Eichelhäher (*Garrulus glandarius*), die in diesem Raum ihr südlichstes Verbreitungsgebiet haben. Umgekehrt finden wir hier die nördlichsten Vertreter der sudano-dekkanischen bzw. ‹tropischen› Tiere, wie das Nilpferd (*Hippopotamus amphibicus*), das Krokodil (*Crocodilus niloticus*) und den Klippschliefer (*Procavia capensis*). Die irano-turanische Fauna ist durch Tiere wie die Kropfgazelle (*Gazella subgutturosa*), den Mesopotamischen Damhirsch (*Dama dama mesopotamica*) und den Asiatischen Mufflon (*Ovis orientalis*), den Ahnen des Hausschafes, präsent. Typisch für die saharo-arabische Tierwelt sind Gazellen (*Gazella dorcas, Gazella gazella*), Renn- und Springmäuse (Gerbillinae, *Jaculus jaculus, Acomys russatus*) und Sandratten (*Psammomys obessus*).

Identifikationsprobleme

Dass angesichts dieser Vielfalt die Identifikation hebräischer Tiernamen den Übersetzern, die zudem oft wenig von Tieren verstanden, Kopfzerbrechen verursacht haben, liegt auf der Hand. Von den vielen in der Bibel erwähnten, meist lautmalerischen Vogelnamen (*'oach, 'ajjah, barbur* usw.), sind bis heute nur wenige mit absoluter Sicherheit identifizierbar.[3] Eine besondere Knacknuss war für die europäischen Übersetzer der ihnen unbekannte Klippschliefer, von den Buren in Südafrika auch Klippdachs genannt. «Die hohen Berge gehören dem Steinbock, dem Klippschliefer (hebr. *schafan*) bieten die Felsen Zuflucht», heisst es in Psalm 104,18. Schon die älteste griechische Übersetzung hat hier, wie später Luther, mit «Kaninchen» übersetzt. Notker Labeo vom Kloster St. Gallen kommentierte um 1000 n. Chr. das seltene lateinische Wort *erinaciis* an dieser Stelle mit folgenden Worten: «Christus ist der Fels, er sei die Zuflucht der ‹erinaciis›, ich meine der Sünder. Der Klippdachs ist ein Tier so gross wie der Igel, ähnlich dem Bären und der Maus. Diese nennen wir Bergmaus, denn sie hat ihren Bau in den Felshöhlen der Alpen.» Die althochdeutsche Interlinearübersetzung der lateinischen Ausdrücke in Notkers Kommentar von Ekkehart IV. gibt das Wort *erinaciis* mit *murmunton* und *murmenti* wieder. Das sind die ältesten fassbaren Nennungen des Murmeltieres in deutscher Sprache (Abb. Ia).

Es muss vielleicht hinzugefügt werden, dass bereits die Phönizier für einige zoologische Verwirrung sorgten. Als sie die kaninchenreichen spanischen Küsten kolonisierten, nannten sie das Land nach den ihnen bekannten Klippschliefern *i-schefannim*, eine Bezeichnung, die dem Land «Hispania, Spanien» haften blieb.[4]

Das Tier entpuppt sich auch für die Zoologen als knifflig.

Während die Bibel es in der priesterschriftlichen Systematik zu den nicht-paarzehigen Wiederkäuern rechnet (Levitikus 11,5), hielt man sie zoologisch lange für Nagetiere. Aufgrund des Knochenbaus wurden sie im 19. Jh. zu den Fast-Huftieren (*Paenungulata*) gerechnet, galten also als nahe Verwandte der Elefanten und Seekühe. Neuere Untersuchungen von Antikörpern aus Placenta, Milchdrüsen und Genitalien ergaben nun, dass die Schliefer einige Gemeinsamkeiten mit Unpaarhufern (Zebras etc.) besitzen.[5] Man stellt sie heute in eine eigene Ordnung Hyracoidea.

Tiefgreifende Landschaftsveränderungen in jüngster Vergangenheit

Wer eine der heute so beliebten Satellitenkarten Palästinas/Israels zur Hand nimmt, kann mit bis anhin unbekannter Präzision sehen, wie nicht nur einzelne Gärten oder Felder, sondern ganze Landschaften durch menschliches Eingreifen gestaltet und verändert worden sind: Der Hule-See ist in den Fünfzigerjahren des 20. Jh. durch Trockenlegung verschwunden, der Lauf des Jordans ist stellenweise kaum noch zu erkennen, der einst dschungelhaft grüne Jordangraben ist – vor allem in seinem südlichen Teil – wüstenhaft, der südliche Teil des Toten Meeres ist eine einzige grosse Saline geworden, Gebiete im Bergland, die natürlicherweise aufgrund ihrer Waldvegetation grün erscheinen müssten, sind braun oder rot, dafür sind in der Küstenregion, im nordwestlichen Negev und im Hügelland (Schefela) riesige Flächen aufgrund ihrer künstlichen, nicht selten auch politischen Grenzen als bewässert erkennbar, dazwischen sind riesige Agglomerationen von menschlichen Siedlun-

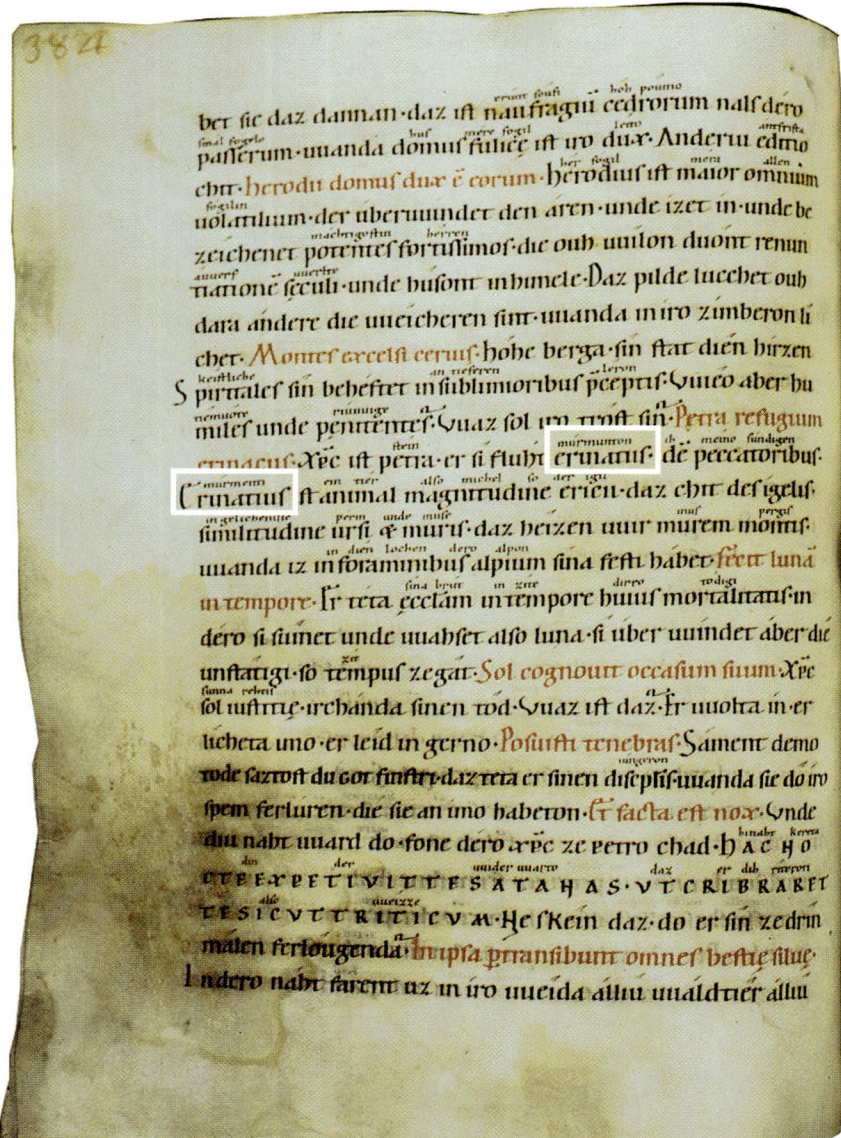

Abb. 1a: Handschrift Nr. 21 der Stiftsbibliothek St. Gallen, sog. Notker-Psalter, Fol. 384, wo der Klippschliefer von Ps 104,18 in der althochdeutschen Interlinearübersetzung als Murmeltier gedeutet wird.

gen auszumachen, die die antike Urbanisierung um ein x-faches übertreffen.

Die ganze Landschaft scheint zur menschlichen Modelliermasse geworden zu sein und das mit teilweise dramatischen Folgen für die Tier- und Pflanzenwelt. Vor allem die künstliche Bewässerung eines Landes, dessen als Vorteil gerühmtes Markenzeichen in der Antike war, dass es im Gegensatz zum benachbarten Land am Nil nicht künstlich bewässert werden musste, sondern den Regen des Himmels trank (Deuteronomium 11,10f), hat das Antlitz dieses Teils der Erde entscheidend verändert. In Zahlen ausgedrückt vergrösserte sich die bewässerte Fläche von 300'000 Dunam im Jahre 1938 auf 2'057'000 Dunam im Jahre 1990.[6] Auf einer Satellitenkarte natürlich nicht sichtbar sind die Veränderungen in Luft und Meer. Dazu sei an dieser Stelle nur angemerkt, dass der Bau des Suezkanales einerseits Tiermigrationen zwischen Afrika und Asien stoppte, andererseits zu einer Veränderung der Fischgesellschaften entlang der östlichen Mittelmeerküste führte, da nun Fischarten aus dem Roten Meer einwandern konnten.[7]

Landschaftsveränderung durch menschliche Einwirkung in der Antike

Als eines der am frühsten von Menschen besiedelten und kultivierten Gebiete der Erde war die Levante allerdings auch zur Zeit König Davids (10. Jh. v. Chr.) längst kein Naturreservat mehr. Vor allem die Revolutionierung der Landwirtschaft durch den Einsatz von domestizierten Tieren als Pflüge-, Dresch- und Transporttiere, die grossflächige Rodung und die Beweidung, teilweise auch Überweidung durch Kleinviehherden (Ziegen und Schafe) haben an gewissen Orten schon früh zu Erosion und anderen nachhaltigen Veränderungen der Landschaft geführt. So wird vermutet, dass das Verlassen der grossen chalkolithischen und frühbronzezeitlichen Städte (in der Mitte des 3. Jt. v. Chr.) diesseits und jenseits des Jordans nicht nur klimatische und politische Gründe hatte, sondern auch die ökologische Folge menschlicher Misswirtschaft war.[8] Allerdings muss man angesichts heutiger Umweltkatastrophen die Relationen wahren. So haben Hochrechnungen für die Scharon-Ebene ergeben, dass in der städtebaulich aktiven Mittelbronzezeit IIB (1750-1550 v. Chr.) maximal ein Viertel der Waldfläche verschwunden war.[9]

In der darauf folgenden Spätbronzezeit (1550-1150 v. Chr.) sind, wie schon nach der Frühbronzezeit, zivilisatorische Einbrüche zu verzeichnen, die vielerorts zu einer Erholung der natürlichen Flora und Fauna beigetragen haben. Noch in der Perserzeit stellte die Wiederinbesitznahme verlassener Städte durch die Wildnis aus menschlicher Warte ein Problem dar (Exodus 23,29; Levitikus 26,22; Deuteronomium 7,22; 2 Könige 17,25). Allerdings muss bedacht werden, dass in diesen zivilisationsschwachen Perioden der Anteil der nomadisierenden Bevölkerung höher war. Dass das Nomadentum nicht unbedingt zur Landschaftspflege beitrug, sondern oftmals das für die Natur desaströse Werk der Städter noch zu Ende führte, wussten schon die Propheten (Jesaja 27,10f; Zefanja 2,6.13ff) und haben vor allem die Folgen der Blütezeit des Beduinentums unter osmanischer Herrschaft (16.-19. Jh.) vor Augen geführt. Insbesondere der Jungbaumverbiss durch Ziegen hat in der Landschaft Palästinas/Israels bis heute schmerzliche Narben hinterlassen. Schon in römischen Standardwerken zur Agroökonomie wird vor der schädlichen Wirkung der Ziegen für Jungpflanzungen gewarnt[10] und auch der Talmud kennt entsprechende Schutzempfehlungen.[11]

In der frühen Eisenzeit (1150-1000 v. Chr.) hat sich die nomadisierende Bevölkerung in bis dahin nicht urbanisierten Gegenden im Hügel- und Bergland niedergelassen, wozu

Abb. 1c: Mediterranes Buschland (Galiläa; ca. 700m ü.M.) mit Taboreiche, Pistazien, Eichelhäher, Buntspecht, Wiedehopf, Wachtel, Steinkauz, Windhund, Fettschwanzschafen. Im Vordergrund Akanthus, Alraune und Färberröte.

Abholzungen nötig waren (Josua 17,18).[12] Damit wurde ein Gebiet erschlossen, dass zwar von den Bauern eine enorm aufwendige Infrastruktur verlangte (Zisternen, Terrassen), sie dafür aber durch einen grossen ökologischen Reichtum auf kleinem Raum entschädigte und ihnen in einem politisch ruhigen Winkel eines tendenziell krisenanfälligen Grossraumes über rund 500 Jahre hinweg eine relativ friedliche Selbstversorgungslandwirtschaft ermöglichte. Die Mentalität der Bergbauernbevölkerung hat in der Bibel viele Spuren hinterlassen. In Bezug auf die Wildtierwelt kennzeichnet sie eine typische Ambivalenz: Einerseits sieht man in ihnen Nahrungskonkurrenten und Gefahren für Leib und Leben und macht ihnen das Leben sauer, andererseits kennt und bewundert man ihre Eigenschaften und Besonderheiten und billigt ihnen ein – wenn auch beschränktes – Daseinsrecht, ja sogar göttliche Protektion zu (vgl. ausführlicher dazu Kap. II).

Viel katastrophalere Folgen als die vorindustrielle Landwirtschaft der Eisenzeit hatte für die Tier- und Pflanzenwelt der gestaffelte koloniale Aufmarsch der Assyrer (8.-7. Jh. v. Chr.), Babylonier (6. Jh. v. Chr.), Perser (5. Jh.), Griechen (4.-1. Jh. v. Chr.) und Römer (1. Jh. v. Chr.-4. Jh. n. Chr.) im östlichen Mittelmeerraum. Die Abholzung der begehrten Libanonzedern als königliches Bauholz, die mutwillige Vernichtung von Nutzbäumen im Rahmen einer Strategie der verbrannten Erde, der Bedarf an Bauholz für Belagerungs- und Verteidigungswerke sowie für den Schiffsbau, die seit hellenistischer Zeit stark zunehmende Urbanisierung im Verbund mit Strassenbauten, Abholzungen und Entsumpfungen trugen wesentlich zum Verschwinden der natürlichen Biotope bei. Dem Propheten Habakuk gebührt die Ehre, der erste ökologisch motivierte Kritiker imperialer Gewaltherrschaft zu sein. Aus dem 7. Jh. v. Chr. stammt sein gegen die Assyrer und ihre Verbündeten gerichteter Drohspruch (2,17):

«Die Vergewaltigung des Libanonwaldes wird dich erdrücken, und die Massakrierung der Tiere wird dich zerschmettern!» (vgl. auch Kat. 19)

Tierausrottung in Palästina/Israel

Die in historischer Zeit zuerst ausgerotteten Tiere, syrischer Elefant und Nilpferd, haben als gemeinsames Merkmal lange Zähne aus Elfenbein. Sie zollten mit ihrem Verschwinden menschlicher Gier nach diesem äusserst begehrten Material traurigen Tribut. Pharao Thutmosis III. (1479-1426 v. Chr.) rühmt sich, auf seinem kolonialen Vormarsch Richtung Euphrat im Orontestal 120 Elefanten getötet zu haben.[13] Ein Wesir desselben Königs liess in seinem Grab syrische Tributbringer darstellen, die u.a. einen kleinen Elefanten mitbringen (Abb. Ib). Elfenbein (hebr. *schen*, «Zahn») übertraf im Alten Orient fast alle anderen Materialien an Wert, wohl gerade weil es nur um den Preis der auch für die Jäger nicht ungefährlichen Tötung von Tieren zu haben war. Die Jagd nach Elfenbein, der Handel damit und seine Verarbeitung scheint ein lukratives Geschäft und ein königliches Privileg gewesen zu sein. Die Verarbeitung von Elfenbein fand zumindest ab der Mitte des 2. Jt. v. Chr. fast ausschliesslich in dafür spezialisierten Palastwerkstätten statt. Daher ist es für den Bereich der Elfenbeinschnitzkunst heute möglich, einzelne Werkstätten und Schulen zu lokalisieren (Kat. 9). Die kunstvollen Schnitzereien wurden als Intarsien in grössere Möbelstücke aus Holz eingelegt. In Israel muss es zumindest in Samaria und Megiddo zeitweise je eine elfenbeinverarbeitende Werkstatt gegeben haben, wie die Funde aus den dortigen Palästen beweisen[14]. Beim sprichwörtlich gewordenen «elfenbeinernen Turm», mit dem im Hohenlied der Hals der Geliebten verglichen wird (Hoheslied 7,5) handelte es sich entweder um ein mit Elfenbeinelementen verziertes Gebäude oder um ein Schatzhaus, auch Elfenbein-

Abb. Id: Mediterraner Wald (Galiläa; ca. 800m ü.M.) mit Zedern, Eichen, Ginster, Wolf, mesopotamischem Damhirsch, syrischem Bär und Waldkauz.

haus genannt (1 Könige 22,39), in dem königliche Kostbarkeiten mit Elfenbeinelementen für besondere Zeremonien aufbewahrt wurden. Ein Schatzhaus dieser Art steht heute noch im Hof der Omajadenmoschee von Damaskus. Für den Propheten Amos (3,15) waren Häuser dieser Art Ausdruck einer dekadenten, ausbeuterischen Lebensweise mit katastrophalen Konsequenzen für Menschen und – so ist anzufügen – auch für Tiere.

Abb. 1b: Darstellung aus dem Grab des Rechmire in Theben-West. Syrische Tributbringer mit einem kleinen, jungen oder zwergwüchsigen Elefanten und einem Bären, der an einem Strick geführt wird. Der Bärenführer trägt ausserdem zwei grosse Elefantenstosszähne auf der Schulter. Beide Grosssäuger wurden in Syrien/Palästina ausgerottet.

Die meisten der grösseren ausgerotteten Tiere ereilte ihr Schicksal erst mit dem Aufkommen moderner Handfeuerwaffen im 19. und 20. Jh. In früheren Zeiten hatten einige der gejagten Tiere zumindest die Möglichkeit, sich in Refugien zurückzuziehen. Nur die Gründung von Reservaten und strenge Schutzbestimmungen nach 1948 in Israel halfen, das Schlimmste zu verhindern. Einige Tiere wurden wieder angesiedelt, so Onager, Damhirsch und Strauss, letzterer aber in seiner afrikanischen Unterart, da der asiatische Strauss vollständig ausgerottet ist. Prekär ist die Lage für viele andere Vogelarten. Orontestal und Jordangraben sind als nördliche Ausläufer des ostafrikanischen Grabenbruches Wegleiter einer der weltweit wichtigsten Zugvogelrouten. Das Verschwinden der Flüsse und Feuchtgebiete in der Region durch die Fassung fast aller Quellen hat ihre Verpflegungsstationen drastisch eingeschränkt. Dazu kommt der in einigen Gegenden traditionelle Vogelfang, dem zum Beispiel auf Zypern trotz offiziellem Verbot jährlich ca. 10 Millionen Tiere zum Opfer fallen.

Ausgerottet in Palästina/Israel:
Auerochs *Bos primigenius*[15]
Bär *Ursus arctos syriacus* 30er-Jahre des 20. Jh.
Bezoarziege *Capra aegagrus aegagrus*[16]
Biber *Castor fiber*[17]
Damhirsch *Dama dama mesopotamica* um 1900
Elefant *Elephas maximus*[18] 8. Jh. v. Chr.
Frankolinhuhn *Francolinus francolinus* Anfang 20. Jh.
Europäischer Esel *Equus hydruntinus* Steinzeit[19]
Krokodil *Crocodilus niloticus* Ende 19. Jh.
Kuhantilope *Alcelaphus buselaphus buselaphus* Neuzeit
Löwe *Panthera leo persica* 13. Jh. n. Chr.
Nilpferd *Hippopotamus amphibius* 8. Jh. v. Chr.
Onager *Equus hemionus hemippus* Anfang 20. Jh.
Reh *Capreolus capreolus* 1912 (Karmel)
Rothirsch *Cervus elaphus* um 1900
Strauss *Struthio camelus syriacus* Mitte 20. Jh. (Saudiarabien)[20]
Wildschwein *Sus scrofa libycus*

Abb. 1e: Sumpf (Hule-Becken; ca. Meereshöhe) mit Schilf und Seerosen, Nilkrokodil, Nilpferd, Biber, Graureiher, Rosa Pelikan und Nimmersatt.

Archäozoologie und Rekonstruktion

Wer wissen möchte, wie sich die Landschaft mit ihren Lebewesen in biblischer Zeit, also vor rund zwei- bis dreitausend Jahren, präsentierte, kann sich also vor Ort nur noch in sehr eingeschränkter Weise ein Bild machen. Dennoch ist die «Erfassung der rezent (...) vorkommenden Tierarten, ihrer Verbreitung und ihrer ökologischen Einnischung die Grundlage für eine Rekonstruktion der Fauna und ihrer Umweltbeziehungen in früheren Zeitabschnitten.»[21] Die damalige Landschaft muss vor dem inneren Auge durch Analogieschlüsse und Vergleiche mittels antiker Bilder und Texte und archäologischer Knochenanalysen rekonstruiert werden. Allerdings ist das Puzzle dieser Daten aufgrund der Neuheit dieser Methoden noch ziemlich zufällig und lückenhaft, denn «ohne Zweifel wurden viele Arten ausgerottet, noch bevor sie nachgewiesen werden konnten»[22]. Will man sich von der antiken Landschaft mit ihren Tieren trotzdem ein Bild machen, und das tun wir letztlich, bewusst oder unbewusst, alle, muss eine gehörige Portion Intuition dazukommen. Wissenschaftler scheuen davor, wegen der Angreifbarkeit konkreter Bilder, zumindest in der Öffentlichkeit, zurück. Eine löbliche Ausnahme sind die unter der Leitung von Hartmut Kühne im Habur-Gebiet (Nordost-Syrien) durchgeführten Umweltstudien, die auch einen Rekonstruktionsversuch der ursprünglichen Landschaft um die assyrische Stadt Dur Katlimmu enthalten.[23]

Hier werden nun Faunarekonstruktionen gezeigt, den interessierten Laien zum Nutzen, den Expertinnen und Wissenschaftlern zur Anregung für neue, verbesserte Visualisierungen. Fünf Biotope (Abb. Ic-Ig) in Palästina/Israel um ca. 1000 v. Chr., gezeichnet von den wissenschaftlichen Zeichnerinnen Barbara Connell und Susanne Staubli, sollen helfen, die Vielfalt der Fauna und ihre spezifische Zusammensetzung in diesem relativ kleinen geographischen Raum schnell zu erfassen. Die Rekonstruktionen, als Schaubilder für einen didaktischen Comicstrip gezeichnet,[24] zeigen – wie auch die meisten Zoos - Tiere, die für den Menschen besonders augenfällig sind, also mehrheitlich Grosssäuger. Man sollte sich aber dessen bewusst sein, dass etwa Insekten und Wirbellose in ungleich grösserer Vielfalt und Menge Land und Luft bevölkerten. Unter den Säugetieren gehörten die auf den Bildern ebenfalls fehlenden kleinen Nagetiere und Fledermäuse zu den Artenreichsten in der Region (vgl. Kat. 52).

Abb. If: Steppe (Jordansenke; ca. 200m u.M.) mit Schirmakazien, Löwinnen, Wildschwein mit Frischlingen, Syrische Strausse, Dorkas-Gazelle und Onager.

Lit.: Edwin Firmage, Art. Zoology (Fauna): ABD VI, 1109-67. - Allan S. Gilbert, The Native Fauna of the Ancient Near East: Billie J. Collins (ed.), A History of the Animal World in the Ancient Near East, Leiden 2002 (i.D.). – OLB I, 100-181.

1. D. Heinemann, Die Säugetiere: Grzimek I, 36.
2. Vgl. etwa Firmage (Lit.) 1109 mit Avinoam Danin, Man and the Natural Environment: T. E. Levy (ed.), The Archaeology of Society in the Holy Land, London 1998, 26.
3. Vgl. P. Riede, Art. Tierliste: NBL III, 873. A-H; Firmage (Lit.) 1154f.
4. U. Rahm, Die Schliefer: Grzimeks III, 515. Neuerdings wird für phöniz. *i-schefannim* auch die Deutung «Land der Metallplatten» erwogen: DNP 5, 618.
5. Nach J. Kingdon, Field guide to african mammals, Academic Press, London 1997. Den Hinweis verdanke ich J.-P. Müller, Direktor des Bündner Natur-Museums, Chur.
6. Y. Karmon, Israel. Eine geographische Landeskunde (Wissenschaftliche Länderkunden 22), Darmstadt, 2. Aufl. 1994, 107f.
7. F. D. Por, Lessepsian Migration: The Influx of Red Sea Biota into the Mediterranean by Way of the Suez Canal (Ecological Studies 23), Berlin/New York 1978.
8. K. M. Kenyon, Archäologie im Heiligen Land, Neukirchen-Vluyn, 2. Aufl. 1976, 131.
9. R. Gophna/N. Liphschitz/S. Lev-Yadun, Man's Impact on the Natural Vegetation of the Central Costal Plain of Israel during the Chalcolithic Period and the Bronze Age: TA 13 (1986) 71-84.
10. Varro, Rust. 1.2.14-16.
11. Babylonischer Talmud, Traktat Baba Kama 81a.
12. I. Finkelstein, The Archaeology of the Israelite Settlement, Jerusalem 1988, 349.
13. R. D. Barnett, Ancient Ivories in the Middle East (QEDEM 14), Jerusalem 1982, 6; K. Sethe, Urkunden des Neuen Reiches IV, Leipzig 1906-9, 103ff.
14. J.W. Crowfoot/G. M. Crowfoot, Early Ivories from Samaria, London 1938; go 1939.
15. Der letzte Auerochse, Urahne aller domestizierten Rinder, starb 1627 in einem polnischen Wildpark. Rückzüchtungen wurden zu Beginn des 20. Jh. in Zoos in Berlin und München versucht.
16. Die Wildform der Ziege; lebt heute noch in Kurdistan und Afghanistan.
17. F. Bodenheimer, Animal and Man in Bible Lands, Leiden 1960, 45.
18. Elefanten gab es im Orontestal. Ob auch im oberen Jordanlauf Elefanten lebten, ist nicht sicher.
19. H.-P. Uerpman, The Ancient Distribution of Ungulate Mammals in the Middle East. Beiheft TAVO A 27, Wiesbaden 1987.
20. Wann die letzten Strausse in der Arabah erlegt worden sind, ist unbekannt.
21. F. Krupp/W. Schneider, Bestandserfassung der rezenten Fauna im Bereich des Nahr al-Ḫābūr: H. Kühne (Hg.), Die rezente Umwelt von Tall Šēḫ ḥamad und Daten zur Umweltrekonstruktion der assyrischen Stadt Dūr Katlimmu, Berlin 1991, 77.
22. Ebd. 78.
23. W. Frey/Hartmut Kürschner, Die aktuelle und potentielle natürliche Vegetation im Bereich des unteren Ḫābūr (Nordost-Syrien). Mit einer Rekonstruktion der Vegetationsverhältnisse um Dūr Katlimmu/Tall Šēḫ ḥamad in mittel- und neuassyrischer Zeit: H. Kühne (Hg.), Die rezente Umwelt von Tall Šēḫ ḥamad und Daten zur Umweltrekonstruktion der assyrischen Stadt Dūr Katlimmu, Berlin 1991, 101 mit Abb. 59.
24. T. Staubli, Tiere in der Bibel – Gefährten und Feinde, Berg am Irchel 2001.

Abb. Ig: Felsbiotop (Judäische Wüste; ca. Meereshöhe) mit Nubischem Steinbock, Leopard oder Panther und Klippschliefer.

Kapitel II

Warum die Hebräerinnen ihren Kindern Namen wie «Hund», «Schaf», «Esel» und «Kuh» gaben
Haustierwerdung und Wertung der Tiere

Thomas Staubli
Hinweise zur Haustierwerdung im Vorderen Orient

Die Domestikation vieler Haustiere fand vor rund 10'000 Jahren in der sogenannten vorkeramischen Jungsteinzeit statt. Für ein so weit zurückliegendes Ereignis gibt es naturgemäss verschiedene Erklärungen. Sie sind umso nötiger, als die Sammler- und Jägerkultur im Vergleich zu den frühen Tierhaltergesellschaften bequemer war. Untersuchungen der Buschmenschen in der Kalahari haben gezeigt, dass diese Spezialisten einer extrem unwirtlichen Gegend selten Mangel leiden, und das bei nur rund 42 Stunden Arbeit in der Woche. In diesem Zusammenhang wird daher auch von der ältesten Überflussgesellschaft gesprochen.[1]

Gründe für die Domestikation

Obwohl die Theorien zur Erklärung der Domestikation manchmal gegeneinander ausgespielt werden, schliessen sie sich gegenseitig nicht aus. Sie scheinen vielmehr verschiedene Aspekte ein- und derselben Entwicklung zu beleuchten, die nicht an einem einzigen Ort stattgefunden hat[2], sondern phasenverschoben und mit unterschiedlichen Ausprägungen in verschiedenen Regionen des Vorderen Orients stattfand:

1. Die Domestikation von Tieren kann als eine logische Konsequenz aus der natufischen Lebensweise der Jäger und Sammlerinnen in ganzjährigen Lagern verstanden werden. Sie führte zu einer Verknappung des Wildes und des Landes. Gleichzeitig erwärmte sich das Klima und ging der Niederschlag zurück, was die Verknappung durch Einschränkung des Vegetationswachstums noch förderte. Domestikation wäre demnach eine Erfindung aus der Not heraus. Diese Theorie betont den menschlichen Geist und Willen.[3]

2. Die Domestikation ist ein gegenseitiger Anpassungsprozess von Mensch und Tier, die Herausbildung einer Symbiose, die beiden Seiten Vorteile bringt, aber auch für beide Seiten Veränderungen in der Lebensweise zur Folge hat. Unter diesem Gesichtspunkt erscheint die Haustierwerdung als evolutive Notwendigkeit, die sich gleichsam von selbst einstellt, wenn sich die Wege von Menschen und Tieren kreuzen.[4] So könnte beispielsweise die Aufzucht verwaister Jungtiere von auf der Jagd erlegten Eltern die Zähmung und schliesslich die Domestikation von Tieren eingeleitet haben.

Voraussetzungen für die Domestikation

Nicht jedes Tier ist domestizierbar. Zu seinen notwendigen Domestikationsanlagen gehören: 1. Die Bildung von Hierarchien, in die der Mensch als Führer eindringen kann. 2. Das Fehlen von Fluchtinstinkten. 3. Ein friedlicher, anpassungsfähiger Charakter und ein gewisser Herdentrieb. 4. Die Fähigkeit, bis zu einem gewissen Grad auf Menschen bzw. eine andere Spezies einzugehen. Alle diese Punkte sind beispielsweise beim ältesten Haustier, dem Hund, in ausgezeichneter Weise gegeben. Demgegenüber ist die Domestikation der Gazelle, dem wichtigsten Fleischspender vor der Domestikation anderer Grasfresser, wegen der ausgeprägten Fluchtinstinkte der Tiere nie gelungen.

Folgen der Domestikation

Die weitreichenden Folgen der Domestikation von Tieren lassen sich zum Beispiel am Beduinentum ablesen, einer relativ jungen Lebensform, die sich im Vorderen Orient nach der Verbreitung des domestizierten Kamels in der Mitte des 1. Jt. v. Chr. herauszubilden begann. Die gemischten Kleinviehherden wurden in einem jährlichen Turnus (Transhumanz) auf Weidegründe geführt, die mit anderen Stäm-

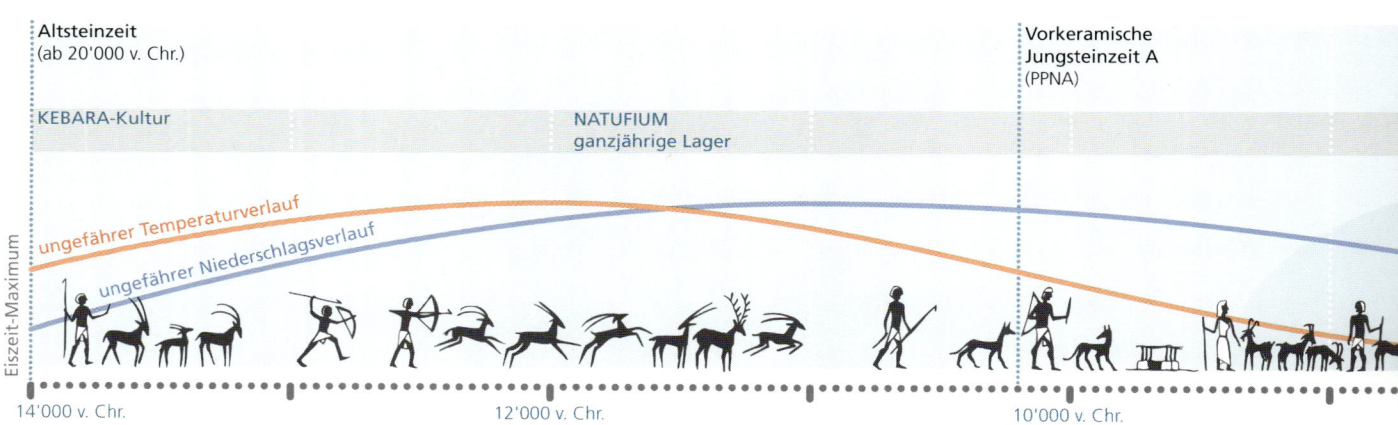

Abb. IIa: Graphische Übersicht zur Haustierwerdung in Palästina/Israel bis 3'000 v. Chr.

men und teilweise auch Sesshaften ausgehandelt werden mussten. Die Schafe lieferten Wolle, die zu Teppichen und Kleidern, und Milch, die zu Joghurt und Käse weiterverarbeitet wurden. Aus dem Ziegenhaar wurden Zeltbahnen gewoben. Die zusammengenähte Ziegenhaut konnte als Butterfass dienen. Hunde bewachten das Lager, frassen Abfälle und halfen bei der Jagd. Esel dienten als lokale Transportmittel, Kamele dem Fernverkehr im Handelsgeschäft und als Kapitalanlage. Unter günstigen Bedingungen konnte auch ein Rind und ein Mastkalb gehalten werden. Komplexe föderalistische Strukturen waren nötig, um das friedliche Nebeneinander beduinischer Gruppen zu organisieren. Intern wurde das feinmaschige System durch eine radikale Rollenaufteilung zwischen den Geschlechtern gestützt, wobei den Frauen vor allem die Arbeit und den Männern vor allem die Ehre zukam.[5]

Die grössere Häufigkeit von Männergräbern im Natufium bedeutet nicht, dass es damals mehr Männer als Frauen gegeben hätte, sondern dass ihnen häufiger die Ehre eines aufwendigen Grabes zukam als Frauen. Das ist ein früher Hinweis auf ein gewisses Prestigegefälle zwischen den Geschlechtern, doch scheint die Jäger- und Sammlergesellschaft noch keine ausgeprägten Hierarchien und Rollenteilungen (zum Beispiel zwischen Jägern und Sammlerinnen) gekannt zu haben.[6] Für die Jungsteinzeit stehen detaillierte Gender-Studien zur Zeit noch aus. Doch spätestens zu Beginn der Frühbronzezeit lassen sich in den ältesten Schriftkulturen ausgeprägte patrilineare, männerdominierte Gesellschaften fassen. Es scheint, dass die neolithische Revolution, also auch die Tierdomestikation und speziell die seit der Frühbronzezeit belegte Nutzanwendung pflügender Rinder unter dem Joch (s. Abb. IIa) zu einem massiven Prestigegewinn der Männer und zu einer Hierarchisierung der Geschlechter führte.

Die Domestikation veränderte nicht nur die Lebensgewohnheiten der Tiere und Menschen, sondern auch ihren Körper, bis hinein in den Knochenbau. Das ermöglicht den KnochenspezialistInnen heute eine erstaunlich detailreiche Nachzeichnung des Domestikationsprozesses. Zu diesen physiognomischen und organischen Folgen der Domestikation gehören: 1. die Verzögerung des Alterungsprozesses, 2. Grössenveränderungen (Rinder und andere Grasfresser wurden kleiner, Pferde, Hühner und Menschen grösser), 3. Veränderungen der Hörner (Weibliche Paarzeher verlieren die Hörner; die bogenförmigen Krummhörner der Ziegen erhalten eine spiralförmige Form), 4. Verlängerung der Ohren (ausser beim Pferd), 5. Vergrösserung des Fettschwanzes bei Schafen, 6. Verlängerung der Mähne beim Pferd, 7. Ringelung des Schwanzes bei Hunden und Schweinen, 8. Entstehung der Fähigkeit zur Milchzuckeraufnahme bei erwachsenen Menschen.

Domestikation als Prozess (vgl. auch Abb. IIa)

In der Frühzeit der Domestikationsgeschichte sind zwei grosse Entwicklungsschübe zu verzeichnen. Im Verlauf der vorkeramischen Jungsteinzeit (ca. 10'200–5500) fanden die revolutionären Zähmungs- und gegenseitigen Anpassungsprozesse statt. In dieser Phase dienten die Tiere als Ersatz für die bisherige Jagdbeute in erster Linie als Fleisch- und Fellieferanten. Sie wurden relativ jung geschlachtet. Erst in der keramischen Jungsteinzeit (ca. 5500–4500) und in der Kupfersteinzeit (ca. 4500–3500) bedienten sich die Menschen mehr und mehr der Sekundärprodukte ihrer Haustiere. Es kann archäologisch nachgewiesen werden, dass die Tiere jetzt im Durchschnitt älter wurden. Die grasfressenden Wiederkäuer wurden gemolken. Aus der nicht getrunkenen Milch wurden Joghurt und Käse hergestellt. Nach und nach entstand eine ausgeklügelte Vorratshaltung. Die Schafwolle wurde zu Garn gedreht und verwoben. Der Tierdung diente als Brenn- und Abdichtmaterial. Die Rinder wurden unter Joche gespannt und zum Pflügen angehalten (Abb. IIb). Der Esel taucht als Transporttier auf und das Pferd als Statussymbol. Man spricht in diesem Zusammenhang von einer weiteren Revolution, der «Sekundärprodukterevolution». In diese Phase gehört auch die Domestikation des Schweines, das zunächst wohl als Kulturfolger von den wachsenden Abfallhaufen menschlicher Grosssiedlungen angezogen wurde.

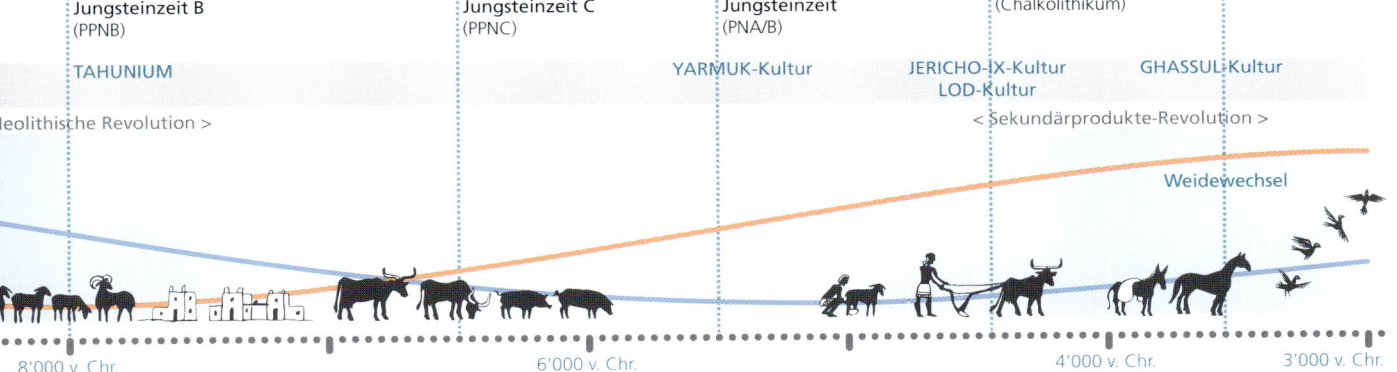

Wann und wo fand die Domestikation statt?

Auf diese Frage sind für jedes Tier nur annäherungsweise Antworten möglich. Die folgende Liste versucht einen knappen Überblick zu vermitteln. Sie präsentiert die wichtigsten altorientalischen Haustiere in der Reihenfolge ihres Erscheinens im Vorderen Orient:

Hund (*Canis familiaris*):

Älteste Belege des vom Wolf (*Canis lupus*) abstammenden Tieres kommen aus dem Iraq (Palegawra-Höhle, ca. 10'000 v. Chr.), in Palästina/Israel aus Ein Mallacha (ca. 9'600 v. Chr.), wo eine Frau zusammen mit einem Hunde- oder Wolfswelpen begraben worden ist.[7] Da Hunde nicht wegen ihres Fleisches domestiziert wurden, ihre Knochen also nicht in den menschlichen Abfallgruben zu finden sind, ist ihr Nachweis nicht unproblematisch und der Übergang vom Wolf zum Hund schwierig zu bestimmen. Aussergewöhnlich für den Vorderen Orient ist der Fund eines Hundefriedhofes bei Aschkelon aus persischer Zeit. Möglicherweise besteht ein Zusammenhang zur damals internationaleren Bedeutung der mesopotamischen Heilgöttin Gula, der der Hund heilig war (vgl. Kat. 7).[8]

Ziege (*Capra hircus*):

Die äusserst anspruchslose und flexible Hausziege (Kat. 1, 4f) stammt von der Persischen Wildziege (*Capra aegagrus*) ab. Bisher glaubte man, dass sie in der ersten Hälfte des 9. Jt. v. Chr. im Zagrosgebirge domestiziert wurde. Neueste Untersuchungen scheinen zu zeigen, dass deren Bestände im Libanon und Anti-Libanon, wohin sich die Ziegen wohl im Konkurrenzkampf mit anderen Grasfressern der Gegend zurückgezogen haben, die ersten waren, die domestiziert worden sind, nämlich bereits in der Mitte des 10. Jt. v. Chr., und zwar im angrenzenden Damaskus-Becken, wo Wildziegen nicht vorkamen. Wegen ihrer Domestizierbarkeit lösten sie die seltener gewordenen Gazellen, die wichtigsten Fleischlieferanten der steinzeitlichen Jäger, allmählich ab. Neue Funde aus Zypern, wo die Wildziege nie heimisch war, scheinen zu belegen, dass schon im 10. Jt. v. Chr. domestizierte Exemplare aus dem Libanon ausgeführt worden sind.[9]

Schaf (*Ovis ammon aries*):

Im Gegensatz zur Ziege scheinen Schafe nur im kurdischen Bergland domestiziert worden zu sein, von wo aus sie schon in der 2. Hälfte des 9. Jt. v. Chr. in der Levante eingeführt wurden. Wenn das richtig ist, dann ist das Elburs- oder Iranische Wildschaf (*Ovis ammon orientalis*) sein Ahne. Ab dem 8. Jt. v. Chr. wurden Ziegen und Schafe in gemischten Herden durch die Steppen und Wüstenrandzonen des Vorderen Orients getrieben (Kat. 3). Bei domestizierten Schafen wurde durch Züchtung ein grosses Formenspektrum erreicht. Das im Vorderen Orient verbreitete Awassi-Schaf hat einen Fettschwanz (Kat. 4), der dieselben Funktionen erfüllt, wie der Fetthöcker des Kamels (Kat. 20).

Rind (*Bos primigenius taurus*):

Alle Rinderrassen haben den heute ausgerotteten Auerochsen (*Bos primigenius primigenius*) als Urahnen. Wahrscheinlich wurde er im kurdischen Bergland domestiziert. In der Levante tauchen Rinder in der ausgehenden vorkeramischen Jungsteinzeit auf. Die für Palästina/Israel typische Rasse hat einen Fettbuckel auf Nackenhöhe (Kat. 73), der dieselbe Funktion erfüllt, wie der Fetthöcker des Kamels (Kat. 20). Das Verhältnis von Kleinvieh (Ziegen, Schafe) zu Rindern schwankte in der südlichen Levante zwischen 10:1 in den Wüstenrandzonen und 1,5:1 an der Küste. Im judäischen Hügelland lag es bei 7:1. Rechnet man allerdings nicht nach Stückzahlen, sondern nach Fleischgewicht, so machten die Rinder seit der keramischen Jungsteinzeit im Durchschnitt immer den weitaus grössten Anteil aus.[10] In einer grossen Zahl von Kunstprodukten mit vielfältiger Segenssymbolik zeigt sich denn auch ihre hohe Bedeutung als Opfertiere bzw. Fleischspender (Kat. 8, 27-32), Milchquelle (Kat. 9-11) und nicht zuletzt als kraftvolle Zugtiere (Kat. 65), als welche sie die Landwirtschaft und damit die menschliche Entwicklung nach der Erfindung des Pfluges grundlegend revolutionieren halfen (Abb. IIb).

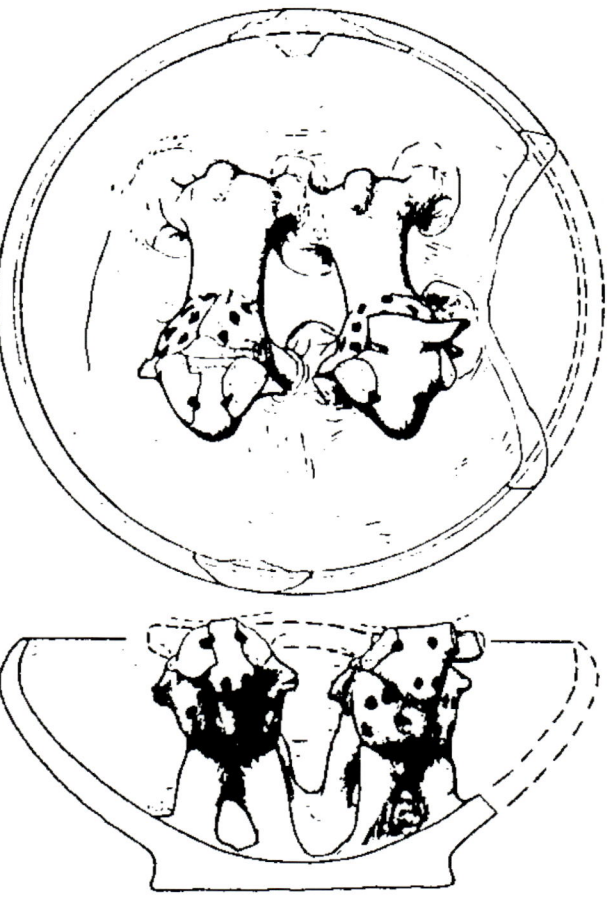

Abb. IIb: Zwei Rinder unter dem Joch. Trankopferschale der Frühbronzezeit (4. Jt. v. Chr.) aus der Gegend von Tell el-Fara' Nord.

Schwein (*Sus scrofa*):

Wildschweine waren in Regionen mit mehr als 300 mm Jahresniederschlag im ganzen Gebiet des fruchtbaren Halbmondes weit verbreitet (Kat. 38). Erst grossflächige Entwaldungen und Entsumpfungen haben seine Lebensräume eingeschränkt. Das Hausschwein wurde von zwei lokalen Wildschweinarten her gezüchtet. Zwischen 8500 und 8000 v. Chr. sind Hausschweine in Südanatolien bzw. Nordsyrien belegt, die von *Sus scrofa attila* im Gebiet von Tauros und Zagros abstammen. Das von *Sus scrofa libycus* in der Levante und Ägypten abstammende Hausschwein ist ab 6000 v. Chr. in Palästina/Israel belegt.[11] Besonders in der keramischen Jungsteinzeit und in der Kupfersteinzeit war das Schwein eine Hauptnahrungsquelle der entstehenden Stadtgesellschaften. Dank der schnellen Reproduktionszeit und einer hohen Geburtenrate stellten Schweine eine wichtige Proteinquelle dar. Zur Tabuisierung des Schweins im Vorderen Orient s. Einleitung zu Kap. III und Kat. 39-41.

Esel (*Equus asinus asinus*):

Der Hausesel stammt vom Nubischen Wildesel (*Equus asinus africanus*) ab. Er erscheint erst mit der Sekundärprodukterevolution im 4. Jt. v. Chr. als Haustier, wahrscheinlich zuerst in Ägypten. Seine Domestikation in der südlichen Levante ist aber nicht ausgeschlossen. Die ältesten Belege aus Palästina/Israel stammen aus dem frühbronzezeitlichen Arad. Der Esel diente in erster Linie als Lasttier (Kat. 12-13), lokal auch als Reittier (Kat. 14). Eselbegräbnisse aus der Mittelbronzezeit IIB (1750-1550 v. Chr.) in der südlichen Levante bezeugen die hohe Wertschätzung des Tieres als Grundlage und Ausdruck für Prosperität in Wirtschaft und Politik.[12]

Pferd (*Equus caballus*):

Traditionellerweise wird angenommen, dass die Pferdedomestikation von Zentralasien ausging. Wildpferde scheinen aber bis in die Kupfersteinzeit hinein im Vorderen Orient vorgekommen zu sein. Die ältesten Belege für die domestizierte Form stammen wie beim Esel aus dem frühbronzezeitlichen Arad.[13] Mit seinem Bedarf an hochwertigen Körnern ist das Pferd ein Nahrungsmittelkonkurrent des Menschen. Die Pferdehaltung blieb daher im Vorderen Orient durch alle Zeiten hindurch ein Luxusphänomen mit entsprechend ambivalenten Auswirkungen für die Symbolik des Tieres (Kat. 17-18), dem man ab der Perserzeit in Palästina/Israel fast ausschliesslich als Reittier von Kriegern begegnete (Kat. 19).

Taube (*Columba livia*):

Knochen domestizierter Felsentauben sind bisher wie die Knochen anderer Vögel und Kleinsäuger bei Ausgrabungen nur selten nachgewiesen worden. Umso wichtiger sind textliche und bildliche Zeugnisse, die belegen, dass diese Vögel spätestens seit Mitte des 3. Jt. v. Chr. als Heilige Tiere der Ischtar in den Tempeln dieser Göttin gehalten wurden. Mit Tauben verzierte Tempelmodelle waren auch in der Levante verbreitet.[14] Die Löcher auf einigen dieser Modelle könnten als Einfluglöcher für die Tauben verstanden werden.[15] Ab hellenistischer Zeit sind in Palästina Taubenschläge und teilweise unterirdische Kolumbarien belegt.[16] Damals, parallel zum Aufkommen des Haushuhnes (s.u.), verlagerte sich die Bedeutung der Tauben auf die von Düngerlieferanten. In der Selbstversorgungslandwirtschaft Palästinas spielt die Taube aber auch als Fleischspenderin bis in die Gegenwart hinein eine Rolle,[17] die unter den prekären Verhältnissen der Intifada wieder zunimmt. Zur reichen Symbolik der Taube vgl. die Einleitung zu Kap. V und Kat. 63-72.

Kamel (*Camelus dromedarius*):

Die Tragzeit einer mit fünf Jahren geschlechtsreifen Kamelstute beträgt zwölf Monate bei einer Sterblichkeitsrate der Kamelkälber von 30%. Domestizierte Kamele waren daher als Nahrungsspender für Menschen nie interessant, wohl aber als Transporttiere, die dem Wüstenklima hervorragend angepasst sind (Kat. 20-21). Die Geschichte ihrer Domestikation ist somit eng verbunden mit der Entwicklung von Kamelsätteln (Kat. 22-23), denn der Fettbuckel auf dem Rücken des Tieres ist dem Reiten hinderlich. Älteste Knochenbelege domestizierter Tiere stammen von 2700-2600 v. Chr. aus Umm an-Nar (Oman).[18] In der Levante kam das Kamel als Transporttier erst im 1. Jt. v. Chr. auf, wo es vor allem entlang der Weihrauchstrasse und des Königsweges, den damals wichtigsten internationalen Transportwegen zu Lande zwischen Südarabien und dem Mittelmeer, belegt ist.[19] Die Erfindung eines vom Pferdereitsattel abgeleiteten Kamelreitsattels (*schaddad*-Sattel) um 500 v. Chr. durch die Nabatäer in Transjordanien leitete die Blütezeit des arabischen Fernhandels und die Etablierung der beduinischen Lebensweise ein.

Huhn (*Gallus domesticus*):

Die späte Einführung des Haushuhnes als Haustier im Vorderen Orient liegt in der weit entfernten Heimat des Bankivahuhnes (*Gallus gallus*) in den südasiatischen Regen- und Buschwäldern begründet, wo es bereits in der Jungsteinzeit domestiziert worden ist. Vermittelt über Inder und Assyrer gelangte es in den Vorderen Orient, von wo aus es durch Phönizier und Griechen spätestens ab dem 8. Jh. v. Chr. im ganzen Mittelmeerraum verbreitet wurde, die Funktion lokal gejagter und vielleicht auch gehegter Hühnerarten wie des Halsbandfrankolins (*Francolinus francolinus*) übernahm, die Taubenzucht teilweise verdrängte und rasch eine reiche Symbolik entfaltete (Kat. 42-45). In persischer und hellenistischer Zeit nahm die Bedeutung des Spätlings im Haustierrepertoire explosionsartig zu. Im hellenistischen Aschkelon sind verschiedene Hühnerrassen bezeugt.[20] Heute ist es als Ei- und Fleischspender in Israel das mit Abstand wichtigste Haustier.[21] Weitere Details s. Einleitung zu Kap. III.

Elefant (*Elephas maximus bengalensis*):
Der syrische Elefant war vermutlich schon ein halbes Jahrtausend lang ausgerottet (s. Einführung zu Kap. I) und das Wissen um dieses Tier verschwunden, als indische Elefanten, eine andere Untergruppe der asiatischen Elefanten, im makedonischen Heer Furcht und Schrecken verbreiteten (Kat. 24). Das seit 3500 v. Chr. im Industal gezähmte Tier blieb für den Vorderen Orient eine episodenhafte Erscheinung. Aber auch in seiner angestammten Heimat ist es kein eigentliches Haustier, sondern wird immer wieder neu aus Wildbeständen gefangen und gezähmt.[22]

Lit.: Ofer Bar-Yosef, Earliest Food Producers – Pre Pottery Neolithic (8000-5500): T.E. Levy (ed.), The Archaeology of Society in the Holy Land, London 1998, 190-204. – J. Clutton-Brock, A Natural History of Domesticated Animals, Cambridge 1987. – Edwin Firmage, Art. Zoology (Fauna): ABD VI, 1109-67. – OLB I, 100-181.

1 M. Sahlins, Culture and Practical Reason, Chicago 1976.
2 Der neuerdings geäusserten Auffassung, die Domestikation der Herdentiere habe an einem einzigen Ort in der Südosttürkei stattgefunden (S. Lev-Yadun/A.Gopher/S.Abbo, Enhanced: the cradle of agriculture: Science 288 [2000] 1602.) wird von den meisten Spezialisten widersprochen.
3 M. Harris, Cannibals and Kings, New York 1977; A. S. Gilbert, The Native Fauna of the Ancient Near East: B. J. Collins (ed.), A History of the Animal World in the Ancient Near East, Leiden 2002 (i.D.) nennt die Haustiere gar «The first organisms intentionally molded to the needs of humanity».
4 J. Clutton-Brock (Lit.).
5 E. Biasio, Beduinen im Negev. Vom Zelt ins Haus, Zürich 1998.
6 P. J. Crabtree, Gender Hierarchies and the Sexual Division of Labor in the Natufian Culture of the Southern Levant: D. Walde/N. D. Willows (ed.), The Archaeology of Gender: Proceedings of the Twenty-Second Annual Conference of the Archaeological Association of the University of Calgary, Calgary 1991, 384-391.
7 P. Wapnish/Brian Hesse, Art. Dogs: OEANE II, 166.
8 L. E. Stager, Why Were Hundreds of Dogs Buried at Ashkalon?: BAR 17/3 (1991) 26-42.
9 A. Wasse, The Wild Goats of Lebanon: Evidence for Early Domestication?: Levant 33 (2001) 21-33 (dort ältere Lit.).
10 C. Grigson, Plough and Pasture in the Early Economy of the Southern Levant: T. E. Levy (ed.), The Archaeology of Society in the Holy Land, London 1998, 252, Fig. 6a.
11 B. Hesse: Art. Pigs: OEANE IV, 348.
12 T. Staubli, Stabile Politik – florierende Wirtschaft und umgekehrt. Eine rechteckige, beidseitig gravierte Platte der Hyksoszeit: ZDPV 117 (2001) 97-115.
13 P. Wapnish/Brian Hesse: Art. Equids: OEANE II, 255f mit Hinweis auf Richard H. Meadow/Hans-Peter Uerpmann (eds.), Equids in the Ancient World, Wiesbaden 1986 und 1991.
14 J.-C. Margueron et al., Maquettes antiques – architecturales, réelles ou symboliques: Les Dossiers d'Archéologie no. 242, avril 1999.
15 M. Ohnefalsch-Richter, Kypros, die Bibel und Homer. Beiträge zur Cultur-, Kunst- u. Religionsgesch. d. Orients im Alterthume, Berlin 1893, 281ff.
16 I. Ziffer, «O my Dove, that Art in the Clefts of the Rock». The Dove-Allegory in Antiquity, Tel Aviv 1998, 21*-31*.
17 AuS VII, 256-262.
18 E. Hoch, Reflections on Prehistoric Life at Umm an-Nar (Trucial Oman) Based on Faunal Remains from the Third Millennium B.C.: South Asian Archaeology, Napoli 1977, 589-638.
19 T. Staubli, Das Image der Nomaden im Alten Israel und in der Ikonographie seiner sesshaften Nachbarn (OBO 107), Freiburg (CH)/Göttingen 1991, 184-198.
20 B. Hesse, Animal Husbandry and Human Diet in the Ancient Near East: Jack M. Sasson, Civilizations of the Ancient Near East, Vol. I, New York 1995, 220.
21 Y. Karmon, Israel. Eine geographische Landeskunde (Wissenschaftliche Länderkunden 22), Darmstadt, 2. Aufl. 1994, 100f.
22 Grzimek III, 501.

Othmar Keel
Tiere als Gefährten und Feinde

Die Beschäftigung mit alten Kulturen stellt oft manches in Frage, was uns selbstverständlich ist und konfrontiert uns mit Modellen, die uns fremd berühren. Sie können nicht nur unseren Wissenshorizont erweitern, sondern auch Alternativen bieten. «Gar nicht so dumm! Davon könnte man sich anregen lassen!» Manchmal demaskieren diese fremden Modelle unsere Praktiken, indem bei uns nur angedeutete Linien kräftig ausgezogen werden und deutlich wird, dass wir an Einstellungen teilhaben, die wir gern als längst überholt einstufen. Auch im Umgang des Menschen mit der Tierwelt ist die Vergangenheit nicht tot, ja nicht einmal vergangen.

Die Zähmung und Domestikation ausgewählter Tiere führte zur Unterscheidung von ‹Haustieren› und wilden Tieren. Die Haustiere bildeten einen Teil der menschlichen, der Kulturwelt, die wild lebenden Tiere wurden wegen ihrer Beweglichkeit und Vitalität bewundert, häufig jedoch auch als Teil einer bedrohlichen, chaotischen, feindlichen Welt gefürchtet und bekämpft. Während die domestizierten Tiere dem Menschen vielerlei Nutzen brachten, sein Besitztum bewachten und verteidigten (Hund), Milch, Wolle, Haare und Fleisch lieferten (Schaf, Ziege), seine Lasten trugen und seinen Pflug zogen (Rind, Esel), bedrohten die wildlebenden Tiere sein eigenes und das Leben seiner Tiere (Löwe, Bär, Panther) und verwüsteten seine Felder und Weinberge (Wildesel, Onager, Wildrind, Wildschwein, Fuchs). In der ‹Babylonischen Theodizee›, einem Text, der etwa um 800 v. Chr. entstanden ist und die Gerechtigkeit der Welt und Gottes aus einseitig menschlicher Sicht verteidigt, wird gesagt: «Den vollkommenen Onager schau an auf [der Steppe],/ der die Fluren zerwühlt; den Renner verstümmelt der Pfeil./ Den Feind des Viehs, den Löwen, den du erwähntest, sieh gefälligst genau an!/ (Für) den Frevel, den der Löwe beging, ist ihm die Fallgrube geöffnet!»[1]

Diese ganz und gar auf den Menschen zentrierte Sicht wird im Alten Orient nur äusserst selten durchbrochen und von einer Schau abgelöst, in der der Mensch nur Teil eines grösseren Ganzen ist und auch Löwe und Onager ihre Daseinsberechtigung haben.[2] In der Regel herrscht das am Nutzen des Menschen orientierte Denken, wie es auch in Mitteleuropa noch bis in die Mitte des 20. Jh. dominierte, wo in den Schulzimmern Bilder mit nützlichen und schädlichen Vögeln hingen. ‹Schädlich› waren die Nahrungskonkurrenten des Menschen wie Spatz, Graureiher (früher: Fischreiher), Habicht (volkstümlich ‹Hühnerdieb›), ‹nützlich› Insektenvertilger wie Schwalbe, Kohlmeise, Grasmücke. Dass auch zu Beginn des 21. Jh. diese Sicht noch lange nicht überwunden ist, zeigen die erbitterten Auseinandersetzungen in der Schweiz um die Wiederansiedlung des Luchses und des Wolfs.

Aus dieser Sicht, die dem Menschen, der um seine Existenz oder eine bessere Existenz kämpft, naheliegt, hatte im Alten Orient der König, der der Repräsentant der menschlichen Interessen, der ‹Kultur› schlechthin, war, nicht nur die menschlichen Feinde seines Volkes, sondern auch die tierischen in Schach zu halten. So sehen wir auf altägyptischen Tempel- und assyrischen Palastreliefs den König, der nebst menschlichen Feinden, Löwen, Wildesel und Wildrinder ‹bekämpft›. Seine Herrschaft auch über unwegsame Gebiete wie Wald und Gebirge demonstriert er durch die Jagd auf Hirsche und Steinböcke. Ein erfolgreicher König wie Nebukadnezzar (Nabuchodonosor) besitzt nicht nur die Herrschaft über alle Völker, sondern auch über die wilden Tiere (Jeremia 26,6 und 28,14). Die Legitimation Davids als Krieger und König beruht unter anderem auf seiner Schilderung als Hirte, der erfolgreich Löwen und Bären bekämpfte, die sich an seiner Herde vergriffen hatten (1 Samuel 17,34-36).

Im Gegensatz zu den wilden Tieren bilden die Haustiere einen Teil der menschlichen Gesellschaft. Sie stellen nach den Kindern, den Knechten und Mägden eine Art äussersten Ring der konzentrisch vorgestellten Familie dar. Sie stehen noch vor den Fremden, etwa in den Zehn Geboten (Deuteronomium 5,14; Exodus 20,10). Die Domestikation scheint sich damals noch nicht so tief und konsequent ausgewirkt zu haben wie heute. Stössige Rinder stellten ein beträchtliches Problem dar. Es wird in altorientalischen Rechtsbüchern wiederholt behandelt.[3] Dennoch bilden sie einen festen Bestandteil der Kulturwelt. Wie die Knechte und Mägde sollen sie Anteil an der Sabbatruhe haben und sich von den sechs Tagen Plackerei am siebten Tage erholen können (Deuteronomium 5,14; Exodus 20,10). Sie sollen auch ihren gerechten Anteil am Ertrag der Arbeit haben. So verbietet ein Gesetz, dem dreschenden Rind das Maul zu verbinden (Levitikus 25,4). Der Städter Paulus konnte sich nicht vorstellen, dass Gott sich um Rinder kümmert. Er will das Gesetz im übertragenen Sinne verstanden wissen: Der Apostel hat ein Recht von seiner Arbeit zu leben (1. Korinther 9,9f). Weit gefehlt! Der Gott des Alten Testaments kümmert sich tatsächlich um Rinder. In den Übersetzungen ist zwar statt von Rindern immer wieder von ‹Ochsen› die Rede. Aber Ochsen (kastrierte Stiere) dürfte es kaum gegeben haben. Die Kastration der Stierkälber war verboten (Levitikus 22,24). Auch dahinter steht ein Kummer und ein Kümmern Gottes. Die alttestamentlichen Gesetze verbieten eine ganze Reihe weiterer brutaler Eingriffe in das Leben der Tiere.[4] Diese Verbote lassen sich teilweise auf Nützlichkeitsüberlegungen zurückführen, teilweise auf die Vorstellung, dass Tiere Eigenheiten göttlicher Mächte repräsentierten.

Es gibt aber auch Stellen, die man – ohne moderne Vorstellungen in alte Texte einzubringen – schlicht als tierschützerisch bezeichnen kann. Am deutlichsten Sprüche 12,10: «Der Gerechte weiss um die Bedürfnisse seines Viehs./ Der Skrupellose ist grausam.» Das Wort *jodea'*, das hier mit «weiss um» übersetzt ist, deckt einen Bedeutungsbereich, der vom blossen Feststellen bis zum Ziehen von Konsequenzen reicht. Das mit «Bedürfnisse» übersetzte Wort *næfæsch*, bedeutet die vitalen Ansprüche, die ein Lebewesen hat, etwa der Fremde (Exodus 23,9). Man kann die erste Vershälfte frei übersetzen: «Ein anständiger Mensch hält seine Tiere artgerecht.» Diese Übersetzung benutzt zwar ein modernes Vokabular. Sie berücksichtigt moderne Erkenntnisse. Jede Tierart hat spezielle Bedürfnisse. Aber die Übersetzung tut dem Text keine Gewalt an. Sie ist eine sachgerechte Übertragung des 2500 Jahre alten Textes in unsere Welt.

Die Vorstellungen des Alten Testaments vom Umgang mit Tieren sollen nicht idealisiert werden. Sprüche 12,10 weiss, dass es neben dem Anständigen den Skrupellosen gibt, dem die «Bedürfnisse» seiner Tiere egal sind. Oft wurden die Esel mit zu schweren Lasten gequält (vgl. Ijob 39,7; Exodus 23,5). Der beste Hirte hat seine Tiere zuletzt dem Schlächter ausgeliefert (vgl. Psalm 44,12f). Aber auch wenn man den Umgang des biblischen Menschen mit den Tieren nicht idealisiert, so darf doch behauptet werden, dass das Verhältnis des Menschen der alttestamentlichen Zeit zu den Haustieren normaler war als unseres. Unser Verhältnis ist durch eine Art Schizophrenie gekennzeichnet, die einige wenige Tiere (Katzen, Hunde) wie Menschen behandelt, und sehr viele Tiere (Hühner, Schweine) wie reine Ware. Dieser krankhafte Zustand ist einerseits durch die Vereinsamung zahlreicher Individuen, besonders alter Menschen und Kinder, in unserer Leistungs- und Erfolgsgesellschaft gegeben. Sie brauchen und missbrauchen manchmal Tiere zur Befriedigung ihrer emotionalen Bedürfnisse. Anderseits hat der übertriebene Fleischbedarf einer Wohlstandsgesellschaft und die Industrialisierung der Produktionsbedingungen die Tiere zu einer blossen Ware degradiert.

Der hauptsächlich von der griechischen Philosophie (Aristoteles, Stoa) forcierte Unterschied zwischen Tier und Mensch hat die denkerische Grundlage für diese verhängisvolle Versachlichung geliefert.[5] Diese Tradition ist in Europa ab dem Mittelalter (Thomas von Aquin) wieder sehr einflussreich geworden. Zwar hat man häufig die in Genesis 1 geforderte Herrschaft des Menschen über die Tiere für das schlechte Verhältnis zwischen Mensch und Tier in der Neuzeit verantwortlich gemacht. Dabei hat man übersehen, dass der erste Schöpfungsbericht, der sogenannte ‹priesterschriftliche› (Genesis 1), den Menschen, wie gesagt, als Vegetarier versteht. Die Herrschaft ist keineswegs als willkürliche Ausbeutung, sondern als Sorge verstanden, den Frieden, den Ausgleich zwischen Tier und Tier und Mensch und Tier zu erhalten. Die Forderung nach Herrschaft ist aus der Exilssituation zu verstehen. In Judäa war die menschliche Bevölkerung durch Deportationen und Kriege geschwächt worden. Löwen und andere Fleischfresser nahmen überhand. Mindestens war das die Vorstellung der Exilierten, unter denen das Schlagwortes zirkulierte, das Land sei eine «Menschenfresserin» geworden und es sei unmöglich und sinnlos dorthin zurückzukehren (vgl. Numeri 13,32; 2 Könige 17,26; Ezechiel 36,13f). Die Priesterschrift, die für die Rückwanderung plädiert, fordert angesichts dieser Situation in Genesis 1 dazu auf, über die Tiere zu herrschen.

Genesis 2, die ältere Schöpfungserzählung, sieht die Tiere als Verwandte des Menschen, die den Menschen bzw. den Mann aus seiner unguten Einsamkeit befreien sollten. Das gelingt ihnen aber nicht vollständig. Das geschieht erst durch die Gemeinschaft zwischen Mann und Frau. Aber viele Gemeinsamkeiten und eine enge Verbundenheit zwischen Mensch und Tier sind allen Schriften des Alten Testaments gemeinsam. Noch anfangs des 2. Jh. v. Chr. stellt der Prediger (Kohelet) in Opposition zur griechischen, besonders zur stoischen, Popularphilosophie fest: «Das Geschick der Menschen und das Geschick der Tiere ist ein- und dasselbe Geschick. Wie diese sterben, so sterben jene. Ein Lebensatem ist in ihnen allen. Ein Mehr (Plus) des Menschen gegenüber den Tieren gibt es nicht. Alles ist Vergänglichkeit. Beide gehen an ein und denselben Ort. Beide sind aus Staub, und beide kehren zum Staub zurück. Wer weiss, ob der Lebenshauch der Menschen (nach dem Tode) hinaufsteigt und der Lebenshauch der Tiere hinunter in die Erde?» (3,19-21). Gegenüber der Parallelität des existentiellen Geschicks hat für den Prediger das essentielle Plus des Menschen, der in seinem Geiste das Ganze zu erfassen sucht keine grosse Bedeutung. Er kann es ja doch nicht in den Griff bekommen (Kohelet 3,11).

---

1 TUAT III/1, 149f.
2 Vgl. Psalm 104 und vor allem die erste Gottesrede im Buche Ijob Kap. 39; dazu O. Keel, Jahwes Entgegnung an Ijob. Eine Deutung von Ijob 38-41 vor dem Hintergrund der zeitgenössischen Bildkunst (FRLANT 121), Göttingen 1978.
3 TUAT I/1, 38: Codex Eschnunna § 53-55; 72 Codex Hammurabi § 250-252; Exodus 21,28-32; dazu H.J. Boecker, Recht und Gesetz im Alten Testament und im Alten Orient, Neukirchen 1976, 141-144 (Lit).
4 Exodus 22,28b.29; 23,19b; 34,26b; Levitikus 22,27f; Numeri 14,21c; 22,6f; vgl. dazu Keel, Böcklein; A. Knauf, Zur Herkunft und Sozialgeschichte Israels. «Das Böckchen in der Milch seiner Mutter»: Biblica 69 (1988) 153-169; C.J. Labuschagne, «You shall not boil a kid in its mother's milk». A new proposal for the origin of the prohibition: F. García Martínez et al. (eds.), The scriptures and the scrolls. Studies in honour of A.S. Van der Woude on the occasion of his 65th birthday, Leiden 1992, 6-17.
5 Vgl. U. Dierauer, Tier und Mensch in der Antike. Studien zur Tierpsychologie, Anthropologie und Ethik, Amsterdam 1977; O. Keel/ U. Staub, Hellenismus und Judentum. Vier Studien zu Daniel 7 und zur Religionsnot unter Antiochus IV. (OBO 178), Freiburg (CH)/Göttingen 2000, 23-28.

Ingrid Glatz
Tiernamen als Personennamen

Würden Sie ihr Kind «Esel» taufen? In unserer westlichen Welt wählen Eltern für ihre Neugeborenen solche Namen, die sie als wohlklingend oder, weil man ihn mit irgendeiner verehrten Grösse assoziiert, als interessant empfinden. Da und dort ist es auch üblich, Kinder nach den verstorbenen Grosseltern zu nennen. Demgegenüber wählte man in Israel wie auch in andern semitischen Kulturen zur Zeit des Alten Testaments hauptsächlich Namen, die eine Eigenart des Kindes (z. B. charchur «schwärzlich»), den Dank an die Gottheit für das Kind (z. B. mattatjah «Geschenk Jhwhs») oder eine Bitte an die Gottheit (z. B. jebarechjah «Jhwh möge segnen») zum Ausdruck brachten. Neben Namen die geistige und körperliche Eigenschaften hervorhoben, oder die enge, bestehende oder gewünschte Verbindung zu Jhwh aufzeigten, wurden Namen verwendet, die eigentlich Pflanzen oder Tiere bezeichnen.

Wie kam man dazu, seinen Kindern Tiernamen zu geben?

Uns befremdet der Gedanke, ein Kind «Esel», «Hund», «Schaf» oder «Kuh» zu taufen. Wie kann man diese biblische bzw. im alten Orient generell verbreitete Praxis[1] verstehen? Hat man Kinder, wenn man sie «Hund» oder «Esel» nannte, gering geschätzt? Kaum! Kinder waren Segensgaben ersten Ranges und die Ahnmütter Lea und Rachel gebären um die Wette (Genesis 30,1-24). Mutterschaft gab den Frauen Ansehen und Bedeutung. Und im alten Israel war es in der Regel die Mutter, die dem Kind den Namen gab.[2] Jedenfalls ist es in jenen biblischen Büchern so, die wie Genesis, das Richterbuch und das 1. Buch Samuel, detailliert von Schwangerschaft, Geburt und Namensgebung erzählen. Abweichungen finden wir dort, wo Israeliten mit nichthebräischen Frauen verheiratet sind. So geben Joseph, der mit einer Ägypterin (Genesis 41,50-52), und Mose, der mit einer Midianiterin verheiratet ist (Exodus 2,22), ihren Kindern selber Namen.[3] J.J. Stamm ist der Meinung, dass erst seit Mitte des 9. Jh. (Zeit Ahabs) der Vater den Namen zu sprechen pflegte.[4]

Die Mutter dürfte ihr Kostbarstes kaum abschätzig bezeichnet haben. Weil man aber viele Kinder hatte und auch viele früh starben, war das Verhältnis zu ihnen weniger emotional überladen, empfindsam und exklusiv als in unseren Kleinfamilien. Gleichzeitig hatte man grössere Achtung vor den Tieren, als wir sie in der Regel haben. Viele Eigenschaften verschiedenster Tiere hat man bewundert und hoch geschätzt. Der garstige Graben zwischen Mensch und Tier, den die griechische Philosophie aufgerissen hat, bestand, wie gesagt, noch nicht. «Der antike, und das heisst, auch der alttestamentliche Mensch ältester Zeit empfand Tier und Mensch noch als wesenhaft zusammengehörig.»[5] Dass diese Feststellung nicht nur für die Haustiere zutrifft, kann auch die Vielzahl der Personennamen bezeugen, die sich auf nicht domestizierte Tiere beziehen. Wildlebende Tiere gehörten zum alltäglichen Lebensraum der damaligen Menschen. Sie wurden beobachtet, geschätzt und bewundert. Das zeigen Texte wie Sprüche 6,6: «Geh zur Ameise, du Fauler, betrachte ihr Verhalten, und werde weise!» oder Sprüche 30,24-28: «Vier sind die Kleinsten auf Erden/ und sind doch die Allerklügsten:/ Die Ameisen sind kein starkes Volk/ und besorgen sich doch im Sommer ihr Futter;/ Klippschliefer sind ein Volk ohne Macht/ und doch bauen sie ihre Wohnung im Fels;/ die Heuschrecken haben keinen König/ und doch schwärmen sie alle geordnet aus;/ Eidechsen fängst du mit der Hand,/ und doch wohnen sie in Königspalästen.» Selbst im Hinblick auf das Verhältnis zu Gott erscheinen Tiere als Vorbilder. Jeremia 8,7 (vgl. Ijob 12,7-10) stellt fest: «Der Storch am Himmel kennt seine Zeiten,/ Turteltaube, Schwalbe und Drossel halten die Frist ihrer Rückkehr ein./ Mein Volk aber kennt nicht die Rechtsordnung des Herrn.» Die Eselin Bileams sieht den Engel, den der Prophet in seiner Verblendung nicht wahrnimmt (Numeri 22,22-30).

Wo man staunt und Gemeinsamkeit wahrnimmt, fehlt es nicht an Verbundenheit.[6] Eltern stellten bei ihren Kindern Eigenheiten fest, die sie an bestimmten Tieren bewunderten, oder wünschten ihrem Kinde solche Fähigkeiten. So scheinen Klugheit, Flinkheit, Kraft, soziale Integration und ähnliches begehrte Eigenschaften gewesen zu sein. Zudem wurde im Alten Orient in den Qualitäten von Tieren das Wirken Gottes gesehen. Mütter gaben ihren Kindern die Namen von Tieren, die in besonderem Masse Gottes Segen bedeuteten, wie z. B. den der Kuh (Lea, Rebekka). Wir können uns heute schwer vorstellen, unseren Kindern Namen wie Kuh, Schaf, Esel oder Mistkäfer zu geben. Der Wandel des Verhältnisses zu den Tieren wird so evident. Der abendländische Mensch fühlt sich dem Tier turmhoch überlegen. Tiere stellen in unseren Breitengraden keine grosse Bedrohung für den Menschen mehr dar. Und auf der andern Seite leben Menschen auch nicht mehr in dem nachbarschaftlichen Verhältnis mit den Tieren. Der heute dominierende Anthropozentrismus hat dazu geführt, dass Tiernamen fast nur noch als Schimpfworte Verwendung finden. Aber in der Bibel werden weder Namen von reinen noch von unreinen Tieren als Schimpfnamen gebraucht. Eine Ausnahme, die die Regel bestätigt, macht vielleicht der Hund.[7]

Nebst Eigenschaften, die man am Kind feststellt, und solchen, die man ihm wünscht, drückt der Tiername vielleicht gelegentlich auch liebevollen Spott über eine Eigenschaft des Kindes aus. Das könnte bei Namen wie Floh oder Maus der Fall sein[8], obwohl auch da andere Möglichkeiten denkbar sind, so etwa die Fähigkeit dieser Tiere, sich in schwierigen Situationen durch Verschwinden zu retten.

Einige Forscher waren der Meinung, dass die Tierpersonennamen mit dem Totemvorstellungen zurückzuführen sei-

Abb. IIc: Stempelsiegel (8./7. Jh. v. Chr.) in einer Pariser Privatsammlung mit Steinbock oder -geiss (hebr. *ja'el*) und der althebräischen Inschrift «Der Jaël (gehörig)».

Abb. IId: Stempelsiegel (8./7. Jh. v. Chr.) in der Shlomo Moussaieff Collection (London) mit Fuchs (hebr. *schu'al*) und der althebräischen Inschrift «Dem Schual, Sohn des Mikai (gehörig)».

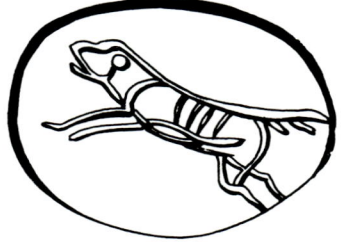

Abb. IIe: Stempelsiegelabdruck (8./7. Jh. v. Chr.) in der A. Spaer Collection (Jerusalem) mit einem Vogel und der althebräischen Inschrift «Dem Oreb, (Sohn des) Nobai (gehörig)».

Abb. IIf: Stempelsiegel (8. Jh. v. Chr.) in der Shlomo Moussaieff Collection (London) mit Heuschrecke (hebr. *haggebah* = «Heuschreckenschwarm») und der althebräischen Inschrift «Dem Azarjahu, (Sohn des ?) Haggebah (gehörig)».

en. Aber in den biblischen Texten fehlen typische totemistische Ansätze.[9] Das distanziertere Verhältnis zu den Kindern und die bereits genannten engeren Beziehungen zwischen Mensch und Tier können die Praxis der Tiernamen als Personennamen hinreichend erklären. Die engen Beziehungen zur Umwelt dokumentieren auch die zahlreichen Tiermetaphern für Menschen. In Gen 49 braucht der Jakobsegen eine Reihe von Tierbezeichnungen, um die Ahnväter der zwölf Stämme bzw. diese selbst zu charakterisieren: Juda ist ein junger Löwe, wer wagt ihn aufzuscheuchen? Issachar ist ein knochiger Esel, er neigt die Schulter und wird zum fronenden Knecht; Dan wird am Weg zur Schlange und schafft seinem Volk Recht; Naftali, die flüchtige Hirschkuh, versteht sich auf gefällige Rede, und Benjamin ist ein reissender Wolf, der am Morgen die Beute frisst und am Abend den Fang teilt.[10] Tierbilder und -vergleiche spielen selbst bei der Beschreibung des Göttlichen eine hervorragende Rolle. Gott kann mit einem Stier, einem Löwen, einem Geier und anderen Tieren verglichen werden.[11] Bezeichnungen für die Leittiere der Herde werden nicht nur als Metaphern und Vergleiche, sondern geradezu als Titel für Personen in Führungspositionen verwendet, so z. B. *'abbir* «Starker, Stier» (Klagelieder 1,15) oder *'ajjil* «Widder» (Exodus 15,15) usw.[12]

Eine Übersicht über Tierbezeichnungen als Personennamen im Hebräischen der biblischen Zeit

In der hebräischen Bibel und auf den hebräischen Namenssiegeln und ihren Abdrücken (Bullen) aus biblischer Zeit (s. Lit.) erscheinen 74 Tierbezeichnungen als Personennamen. Einige sind allerdings in ihrer Deutung unsicher. Auf einigen wenigen Siegeln findet sich neben dem Namen das entsprechende Tier abgebildet, was zeigt, dass die Bedeutung des Namens bewusst war.

Aufgrund dieser Zeugnisse scheinen Tierpersonennamen vor dem 6. Jh. v. Chr. (Exil in Babylonien) üblicher gewesen zu sein als später. Nur die Vogelpersonennamen blieben weiterhin populär. Im Alten Testament sind uns allgemein sehr viel weniger Frauennamen (92) als Männernamen (1400) erhalten.[13] Dies hängt damit zusammen, dass in der geschichtlichen und religiös-kultischen Literatur die Öffentlichkeit im Vordergrund steht, zu der die Frau weniger Zugang hatte. Sie tritt etwas häufiger in Familiengeschichten hervor. Da in den Genealogien oft nur die Männer erwähnt werden, gingen vermutlich viele Frauennamen – und damit ein grosser Traditionsschatz – verloren. Bei den insgesamt 76 biblischen Tierpersonennamennennungen ist das Verhältnis zwischen männlichen und weiblichen Namen 61 zu 15. Mädchen erhielten somit aufs Ganze gesehen fast vier Mal häufiger Tiernamen als Knaben. Während für Knaben eher Tiere gewählt wurden, deren Kraft, Schnelligkeit und Geschicklichkeit bewundert wurde, standen für Mädchen Namen, die mit Fruchtbarkeit, Eleganz und Segen verbunden wurden, im Vordergrund.

Liste der Tierpersonennamen nach Gruppen:

Domestizierte Säugetiere

1. Esel – *Chamor*
2. Eselshengst – *ʿAjir*
3. Eselsfüllen – *ʾIr / ʾIra / ʾIram*
4. Hund – *Kaleb*
5. Kamel / junges Kamel – *Bichri / Bæchær*
6. Kamel – *ʾbl / ʾIbl / ʾEbæl*[14]
7. Rind, Kuh, Stier? – *ʾArach*
8. Kuh / Stier – *Lea*
9. Kuh – *Rivqah (Rebekka)*
10. Kuh / junge Kuh / Kälbchen – *ʿÆglah / ʿÆglon*
11. Rind – *ʾAllup/f*[15]
12. Lamm – *ʾImmer*
13. Mutterschaf – *Rachel (Rahel)*
14. Pferd – *Susi*

Wildlebende Säugetiere

15. Hirsch – *ʾAjjalon / ʾEjlon*
16. Steinbock – *ʾArnan / ʾOrnan*
17. Steinbock / Wildziege – *Jaʿel (Jaël)*
18. Steingeiss – *Jaʿala*
19. Steinbock – *Tærach*
20. Antilope – *Dischon*
21. Hirsch-, Reh-, Gazellenjunges – *ʿEfær / ʿÆfron*
22. Gazellenjunges? – *ʿOrpa*
23. Gazelle, Gazellenweibchen – *Zibja / Zibjaʾ*
24. Wildesel? – *ʿIrad*
25. Wildesel, Halbesel, Onager – *Pirʾam*
26. Wildschwein – *Chasir (Hesir)*
27. Löwe – *ʾArije*
28. Löwe – *Lajisch*
29. Löwe? – *Schobal*
30. Löwe? – *Schæbær*
31. Junglöwe? – *Kefir*[16]
32. Wolf / Schakal – *Seʾeb*
33. Hyäne – *Zibʿon*
34. Kleiner Hyänenhund – *Schimʿon (Simeon)*
35. Fuchs / Goldschakal – *Schuʿal*
36. Marder / Wiesel / Ichneumon – *Nimschi*
37. Klippdachs / Klippschliefer – *Schafan*
38. Maulwurf – *Chelæd / Chelæb / Chulda (Hulda)*
39. Maus – *ʿAchbor*

Vögel

40. Adler / schneller Adler – *Dalfon*
41. Falke – *ʾAjja*
42. Geier – *Naschri (Nischri)*[17]
43. (Aas)geier – *Racham*
44. Rabe – *Charchur*
45. Rabe – *ʿOreb*
46. Wildhuhn, Rebhuhn – *Guni*
47. Rebhuhn – *Chogla*
48. Stein-, Wüstenhuhn – *Qoreʾ (Kore)*
49. Sumpfhuhn – *Nöqodaʾ (Nekoda)*
50. Taube – *Jona*
51. Turteltaube – *Jömima*
52. Vogel – *ʿEfai*
53. Vogel, Kücken, junger Vogel – *ʾÆfroach / Paruach*[18]
54. Vogel / junger Vogel – *Zofar*
55. Sperling, Spatz – *Zippor*
56. Vogel / kleiner Vogel – *Zippora*

«Alles, was auf der Erde und was auf dem Bauch kriecht und was auf vier und mehr Füssen geht»

57. Kleine Eidechse – *Chamuṭal / Chamiṭal (Hamutal)*
58. Schildkröte? – *Galal*
59. Schlange – *Nachasch*
60. Schlänglein – *Nachschon*
61. Kobra – *Saraf*
62. Holzwurm – *ʾArzaʾ*
63. Kermeswurm, Würmchen – *Tolaʿ*
64. Skarabäus, Mistkäfer – *Gaʿal*
65. Honigbiene – *Debora*
66. Heuschrecke – *Chagab / Hagaba*
67. Heuschrecke – *Gasam*
68. Spinne – *Pildasch*
69. Floh – *Parʿosch*
70. Kaulquappe, junger Frosch – *Chofni (Hafni)*
71. Fisch – *Nun / Non*
72. Schwertwal – *Nachor*
73. Koralle – *Peninna*
74. Delphin – *Tachasch*

Domestizierte Säugetiere

Die Gruppe der Haustiere ist mit 14 Namen im Vergleich zu den 25 Namen von wildlebenden Säugetieren erstaunlich klein. Sie enthält verhältnismässig viele Frauennamen (5). Rinder-Bezeichnungen dominieren. Die Kuh war ein starkes Symbol für Gottes Segen und die damit verbundene Fruchtbarkeit. Der Stier verkörpert ausserdem noch Macht und Stärke. In der stark landwirtschaftlich geprägten Gesellschaft galten die Fruchtbarkeit und die Milch der Kühe und der Mutterschafe als besonderer Segen.

Obschon in der Ikonographie die Ziege ein beliebtes Motiv war, taucht sie als Personenname nicht auf. Sie galt nach biblischen Zeugnissen als frech, launisch, unberechenbar, sich gerne absondernd. Das waren offenbar Eigenschaften, die man sich für ein Kind nicht wünschte.

Ebenfalls nicht erwähnt wird die Katze. Sie kommt in der Bibel überhaupt nicht vor. In Palästina war sie vermutlich damals noch nicht eingeführt. Sie wurde aber in Ägypten als Schosstier gehalten, als Verkörperung der Bastet verehrt und später von den Griechen und Römern als Haustier übernommen.

Es erstaunt, dass der Hund, der als einziger Tiername gelegentlich als Schimpfname gebraucht wurde und ausser im

Haustierwerdung und Wertung der Tiere

Buch Tobit in der Bibel eher schlecht wegkommt, dennoch auch Personenname ist, allerdings nur in früher Zeit. Später haben wahrscheinlich verwilderte Strassenhunde seinem Image geschadet.

Wildlebende Säugetiere

Die Vitalität, die Kraft, die Agilität und die Fähigkeit der wildlebenden Säugetiere, sich zu verstecken, scheinen die Menschen in Israel beeindruckt zu haben. Sie wählten als Tierpersonennamen am häufigsten Tiere mit diesen Fähigkeiten. Steinbock oder -geiss, Hirsch, Gazelle, Fuchs, Klippschliefer und Maus waren die Favoriten. Ein heute in der Schweiz oft verwendeter Tierpersonenname fehlt in der Bibel und bei den Namenssiegeln ganz: der Bär (*dov*). Der Bär galt zu biblischen Zeiten als unberechenbarer Feind, der Mensch und Vieh bedrohte. Er frass alles, was fressbar war. Wo der Bär im Alten Testament vorkommt, wird er als wildes, fleischfressendes, heimtückisches und gefährliches Raubtier erwähnt (2 Könige 2,23; 1 Samuel 17,34-37 u.a.). Er ist ein Bild der Wut und Aggressivität. Für den heute in Israel sehr beliebten Namen Arije «Löwe» gibt es nur einen unsicheren Beleg.[19] Hingegen ist ein selteneres Wort für Löwe, *lajisch*, zweimal als Personenname belegt (1 Samuel 25,44; 2 Samuel 3,15). Andere Personennamen wie *schoval* und *schæbær* meinen vielleicht den Löwen, bleiben aber unsicher. Die Bewunderung für alles Aggressive, das die Fähigkeit zu verletzen und zu töten hat, und die Verachtung des bloss Nützlichen ist mit den Griechen in den Orient gekommen (vgl. den Abschnitt «Vögel»). Trotz der gelegentlichen Verwendung von «Löwe» als Personenname ist der Löwe meist negativ konnotiert. Ein grollender Löwe und ein gieriger Bär sind Bilder für einen skrupellosen, bösartigen Herrscher über ein schwaches Volk (Sprüche 28,15; Ezechiel 19,1-9). Der ebenfalls gefürchtete Panther (*namer*) erscheint nicht als Personenname.

Auffällig ist, dass besonders im letzten, turbulenten Drittel des 7. Jh. v. Chr. Namen von Tieren, die sich schnell und wirksam verstecken können, wie «Maus» (*achbor*), «Maulwurf» (*chuldah*) und «Klippschliefer» (*schafan*) sehr beliebt sind.

Vögel

Wie das schon erwähnte Verbot, eine Vogelmutter und ihre Eier gleichzeitig zu behändigen (Deuteronomium 22,6f), zeigt, standen Vögel im alten Israel unter einem speziellen Schutz. Im Bewusstsein der damaligen Menschen hing ihr Wohl mit der Erhaltung der Vögel zusammen. Die Vögel hatten eine vielfältige Bedeutung: Sie dienten als Nahrungsquelle und wurden regelmässig gejagt. Viele nicht aasfressende Vögel[20] galten als Opfertiere. Einige Arten wurden zu verschiedenen Zwecken gezüchtet und gezähmt, so z.B. Raben und Tauben, die für ihren guten Orientierungssinn bekannt waren. Als Orientierungshilfe sendet Noach den Raben und die Taube aus, um trockenes Land zu erspähen (Genesis 8,6-12).[21] Vor allem aber wurden Vögel für ihre weiträumigen Bewegungsmöglichkeiten bewundert. «Furcht und Zittern ist über mich gekommen, und Grauen hat mich überfallen. Ich sprach: O hätte ich Flügel wie Tauben, dass ich wegflöge und Ruhe fände» (Psalm 55,7). Die Bibel spricht häufig zusammenfassend von «den Vögeln des Himmels». Durch ihre Fähigkeit zu fliegen sind sie mit der himmlischen Sphäre verbunden. Sie partizipieren an deren Allgegenwart und Allwissenheit.

Als Personennamen werden vor allem Hühnerartige, der Rabe, der Geier, die Taube und der Sperling benützt. Von den 17 Vogel-Personennamen sind sieben vorexilisch belegt: (Aas-)Geier, Falke, Rabe, Rebhuhn, Sperling bzw. kleiner Vogel bzw. Vogel im Allgemeinen (*zippor* und *zipporah*), Vogel (*efai*) und Kücken (*æfroach*).[22]

Der Rabe, der vermutlich vor und nach dem Exil in je unterschiedlichen Formen als Name benutzt wurde, ist ein Zeichen dafür, dass auch Tiere, die von den nachexilischen Priestern als unrein klassiert wurden, weiterhin als Personennamen übernommen wurden. Es fällt auf, dass ein heute weit verbreitetes Symboltier, der Adler, kaum als Personenname verwendet wurde. Dort, wo «Adler» in der Bibel als Personenname erscheint, wird ein nichthebräisches Wort gebraucht. Wo in deutschen Bibelübersetzungen das Wort «Adler» auftaucht, steht im Hebräischen *næschær*, ein Begriff, der ganz eindeutig eine grosse Geierart, wahrscheinlich den Gänsegeier, bezeichnet.[23] Schon die in den letzten Jahrhunderten v. Chr. erarbeitete Übersetzung der hebräischen Bibel ins Griechische hat den Geier konsequent durch den Adler ersetzt. Der unaggressive, nützliche Geier war in der altorientalischen Welt hoch geschätzt[24], in der griechischen Welt aber verachtet. Dagegen bewunderten die Griechen den aggressiven Adler, der im Alten Orient praktisch unbekannt war.

Die in der Ikonographie der Levante und Ägyptens häufig belegte Ente erscheint ebenfalls nicht als Namen für einen Menschen. Offenbar repräsentierten die Wasservögel weniger die für die Namensgebung beliebte Symbolik des Vogels, der durch seine Flugkünste ein Bild der Freiheit, und Omnipräsenz war.

«Alles was auf der Erde und was auf dem Bauch kriecht und was auf vier und mehr Füssen geht»

So definiert Levitikus 11,41 Reptilien, Amphibien und kleineres Getier aller Art, das als unrein gilt. Die Personennamen, die Kriechtiere, Insekten und Fische bedeuten, stammen vorwiegend aus der Zeit vor dem Exil. Einige dieser Namen sind zwar biblisch später belegt, aber durch die Namenssiegel doch auch schon vorexilisch nachgewiesen. Da ab dem 7. Jh. v. Chr das israelitische Volk ohne Macht war, mag zur Entstehung von Namen wie Heuschrecke, Eidechse oder Floh das Ideal mitgespielt haben, nicht einfangbar zu sein. Wer würde heute schon sein Kind «Mistkäfer», «Holzwurm» oder «Schlange» nennen? In solchen Namen spiegelt sich der Wandel des Verhältnisses zwischen Mensch und Tier seit biblischer Zeit besonders deutlich. Im Gegensatz zu heute fühlten sich Mensch und Tier in Palästina/Israel zusammengehörig. So erhält das Tier im priesterschriftlichen Schöpfungsbericht (Genesis 1) dieselben Wesensmerkmale wie der Mensch. «Wenn sogar die Tiere der dem Menschen fernen Lebensräume Wasser und Luft von ihrem Schöpfer mit *næfæsch* (Lebenshauch) ausgestattet werden und auch ihnen der Mehrungssegen zukommt, wird nicht bloss eine besondere biologische Eigenschaft dokumentiert, sondern es wird hervorgehoben, dass Mensch und Tier in wesentlichen Eigenschaften vor ihrem Schöpfer gleich sind. Sie sind wesenhaft zusammengehörig».[25]

Lit.: J.J. Stamm, Beiträge zur hebräischen und altorientalischen Namenskunde. Zu seinem 70. Geburtstag herausgegeben von E. Jenni und M. Klopfenstein (OBO 30), Freiburg (CH)/Göttingen 1980. – P.D. Miller, Animal Names as Designations in Ugaritic and Hebrew: UF 2 (1970) 177-186. – Ders., Israelite Religion and Biblical Theology (JSOT.S 267), Sheffield 2000, 101-114. – N. Avigad/B. Sass, Corpus of West Semitic Stamp Seals, Jerusalem 1997. – R. Deutsch/A. Lemaire, Biblical Period Personal Seals in the Shlomo Moussaieff Collection, Tel Aviv 2000.

1 Vgl. z. B. H. Ranke, Tiernamen als Personennamen bei den Ägyptern: ZÄS 60 (1925) 76-83; die Auswahl der Tiere weist interessante Parallelen zu derjenigen auf, die in Israel getroffen wurde, nur dass «Katze» in Ägypten ein beliebter Name ist, während er in der Bibel fehlt.
2 R. Kessler, Benennung des Kindes durch die israelitische Mutter: WuD 19 (1987) 25-35.
3 Ebd. 33.
4 Stamm (Lit.), 125.
5 M.-L. Henry, Das Tier im religiösen Bewusstsein des alttestamentlichen Menschen: B. Janowski/U. Neumann-Gorsolke/U. Gleßmer, (Hg.), Gefährten und Feinde des Menschen. Das Tier in der Lebenswelt des alten Israel, Neukirchen-Vluyn 1993, 25.
6 OLB I, 101.
7 Psalm 59,7; wenn ein Untergebener sich selber als Hund bezeichnet (vgl. 2 Könige 8,13) betont er wahrscheinlich stärker seine Loyalität und Unterwürfigkeit als seine Wertlosigkeit. Anders verhält es sich bei der Selbstbezeichnung «toter Hund», die die Ungefährlichkeit des Sprechers betont (1 Samuel 24,15; 2 Samuel 9,8; 16,9); zur Selbstbezeichnung «Hund» vgl. weiter P. Riede, David und der Floh. Tiere und Tiervergleiche in den Samuelbüchern: BN 77 (1995) 92-112.
8 P. Riede, Art. Tiernamen: NBL III, 874.
9 M. Noth, Die israelitischen Personennamen im Rahmen der gemeinsemitischen Namengebung, Stuttgart 1928; Nachdruck Hildesheim 1966, 229; S.P. Toperoff, The Animal Kingdom in Jewish Thoughts, New Jersey 1995, XXXIII.
10 E. Schwab, Die Tierbilder und Tiervergleiche des Alten Testaments. Material und Problemanzeigen: BN 59 (1991) 37-43.
11 M.Ch.A. Korpel, A Rift in the Clouds. Ugaritic and Hebrew Descriptions of the Divine, Münster 1990, 523-559.
12 Miller (Lit.).
13 Stamm (Lit.), 105.
14 Deutsch/Lemaire, (Lit.), 156 Nr. 149 (mit dem Bild eines zweihöckrigen Kamels).
15 Avigad/Sass (Lit.), 484 Nr. 77.
16 Avigad/Sass (Lit.), 508 Nr. 1079, 1086-1087.
17 N. Avigad/M. Heltzer/A. Lemaire, West Semitic Seals. Eight-Sixth Centuries, Haifa 2000, Nr. 102.
18 Vgl. Anm. 27.
19 2 Könige 15,25; vgl. weiter Miller, Animal Names (Lit.), 185; ders., Israelite Religion (Lit.), 113f.
20 Diese galten als unrein.
21 O. Keel, Vögel als Boten. Studien zu Ps 68,12-14, Gen 8,6-12, Koh 10,20 und dem Aussenden von Botenvögeln in Ägypten. Mit einem Beitrag von Urs Winter zu Ps 56,1 und zur Ikonographie der Göttin mit der Taube (OBO 14), Freiburg (CH)/Göttingen 1977, 79-91.
22 Dieser Name ist nur auf Siegeln sicher vorexilisch belegt, da aber mehrmals; vgl. N. Avigad/Sass (Lit.), 527 und Nr. 87-88, 426, 450-454, 626; R. Deutsch/A. Lemaire (Lit.), Tel Aviv 2000, 43 Nr. 37.
23 Keel (Anm. 2), 69.
24 S. Schroer, Die Göttin und der Geier: ZDPV 111 (1995) 60-80.
25 F. Schmitz-Khamen, Geschöpfe Gottes unter der Obhut des Menschen, Neukirchen-Vluyn 1997, 31.

1 Schüssel mit Ziegenfries
Ton, braun bemalt
H. 13 cm, Dm. 18,5 cm, Wanddicke 0,7 cm
Iran
Prähistorisch, ‹Early Central Plateau-Period›,
6./5. Jt. v. Chr.
Leihgabe von Claude und Barbara Brichet,
Lauenen (BE)

Die Schüssel, die als Gegenstand im privaten Haushalt diente, ist ohne Drehscheibe aufgebaut und sorgfältig verstrichen. Sie ist innen und außen mit einem hellroten Überzug bedeckt; auf der Wandung ist ein Fries mit gleichartig stilisierten Wildziegen in brauner Farbe aufgemalt.
Vergleichbare Gefäße wurden in dem Gebiet um Teheran und Qazvin in Siedlungen gefunden, die Y. Majidzadeh der frühen Phase seiner Central Plateau-Period – entsprechend ungefähr den Schichten I und II in Tepe Sialk – zuordnet. Genau der gleiche Ziegenfries findet sich auf zwei Schüsseln mit Ausguß aus Isma'ilabad (Maléki Abb. 59) bzw. Qara Tepe (ebd. Abb. 71). Außer Ziegen sind auch Vögel und gelegentlich Menschen dargestellt. Die häufigsten Dekorationen dieser Keramik sind aber abstrakte Muster.   US

Lit.: Unveröffentlicht. – Vergleiche: Y. Maléki, AV 1 (1968) 43-57; Y. Majidzadeh, Iran 19 (1981) 141-146.

2 Figur eines trächtigen Schafs Marmor
L. 13,5 cm, H. 6 cm, B. 5,1 cm
Levante oder Iran
frühes Chalkolithikum, 4500-3800 v. Chr.
Leihgabe Leihgabe aus der Sammlung Dr. Leo Mildenberg

Die kompakte Gedrungenheit des Tierkörpers wird noch durch die Beine betont, die auf schematische Stumpen reduziert sind. Das linke Hinterbein der Figur ist abgebrochen, das rechte Vorderbein beschädigt. Im Gegensatz zu den meisten vergleichbaren Figuren, bei denen die Hörner schneckenförmig gerollt sind, sind sie hier nur einfach gebogen. Eine Parallele dazu bietet eine Figur aus der ‹Schatzhöhle› in der Wüste Juda. Die Hörner setzen am oberen Ende der sanft gebogenen Nase ein und umrahmen die Augen. Diese sind als zwei hervortretende Kügelchen gestaltet. Sie geben so die etwas hervorquellenden Augen der Schafe eindrücklich wieder. Der kurze Schwanz, der das Rückgrat weiterführt, ist auf ein Minimum reduziert. Die deutlich geschwollenen Seiten charakterisieren das Tier als trächtig. Dank einer gross-artigen gestalterischen Leistung verkörpert die Figur nicht nur *das* Schaf oder vielleicht auch Wildschaf (Mufflon), sondern darüber hinaus verhalten konzentrierte Kraft und grosse Fruchtbarkeit.   OK

Lit.: U. Hübner, in: A.S. Walker (ed.), Animals in Ancient Art. From the Leo Mildenberg Collection Part III, Mainz 1996, 160 Nr. III, 250; G. Zahlhaas (ed.), Out of Noah's Ark. Animals in Ancient Art from the Leo Mildenberg Collection, Mainz 1997, 193 Nr. 150. – Parallelen: R. Amiran, IEJ 26 (1976) 157-162 und Pl. 29 (Figuren von Tepe Yahya, Azor und Kabri); J. Perrot, IEJ 5 (1955) 167-189 und Pl. 22D; P. Bar-Adon, The Cave of Treasure: The Finds from the Caves in Naḥal Mishmar (JDS), Jerusalem 1980, 143 und Illustration 11.

3 Rollsiegel mit Hirtenszene
Dunkelgrauer bis schwarzer Kalkstein (brekziöser Kalk) mit weissen Adern
H. 3,5 cm, Dm. 2,2-2,4 cm
Oberer und unterer Rand leicht bestossen und abgenutzt
Mesopotamien
Akkadisch II-III, 2350-2200 v. Chr.
VR 1981.57, ehemals Sammlung R. Schmidt
Schenkung Erica Peters-Schmidt, Kilchberg, CH

Die Siegelfläche ist grob in zwei horizontale Zonen geteilt, eine grössere untere und eine kleinere obere. Der untere Bereich ist von zwei Szenen besetzt. Die eine wird von einer überdimensioniert grossen bärtigen Figur im langen Faltenrock dominiert, die auf einem ‹Klappstuhl› sitzt und Flöte (Pfeife) spielt. Vor ihr macht sich eine gleichgekleidete, auf einem Hocker sitzende Gestalt an einem grossen Gegenstand zu schaffen (Butterfass?, Pauke?). Die andere Gruppe zeigt einen Hirten im kurzen, vorn hochgesteckten Schurz mit Peitsche und über die Schulter gelegtem Stab mit herabhängendem Beutel. Er treibt vier Tiere vor sich her. Es könnten eine Markhor-Ziege und drei Schafe gemeint sein. Kleinviehherden aus Ziegen und Schafen sind in den folgenden Jahrtausenden bis heute für den Nahen Osten typisch.

Das obere, schmalere Register füllen zwei herabstossende Greifvögel, zwischen denen ein Fuchs oder Schakal zu sehen ist. Daneben scheint ein Leierspieler (Tier?) einem Tier aufzuspielen, das vor ihm tanzt. Es folgen zwei Gefässe und eine kauernde Gestalt, die mit fünf ringförmigen Gegenständen (Käse- oder Butterformen?) hantiert. Die untere Abschlusslinie einer Hürde endet beidseitig in Ziegenprotomen. Aus dem oberen Teil der Hürde treten zwei Tiere (Ziegen?) hervor.

Hirtenszenen der vorliegenden Art finden sich auf akkadischen Siegeln mit Etana, einem Hirtenkönig, der sich von einem Adler, den er aus einer tödlichen Situation befreite, zum Himmel tragen liess, um das Kraut des Gebärens zu holen. HKL, OK

Lit.: Collon, Impressions, 151-153 Nr. 675; P. Steinkeller, Early Semitic Literature and Third Millennium Seals with Mythological Motifs, in: P. Fronzaroli (ed.), Literature and Literary Language at Ebla (QuSem 18), Firenze 1992, 243-275, bes. 250, 254 Pl. 2 Fig. 10. – Parallelen: R.M. Boehmer, Die Entwicklung der Glyptik während der Akkad-Zeit, Berlin 1965, 122-124, 190f und Taf. 58f Abb. 693-707; R. Bernbeck, BaghM 27 (1996) 159-213.

4 Rollsiegel mit Herrscher, Göttin, Schafen, Ziegen und anderen Tieren
Hämatit
H. 2,25 cm, Dm. 1,3 cm
Nordsyrien, Grenze zu Anatolien
Altsyrisch, 1850-1750 v. Chr.
VR 1981.155, ehemals Sammlung R. Schmidt
Schenkung Erica Peters-Schmidt, Kilchberg, CH

Das stark abgenutzte, am unteren Rand leicht beschädigte Siegel ist – für altsyrische Rollsiegel typisch – teilweise in ein, teilweise in zwei Register unterteilt. Die beiden Register sind durch ein Flechtband getrennt. Die Hauptszene, die die ganze Höhe einnimmt, zeigt einen Herrscher mit Breitrandkappe und Keule. Hinter ihm steht eine Göttin, die mit der einen Hand ihr Kleid zur Seite schiebt (vgl. Kat. 64-67) und mit der andern einen runden Gegenstand am Oberarm des Herrschers berührt.

Im oberen Nebenregister sind zwei auf den Hinterbeinen hockende, einander zugewandte Mischwesen zu sehen, wie sie Tempel- und Palasteingänge flankieren. Sie sind wohl mit dem Herrscher in Beziehung zu setzen. Der hockende Löwe, der ein ziegenartiges Tier packt, könnte die aggressive Seite der Göttin repräsentieren (vgl. Kat. 78). Eindeutig gehören die drei Gruppen von Tieren im unteren Register zur Sphäre der Göttin. Bei den Hirschen handelt es sich um eine Begattungsszene, auch wenn Hirschkühe in Wirklichkeit kein Geweih tragen. Die säugende Ziege ist eine beliebte Vergegenwärtigung der Göttin (vgl. Kat. 5-6). Die dritte Gruppe stellt Fettschwanz-Schafe dar, denen noch ein Junges beigegeben ist. Der Fettschwanz ist eine Energiereserve, die man mit dem Höcker des Kamels vergleichen kann. Die Konzentration von Fett beeinträchtigt die Transpiration nicht, die in einem heissen Klima wichtig ist. Bei arktischen Tieren ist die Fettreserve über den ganzen Körper verteilt (vgl. Hoheslied 2,7; 3,5). OK

Lit.: Keel, Böcklein, 100f, Abb. 68 und 146 Taf. II.2; Keel, Hohelied, 90f, Abb. 43; Vergangenheit, 67, Abb. 4 Mitte; A. Otto, Die Entstehung und Entwicklung der Klassisch-Syrischen Glyptik (UAVA 8), Berlin 2000, Taf. 24 Abb. 311. – Parallelen: L. Delaporte, Catalogue des cylindres orientaux et des cachets assyrobabyloniens, perses et syro-capadociens de la Bibliothèque Nationale, Paris 1910, Nr. 452 = Keel, Böcklein, 101, Abb. 67. – Zum Wegschieben des Kleids: Winter, Göttin, Abb. 296-306 – Zur Göttin mit den Tieren: E. Bleibtreu, Rollsiegel aus dem Vorderen Orient. Zur Steinschneidekunst zwischen etwa 3200 und 400 v. Chr. nach Beständen in Wien und Graz, Wien 1981, 68, Nr. 81 = Keel, Hohelied, 90f, Abb. 44.

5 Konoid mit säugenden Ziegen
Schwärzlicher Kalkstein
H. 2,1 cm; D. 2-2,3 cm
Eisenzeit I, 12.-11., evtl. 10. Jh. v. Chr.
SK 1984.4; Sammlung O. Keel
Langzeitleihgabe am Departement für Biblische Studien

6 Konoid mit säugenden Ziegen
Schwärzlicher Kalkstein
H. 2,1 cm; D. 2,2 cm
Palästina/Israel
Eisenzeit I, 12.-11., evtl. 10. Jh. v. Chr.
SK 1984.5; Sammlung O. Keel
Langzeitleihgabe am Departement für Biblische Studien

Siegelamulette aus Stein, die sich der Form eines Kegels annähern, sind typisch für die frühe Eisenzeit. Eines der häufigsten Motive auf diesen Siegeln sind säugende Ziegen. Auf Kat. 5 (wo etwa ein Drittel der Basis weggebrochen ist) stehen zwei einander gegenüber, auf Kat. 6 sind sie übereinander angeordnet. Nur schlecht erkennbar ist auf Kat. 6 am unteren linken Rand noch ein Skorpion eingraviert. Der Skorpion war ein Symbol sexueller Erregtheit, wahrscheinlich aufgrund seines ‹Paarungstanzes›, bei dem Männchen und Weibchen sich an den Scheren fassen.
In der Zeit zwischen 1200 und 1000 v. Chr. wurden die Stämme, die später Israel bildeten, im Bergland sesshaft. In einer gemischten Wirtschaft aus Ackerbau und Kleinviehzucht war die Fruchtbarkeit der Schafe und Ziegen von elementarer Bedeutung. Säugende Tiere galten als Ausdruck der Segensmacht von Göttinnen. Noch im Deuteronomium heissen sie mehrmals ʽaschterot hazoʼn «Aschtarten des Kleinviehs» (7,13; 28,4.18.51). «Aschtarte» bzw. Astarte (mit Ischtar bzw Ester verwandt) war eine der kanaanäischen Liebes- und Fruchtbarkeitsgöttinnen. Im Deuteronomium erscheinen sie aber als von JHWH, dem Gott Israels geschenkter Segen. OK

Lit.: Keel-Leu, Stempelsiegel, 52, Nr. 58 und 59; Vergangenheit, 67, Abb. 4 unten links; Miniaturkunst, 50, Abb. 61 (nur Nr. 6). – Parallelen: O. Keel/S. Schroer, Studien zu den Stempelsiegeln aus Palästina/Israel I (OBO 67), Freiburg (CH)/Göttingen 1985, 25-38, Abb. 116; GGG 141-143, Abb. 151a-152b.

7 Hundefigur
(Abb. hintere Umschlagklappe)
Terrakotta
H. 10 cm, B. 4,1 cm, T. 6 cm
Mesopotamien
Ende des 2./Anfang des 1. Jt. v. Chr.
VFig 2001.1

Der kleine, frei modellierte Hund hockt aufgerichtet auf seinen Hinterbeinen; um seinen Hals ist ein breites Halsband gelegt. Er steht für die Hilfe, die Menschen sich gegen äussere Feinde erhoffen, seien diese nun Räuber, die in das Haus eindringen wollen, oder Krankheiten, die den Menschen unsichtbar überfallen.
Solche Hundefigürchen aus Terrakotta, aber auch anderen Materialien tauchen nämlich in zwei unterschiedlichen Bereichen auf. Einmal ist der Hund der Göttin Gula, der großen Ärztin, zugeordnet, das andere Mal soll er Eindringlinge jeder Art vom Haus fernhalten. Figürchen von Wachhunden waren neben oder unter Türschwellen von Eingängen zu Gebäuden vergraben, und ihre Funktion war ihnen gelegentlich auf den Leib geschrieben (z.B. «Vernichte sein Leben» oder «Beißer seines Feindes»). Ganz anders ist die Funktion der Hundefiguren, die der großen Heilerin Gula geweiht wurden. In ihrem Hauptheiligtum in Isin wurden außer Hundegräbern Weihungen von Hundedarstellungen in unterschiedlichen Ausführungen und Materialien entdeckt: in Bronzeplättchen eingepunzt, rundplastisch aus Metall oder Ton. Ein eigener Bildtypus, ein Beter, der seinen Arm auf den Hals eines neben ihm hockenden Hundes legt, ist nicht nur in Isin, sondern bis Samos im Westen und Susa im Osten gefunden worden. Besonders wichtig ist die Inschrift auf einem Terrakottahund in Isin, die eine Weihung an die große Ärztin Gula als Dank für erhörtes Gebet, also vielleicht für die Heilung einer Krankheit, beinhaltet. I. Fuhr meint, daß der Hund wegen der heilenden Wirkung, den Hundespeichel haben kann, der Göttin der Heilkunst zugeordnet wurde, und verweist auf den ‹armen Lazarus› (Lukas 16,19ff), dessen Schwären von Hunden geleckt wurden. US

Lit.: Drouot-Montaigne, Archéologie, 22-23 Avril 2001, Paris 2001, 137, Lot 632. – Parallelen und Diskussion: D. Rittig, Assyrisch-babylonische Kleinplastik magischer Bedeutung vom 13.-6.Jh. v. Chr. (1977) 116-121 (zum magischen Wächter). B. Hrouda, Isin-Išan Baḥrīyāt I, München 1977, 43; II, München 1981, 65-57, Taf. 25. 27; III, München 1987. I. Fuhr, Der Hund als Begleittier der Göttin Gula und anderer Heilgötter, in: Hrouda 1977, 135-145. A. Spycket, in: Hrouda 1987, 49-60 Taf. 21.22.

8 Schale mit Rinderprotome
(Abb. vordere Umschlagklappe)
Heller Kalkstein
L. 16,5 cm, H. 9,1 cm, B. 10,35 cm
Iran
Altelamisch, 1. Viertel des 2. Jt v. Chr.
VFig 2000.4
Schenkung des Diogenes Verlags, Zürich

An eine runde Schale mit flachem Boden ist eine vollplastische Rinder-protome mit untergelegten Beinen angearbeitet. Die Wamme des Tiers ist mit Zickzacklinien verziert; die Augen waren ursprünglich wohl aus anderem Material eingelegt. Das Geschlecht des Tiers ist nicht bestimmbar.
Eine enge Parallele, allerdings aus Bitumen, ist in Susa ausgegraben worden. Die Unterschiede sind minimal; das Tier der susanischen Schale ist etwas weicher modelliert, das Auge im gleichen Material herausgearbeitet, die Wamme nicht verziert, doch begegnet der Zickzack-Dekor bei anderen Tieren der gleichen Gruppe. Die Schale wurde in einem Sarkophaggrab der altelamischen Zeit gefunden.
Die Rinderschale aus Susa gehört zu einer Gruppe von Bitumenschalen, die

mit Protomen verschiedener Tiere – Boviden, Oviden und Capriden – kombiniert sind. Sie alle wurden in Gräbern gefunden. In Analogie kann man auch für das gezeigte Gefäß auf funeralen Gebrauch schließen. Man könnte sich gut vorstellen, daß dem Toten in der Schale vielleicht Käse, den die produzierende Kuh selbst darreicht, mitgegeben wurde. US

Lit.: Dorotheum. Antike Kunst und Fossilien, Auktion am 6. Juni 2000, Wien 2000, 36, Nr. 67. – Parallelen: J. Connan/O. Deschesne, Le bitume à Suse, Paris 1996, 231–246, Nr. 199.

9 Elfenbeinschnitzerei mit Kuh und Kalb
L. 5,0 cm, H. 2,38 cm, D. 0,77 cm
Syrien, angeblich aus Tyrus
9./8. Jh. v. Chr.
VF 1998.11
Erworben mit Mitteln des Rektorats der Universität Freiburg, CH

Das trotz seiner kleinen Dimensionen sehr detailreich geschnitzte und modellierte Elfenbeinfragment stellt eine Kuh dar, die den Kopf zu ihrem saugenden Kalb zurückgewandt hat, von dem nur gerade das Köpfchen erhalten ist. Die Beine der Kuh, ihr Schwanz, ihre Zunge, mit der sie den Rücken des Kalbes leckte, und der Körper des Jungtiers sind verloren. Obwohl es sich um ein Serienstück handelt, ist dieses doch mit viel handwerklichem Sachverstand und Sinn für die Anatomie der Tiere gefertigt worden. Die Kombination von Modellier- und Ritztechnik schafft mit einfachen Stilmitteln starke, anatomisch überzeugende Effekte: vier Striche deuten die Rippen an, leicht gebogene Linien das Kammhaar, zwei Linien heben bei Kuh und Kalb das Auge hervor, und fünf kleine Zacken konturieren den Übergang vom Stirnhaar zum Hornansatz. Das kreisrunde Auge der Kuh war ursprünglich wohl mit einer Einlage (aus Muschelkalk?) versehen. Kruppe und Beinmuskulatur sind durch Modellierung hervorgehoben. Der Kopf des Kalbes ist im Vergleich zu dem des Muttertiers etwas gross geraten, wenn man andere Darstellungen daneben hält. Der Grund dafür liegt in der Miniaturisierung: Je kleiner eine Darstellung, desto größer musste im Verhältnis der Kopf des Jungtiers dargestellt werden, wenn der Künstler nicht ganz auf Details verzichten wollte. Die Oberfläche wurde sehr fein poliert, was dem Stück einen leicht schimmernden Glanz verleiht. Von oben betrachtet sieht man, dass das Fragment leicht gerundet ist und im Bereich der Kruppe leicht zurückbiegt. Es dürfte ursprünglich Teil eines Panels gewesen sein, bei dem eine ganze Reihe gleich gefertigter Schnitzereien in durchbrochener Arbeit aufeinander folgten. Aufgrund der bescheidenen Dimensionen wird es ein relativ kleines Möbelstück geschmückt haben. Deshalb fehlen wohl auch die ansonsten üblichen Schlitze im Rücken; die Halterung mittels einer (verlorenen) Basisleiste hat offenbar genügt.

Parallelen zu unserem Stück, allerdings fast doppelt so lange, finden sich unter den Elfenbeinen, die in einem assyrischen Palast in Arslan Tash in Nordostsyrien aus dem 8. Jh. gefunden wurden. Etwas kürzer (8,4 cm) ist ein Stück in Karlsruhe, das ursprünglich vom selben Ort stammen könnte. Ähnliche Stücke mittlerer Grösse sind auch im sogenannten ‹Fort Shalmaneser› in Nimrud gefunden worden. Bei all diesen Stücken handelt es sich wohl um Beute- und Tributgut aus dem Westen. Aramäisch geschriebene Handwerkerzeichen auf der Rückseite erlauben es, sie einer aramäischen Werkstatt zuzuweisen, deren Standort wohl in Hamat oder Damaskus anzusetzen ist.

Das Motiv ‹Kuh und Kalb› gehört zu den beliebtesten des syrischen Elfenbeinrepertoires des 9. und 8. Jh. v. Chr. Es taucht in der Kunst des alten Orients ungefähr gleichzeitig um die Mitte des 3. Jt. v. Chr. in Ägypten und in Mesopotamien auf und lebt im Mittelmeerraum dann bis in die römische Zeit weiter. Wo die Kleinviehzucht verbreiteter war als die Rinderzucht, wurde das Motiv adaptiert, d.h. die Bovinen durch Ziegen und Schafe ersetzt. Überall evozierte es die instinktive, intensive Verbundenheit von Mutter- und Jungtier, die man als Ausdruck stärkster emotionaler Zuneigung interpretierte und in der Literatur metaphorisch auch auf menschliche oder göttliche Liebende übertrug. Gleichzeitig handelt es sich um eine typische Segensikone, in der die sogar den Tod überwindende Weitergabe des Lebens und die sich darin äussernde göttliche Sympathie – besonders, aber nicht ausschliesslich von sogenannten Muttergöttinnen – für alles Lebendige emblematisch sichtbar wird.

Einen Reflex dieser numinosen Wertschätzung der Verbindung von Mutter- und Jungtier finden wir im biblischen Gebot, Rind- oder Kleinvieh nach der Geburt mindestens sieben Tage lang beim Muttertier zu lassen, bevor es als Opfergabe dargebracht werden darf (Exodus 22,28-29; Levitikus 22,27 – man beachte, dass der hebräische Text nicht vom Mutter*tier*, sondern einfach von der Mutter spricht!). CU

Lit.: Unveröffentlicht.– Vergleiche: F. Thureau-Dangin et al., Arslan-Tash (BAH XVI), Paris 1931, 119-121, Pl. XXXVII-XL, bes. XXXIX:71; G. Herrmann, Ivories from Nimrud V. The Small Collections from Fort Shalmaneser, London 1992, 38-39, 70-71 Nr. 132-136; E. Rehm, Kykladen und Alter Orient. Bestandskatalog des Badischen Landesmuseums Karlsruhe, Karlsruhe 1997, 135-136, Nr. S 22. – Allgemein zum Motiv: Keel, Böcklein.

10 Stater mit Kuh
Silber
Dm. 21,5 mm, G.10,5 gr
Korkyra
4. Jh. v. Chr.
N Kopp 55
Schenkung Josef Vital Kopp, Luzern

Die säugende Kuh, die sich zu ihrem Kalb zurückwendet, das unter ihrem Leib kniet und trinkt, stellt eine Kreiskomposition dar, die den Kreislauf des Lebens als Prozess sich stets erneuernder Fruchtbarkeit abbildet. Der grosse achtstrahlige Stern verweist sowohl auf göttliche Herkunft wie auch auf Präsenz göttlicher Kraft, wie dies in der griechischen und römischen Münzikongra-

phie vielfach, besonders bei Herrscherköpfen, zum Ausdruck kommt. Bei dieser Silbermünze aus Korkyra, einer wegen ihrer Fruchtbarkeit in der Antike bekannten ionischen Insel, verweist der Stern wahrscheinlich auf die Göttin Hera, der die Rinderherden heilig und deren Opfertiere Kühe waren. Ein Tempel der Hera Akraia ist auf dem antiken Stadtgebiet von Korkyra archäologisch nachgewiesen. Mit dem antiken Massenmedium Münze verbreiteten die Korkyräer so das Lob der Fruchtbarkeit ihrer Insel und verwiesen gleichzeitig auf sie als göttliche Gabe. MK

Lit.: V. Grigorova, Catalogue of the Ancient Greek and Roman Coins of the Joseph Vital Kopp Collection, University of Fribourg Switzerland (NTOA.SA 2) Fribourg (CH)/Göttingen 2000, 30, Nr. 55. – Parallelen: Catalogue of Greek Coins in the British Museum, Vol. 7: P. Gardner, Thessaly to Aetolia, London 1883, Nr. 126-129. – Zu Korkyra: G. Rodenwaldt u.a., Korkyra, 2 Bde., 1939/1940 (antiker Stadtplan S. 14).

11 Figur einer stillenden Isis mit Kind
Bronze, Vollguss; Sockel: Hohlguss
H. 20,5 cm, B. 5 cm
Ägypten
Ptolemäische Epoche, 332-30 v. Chr.
ÄFig 1995.1
Schenkung Elly Halter-Jenny, Küsnacht

Die Kuh als Urbild mütterlicher Fruchtbarkeit hat noch in dieser anthropomorphen Figur aus ptolemäischer Zeit im Kuhgehörn Spuren hinterlassen. Es handelt sich bei der Statuette um ein sowohl technisch als auch ikonographisch qualitätsvolles und schön erhaltenes Beispiel der Figurengruppe ‹Göttin mit Königskind›, eine geradezu ‹klassische› Darstellung der thronenden Isis lactans, die das ganze Repertoire der möglichen Verzierungen und Attribute ausschöpft. Das schmale Gesicht der Göttin wird von einer schweren dreiteiligen Perücke gerahmt, auf die ein bis ins letzte Detail ausgearbeiteter Geierbalg gelegt ist. Dem Uräenkranz entspringt ein überproportioniertes, an der rechten Spitze leicht beschädigtes Kuhgehörn mit Sonnenscheibe. Zwischen den beiden vorderen Haarteilen der Perücke lässt sich ein mehrreihiger Halskragen erkennen. Das enganliegende, bis zu den Knöcheln reichende Kleid lässt beide Brüste frei. Die Hand des angewinkelten rechten Arms umgreift die linke Brust. Mit der vorgestreckten linken Hand umfasst sie den Kopf des auf ihrem Schoss sitzenden Kindes. Es ist nackt bis auf die Kopfbedeckung (eine enganliegende Kappe mit Uräus und seitlicher Jugendlocke) und den schmückenden Halskragen. Der trapezförmige Sockel ist Träger einer etwas flüchtig ausgeführten hieroglyphischen Inschrift, die von links nach rechts über die Vorderseite und die rechte Sockelseite hin zur Rückseite läuft: «Isis möge Leben geben der Perjs, Tochter des Djedbastet (?), geboren von Djedhapi [...(?)]». Der Personennamen Per(j).s ist nicht als ägyptisch belegt; es handelt sich wahrscheinlich um einen griechischen Namen: Parıı (Pareıı).

Die enge Verbindung der Isis mit Osiris (vgl. Kat. 55), zugleich Bruder und Gatte, definierte ihre Hauptfunktionen: Den Tod des Osiris zu beklagen und zu beweinen, ihn zu beleben und zu schützen (vgl. Kat. 91). Weiter nimmt sie als Mutter des Horus (vgl. Kat. 92) die Rolle der Muttergöttin ein, der stillenden Gottesmutter. Ihr Kopfschmuck, das Thronzeichen, gilt als kennzeichnendes Attribut. Vom Mittleren Reich an trug sie auch den Kopfputz der Hathor: Kuhgehörn und Sonnenscheibe. Die religiöse Vorstellung der Muttergottheit hatte sich im Niltal primär nicht aus der menschlichen Sphäre von Mutter und Kind entwickelt, sondern ging von der Mutterkuh aus, die wahrscheinlich aus dem Weltbild vorgeschichtlicher Viehzüchter stammt. Die bekannteste und bereits früh belegte Kuhgöttin ist Hathor (vgl. Kat. 57, unteres Register). Gemäss einem Spruch der Pyramidentexte war sie es, die den König stillte. Das Stillen galt nach ägyptischer Vorstellung als Inbegriff und Garant des Lebens. Das Motiv von Mutter und Kind begegnet seit dem Alten Reich. Rundplastische Darstellungen der thronenden Gottesmutter (vornehmlich Hathor und Isis), die ihr Kind stillt, lassen sich jedoch erst seit der Dritten Zwischenzeit (1070-664 v. Chr.) belegen und finden in der Spätzeit grosse Verbreitung. Diese Ikonographie bildet die Vorlage für das abendländische Bild der christlichen Madonna lactans.

Die vorliegende Figur ist als Weihgabe anzusehen, die den Dank für eine glückliche Geburt oder die Bitte um Unterstützung an Isis ausspricht. MPG

Lit.: Miniaturkunst, 160-161 mit Abb.; Page Gasser, Götter, Nr. 16 (Lit.).

12 Figur eines Lastesels
Ton
H. 7,1 cm, L. 9,5 cm, von Korb zu Korb 8 cm
Palästina/Israel
Frühe Bronzezeit, Ende 4. Jt. v. Chr.
Replik: VFRep 6 (Original: Israel Museum IAA 70-614)
Geschenk des Israel Museums, Jerusalem

Der Esel mit den zwei grossen bauchigen Gefässen aus Grab 10 der Nekropole von Azor am Südrand von Tel Aviv ist vielleicht die älteste Darstellung eines Lastesels. Das Fragment einer weiteren Figur dieser Art stammt aus derselben Nekropole. In Palästina/Israel wurden bislang 14 Terrakotten dieser Art, alle aus dem Chalkolithikum oder der Frühbronzezeit, gefunden, und zwar meistens in Gräbern. Ab der Mittelbronzezeit verschwindet das Motiv aus der Terrakottaplastik. An seiner Stelle taucht in der Eisenzeit das beladene Kamel auf (s. Kat. 21). Die grosse symbolische Bedeutung, die aus diesen Gründen dem Esel im Chalkolithikum und in der Frühen Bronzezeit zukam, legt es nahe, in diesem Terrakottaesel nicht bloss ein profanes Spielzeug zu sehen, sondern, wie es auch seine Verwendung als Grabbeigabe nahe legt, ein Symbol für Reichtum, Wohlstand und Segen über den Tod hinaus.

Der Esel (*Equus asinus asinus*) gehörte ursprünglich zur afrikanischen Fauna. Die Anfänge seiner Domestikation liegen im Dunkeln. Sicher ist, dass er mit der Sekundärproduktrevolution in der Frühbronzezeit als Lasttier eine steile und langanhaltende Karriere machte. Die Domestikation des Esels liess eine neue Klasse von Langstreckenhändlern entstehen. Sie verstärkte und beschleunigte den Handel von Exportprodukten und trug auch zur Intensivierung des Ackerbaus bei. Für Gegenden ohne schiffbare Flüsse war der Esel bis zum Aufkommen des Automobils das wichtigste Transportmittel; für die arme Bevölkerung im Orient und in Afrika ist er es noch heute. Dem Missbrauch des Tiers durch Überladen versucht der im ältesten biblischen Rechtskorpus überlieferte Rechtsappell zu begegnen, auch dem Esel des Feindes, der unter seiner Last zusammengebrochen ist, beizustehen (Exodus 23,5). TST

Lit.: R. Amiran, 'Atiqot 17 (1985) 190-192, Pl. 46,3-4, Figur links – Parallelen: Thomas Staubli, ZDPV 117 (2001), 102 mit Anm. 28.

13 Platte mit Esel und Treiber
Enstatit
L. 3,6 cm, B. 3,3 cm, H. 1,2 cm
Palästina/Israel
Mittelbronzezeit IIB, ca. 1650-1550 v. Chr.
SK 1998.1, Sammlung O. Keel
Langzeitleihgabe am Departement für Biblische Studien

Das Stempelsiegel fällt durch Grösse und Form auf. Die rechteckige, beidseitig gravierte Platte wurde in beide Richtungen auf den Schmalseiten durchbohrt, das Siegel also möglicherweise an einem harten Gegenstand oder auf einem Stoff mit Schnüren befestigt. Formal ähnliche Stücke stammen aus Avaris (Nildelta) oder aus Südpalästina. Die eine Seite zeigt eine Bundesszene am Baum, die andere einen beladenen Esel und dessen Treiber. Während der beladene Esel auf einigen Stempelsiegelamuletten der Hyksoszeit zu finden ist, ist die Variante mit dem Treiber in der Gattung bislang singulär. Hingegen taucht dieses Motiv häufig auf Ernteszenen auf ägyptischen Grabreliefs des Mittleren Reiches auf. Der mit Ernte- und Handelsgütern bepackte Esel war ein Bild des Segens, der besonders dann reichlich ausfiel, wenn die politischen Verhältnisse stabil waren. Darauf könnte die Bundesszene unter dem Baum auf der anderen Seite der Platte anspielen. Die in zeitgenössischen Dokumenten von Mari bezeugte Sitte, bei Vertragsschlüssen einen Esel zu töten und dessen getrennte Hälften zu durchschreiten (ARM II 37.6,11) scheint durch die Motivkombination des Siegels nicht intendiert zu sein.
Eselskarawanen ermöglichen einen bedeutenden Handel auf dem Landweg zwischen Palästina und Ägypten. Er erlebte eine Hochblüte in der sogenannten Hyksos-Zeit, als grosse Teile Ägyptens von einer Dynastie kanaanäischen Ursprungs beherrscht wurden. Es gab ihn aber noch Jahrhunderte später (vgl. Genesis 43,18; 44,3.13; 45,23). Der starkknochige Esel, der bis zu 100 kg schwere Lasten tragen kann, war damals so geschätzt, dass man tote Esel zeremoniell begrub. Daher auch der Name «Starker Esel» eines Hyksos-fürsten, der Name «Esel» des Vaters Sichems (Genesis 34,2) und der Titel «Eselssöhne» für die Bewohner der Stadt Sichem. Auf der Passhöhe einer wichtigen West-Ost-Verbindung in Palästina/Israel gelegen, war Sichem ein Zentrum des Säumerwesens. Die Gegend um Damaskus wird in neuassyrischen Quellen «Eseltreiberland» genannt. TST

Lit.: Thomas Staubli, ZDPV 117 (2001), Taf. I und 98, Abb. 1.

14 Reliefausschnitt mit Eselreiter
Kalkstein, bemalt
Serabit el-Khadem (Sinai)
Mittleres Reich, um 1800 v. Chr.
Kolorierte Strichzeichnung von Barbara Connell (Atelier WiZ, Volketswil) nach den Angaben dokumentierter Farbreste bei Gardiner/Peet (s.Lit.)

Auf vier Memorialstelen am Prozessionsweg des Hathorheiligtums bei den Türkisminen von Serabit el-Khadem im Zentralsinai findet sich am Fuss der Stele jeweils dieselbe Szene: Ein durch den Stab als Vornehmer bzw. Scheich erkennbarer Mann, der in Begleitung eines Führers und eines Treibers, die zu Fuss gehen, auf einem Esel reitet. Die Ägypter, die sich vorwiegend mit Schiffen auf dem Nil bewegten, verzeichneten das Reiten auf Eseln als eine Merkwürdigkeit ihrer asiatischen Reiseführer im Sinai.
Vor dem Aufkommen von Pferd (Kat. 17) und Kamel (Kat. 22f) war der Esel das einzige Reittier im Vorderen Orient. Israels Fürstinnen und Fürsten ritten vorzugsweise auf weissen Eselinnen (Richter 5,10). Auch sie wurden nach damaliger Etikette von einem Führer und einem Treiber begleitet, die zu Fuss gingen (Genesis 22,3; Levitikus 22,22). Im Gegensatz zum Pferd taugte der Esel aufgrund seines Charakters nicht für den Krieg. Sein Starrsinn wird in der Bibel nicht getadelt, sondern er wird als gottesfürchtig gelobt. Der Esel ist das einzige Tier, von dem die Bibel erzählt, dass es den Engel Gottes sieht und respektiert (Numeri 22,22-30) und ist das Reittier des messianischen Friedensfürsten (Sacharja 9,9f; vgl. Matthäus 21,1-9parr.). TST

Lit.: A.H. Gardiner/T.E. Peet, The Inscriptions of Sinai. Part II: Translations and Commentary, London 1955, fig. 17.

15 Skarabäus mit Pharao als Sieger im Streitwagen
(Abb. Seite 39, gegenüber)
Enstatit oder Kompositmaterial, keine Spur von Glasur
L. 3,2 cm, B. 2,2 cm, H. 1,3 cm
Ägypten
Neues Reich, 19.-20. Dynastie, 1292-1075 v. Chr.
M. 5804, ehemals Sammlung F.S. Matouk

Der Skarabäus weist eine für rames-sidische Skarabäen typische schematische Kopf- und Rückenform auf. Die sechs

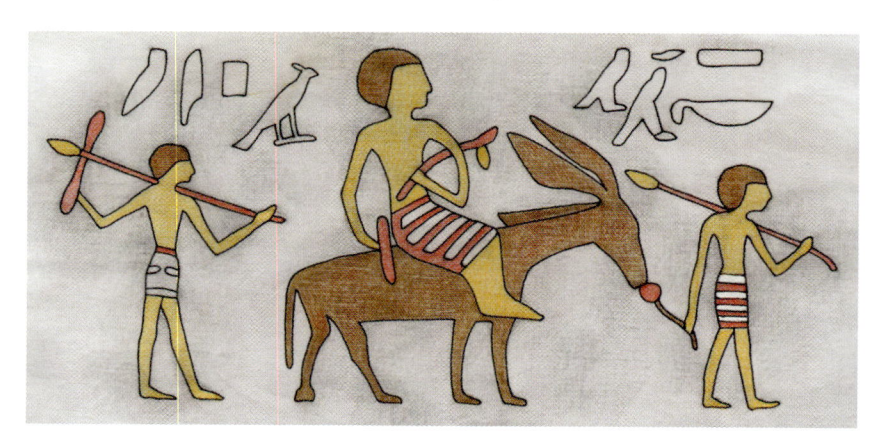

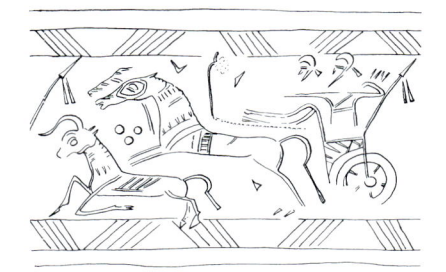

Beine des Käfers sind auf vier reduziert. Auf der Basis ist in waagrechter Anordnung eine schematische Kriegszene eingraviert. Der Pharao steht mit der Blauen Krone angetan und einem Uräus an der Stirn (vgl. Kat. 55) im Streitwagen. Er hält mit der einen Hand den Bogen, mit der anderen einen Pfeil. Die Zügel des Pferdes sind um seine Hüften geschlungen. Vor dem Bogen und vor dem Pferd steht je eine menschliche Gestalt mit beiden resp. einem Arm verehrend-abwehrend erhoben. Die ägyptische Ikonographie stellt kriegerische Begegnungen immer so dar, dass der Pharao wie ein Gott erscheint, vor dem die Feinde kopflos fliehen oder dem sie sich kampflos ergeben. Pferd und Wagen dienen dazu, die göttliche Siegesmacht des Pharao überzeugend zu inszenieren. Die Propheten Israels haben diese Inszenierung in Frage gestellt, indem sie darauf hinwiesen, das die Streitrosse Ägyptens bloss schwaches vergängliches Fleisch und nicht göttliche Geistkraft seien (Jesaja 31,3).

Wann genau und auf welchem Wege zuerst Pferde nach Ägypten gelangt sind, ist unklar. Ob die kanaanäischen Fremdherrscher (Hyksos) zwischen 1650 und 1550 v. Chr. bei seiner Einführung eine Rolle gespielt haben, ist ungewiss und eher unwahrscheinlich. Das Transporttier der Hyksos waren Esel (Eselsbegräbnisse in Avaris). Anscheinend gab es Pferde in Ägypten in nennenswerter Zahl erst ab etwa 1550 v. Chr.

OK

Lit.: Matouk, Corpus II, 403 Nr. 1716. – Parallelen: Zur Käferform vgl. Keel, Corpus, 51 § 103 Abb. 65f; O. Keel/M. Shuval/Ch. Uehlinger, Studien zu den Stempelsiegeln aus Palästina/Israel III. Die Frühe Eisenzeit. Ein Workshop (OBO 100), Freiburg (CH)/Göttingen 1990, 289-294, bes. 290 Abb. 0130, wo in der linken Kolumne als drittes Stück von oben das Stück Kat. 15 zu sehen ist. – Zur Einführung des Pferde in Ägypten: J. Boessneck, Die Tierwelt des Alten Ägypten untersucht anhand kulturgeschichtlicher und zoologischer Quellen, München 1988, 79-81.

16 Rollsiegel mit zwei Assyrern im Streitwagen auf der Wildstierjagd
Grauschwarzer Kalkstein
H. 4,35 cm, Dm. 1,4 cm
Assyrien
Neuassyrisch, 9. eventuell noch 8. Jh. v. Chr.
VR 1992.24

Auf dem sehr stark abgenutzten Rollsiegel jagen ein Wagenlenker und ein Bogenschütze vom Streitwagen aus einen Wildstier, der unter den Vorderhufen der galoppierenden Pferde zusammenbricht. Das zweite Pferd ist nur durch das Profil der oberen Hälfte des Kopfes angedeutet. Über der hinteren Hand des Bogenschützen ragen Pfeilschäfte empor. Hinten am Wagenkasten steckt eine mit Quasten versehene Lanze. Die Wildrinder zu jagen, die die Felder verwüsten konnten, war in Ägypten und in Mesopotamien in der Regel Aufgabe und Privileg der Könige. Amenophis III. behauptet in einem Gedenkskarabäus, 96 Wildstiere getötet zu haben. In Medinet Habu wird Ramses III. auf der Wildstierjagd gezeigt. Assyrische Palastreliefs zeigen Assurnasirpal II. bei der Wildstierjagd.

HKL, OK

Lit.: A. Glock (ed.), Minuscule Monuments of Ancient Art. Catalogue of Near Eastern Stamps and Cylinder Seals collected by Virginia E. Bailey. The New Jersey Museum of Archaeology, Madison 1988, Nr. 97; C. Boisgirard/A.M. Kevorkian (éds.), La collection Virginia E. Bailey. Glyptique. Hotel Drouot. 16. Décembre, Paris 1992, Nr. 65. – Parallelen: D. Collon, Catalogue of Western Asiatic Seals in the British Museum. Cylinder Seals V. Neo-Assyrian and Neo-Babylonian Periods, London 2001, 60 Nr. 93; Porada, Corpus, Nr. 660. – Zum Wildstierjagd-Skarabäus Amenophis' III.: C. Blankenberg-Van Delden, The Large Commemorative Scarabs of Amenhotep III, Leiden 1969, 16f.57-61. – Zum Relief Ramses' III.: H.H. Nelson et al., Later Historical Records of Ramses III. Medinet Habu II (OIP 9), Chicago 1932, Pl. 117, vgl. Pl. 130. – Zu den Reliefs Assurnasirpals II.: E. Strommenger/M. Hirmer, Fünf Jahrtausende Mesopotamien. Die Kunst von den Anfängen um 5000 v. Chr. bis zu Alexander dem Grossen, München 1962, Abb. 202 (BM WA 124532).

17 Judäische Reiterfigur
(Abb. Seite 40)
Terrakotta
L. 15,4 cm, B. 7,2 cm, H. 15 cm
Palästina/Israel, judäisches Bergland (Handel Jerusalem)
Eisenzeit IIB, Ende 8. bis Mitte 7. Jh. v.Chr.
VF 1999.5
Erworben mit Mitteln des Schweizerischen Bundesamtes für Kultur

Die vollständig handmodellierte, aus grobem Ton gefertigte und bei relativ niedriger Temperatur gebrannte Figurine besteht aus zwei Teilen: Das Pferd hat einen flachen, breiten Körper und steht auf pfeilerartigen Beinen; Hals und Kopf haben dagegen ein fast rundes Profil, die Schnauze ist leicht flachgedrückt, die grossen Ohren und der Stummelschwanz wurden angesetzt und sind heute teilweise abgebrochen. Offensichtlich handelt es sich um eine stark stilisierte Massenfertigung, die mit einfachsten Gestaltungsmitteln arbeitet. Das Gleiche gilt vom Reiter, der in einem zweiten Durchgang modelliert und mit dem Tierkörper verbunden wurde: Sein Körper ist brettartig flach, die Arme sind durch flache Tonwülste gebildet, deren Enden (Hände) an den bereits lederharten Kopf gedrückt und dadurch noch einmal verbreitert wurden. Der Körper des Reiters geht gleitend in den Kopf über; der Töpfer bog den Rumpf leicht nach hinten, um den Hinterkopf anzudeuten, und drückte dann die Vorderseite mit Daumen und Zeigefinger zusammen, um mit einem einzigen Griff Kinn, Nase und Augenhöhlen zu stilisieren (sog. ‹pinched nose›- oder ‹Vogelkopf›-Typ). Dank zahlreicher, teilweise jüngerer Parallelen (vgl. Kat. 18) können wir sicher sein, dass die Figurine einen männlichen Reiter darstellt. Bei aller Stilisierung ist bemerkenswert, dass der Mann nicht – wie häufig – viel zu gross dargestellt wurde, sondern die Proportionen von Tier und Mensch relativ gut getroffen sind.

Pferde- und Reiterfigurinen dieser Art gehören zum Grundrepertoire der judäischen Koroplastik. Sie bilden neben den Frauenfigurinen die zweitwichtigste Gruppe – aus kontrollierten Ausgrabungen im Bereich des alten Juda sind bis heute über 300 Exemplare bekannt geworden – und können als typisch männliches Statussymbol angesprochen werden. Meistens tauchen diese Figurinen in Häusern, manchmal auch in Gräbern des 8. und 7. Jh. auf, wobei in Palästina/Israel offenbar nie zwei oder mehr Reiter gleichzeitig miteinander gefunden wurden. Pferdedarstellungen sind häufiger als irgendwelche andere Tierfigurinen (Bovinen, Capriden usw.). Diese Verteilung spiegelt offensichtlich nicht die realen Nutztieranteile in der altjudäischen Gesellschaft wider, son-

dern muss durch die symbolische Bedeutung und Wertschätzung des Pferdes erklärt werden. Wie wir aus assyrischen, ägyptischen und biblischen Quellen schliessen können, ist die Reiterei im alten Orient erst relativ spät bekannt geworden, nachdem sie bei den Steppenvölkern Zentralasiens und im iranischen Hochland wohl schon länger bekannt war (vgl. zu Mannäern, Kimmeriern und Skythen Jeremia 6,23; 50,42; 51,27). Waren Pferde in den Heeren des alten Orients bis ins 10. Jh. v. Chr. fast ausschliesslich als Zugtiere für Prunk- und Streitwagen verwendet worden, so bildeten ab dem 9. Jh. die Urartäer und Mannäer in Armenien und Aserbaidschan, die Aramäer in Syrien und die Nubier der 25. Dynastie in Ägypten (Jesaja 31,1) eigene Reiterkontingente aus, die dank ihrer grösseren Beweglichkeit in unterschiedlichen Terrains oftmals die schlachtentscheidende Truppengattung stellten. Ausserdem konnten Reiter auch als Schnellboten eingesetzt werden (2 Könige 9,18; Sacharja 1,8ff). Den assyrischen Königen blieb nichts anderes übrig, als dem Beispiel der Peripherie zu folgen, wobei sie teilweise Reiterkontingente von unterworfenen Völkern in ihr eigenes Heer integrierten. Seit dem 7. Jh. ist auch die Jagdreiterei ikonographisch bezeugt (vgl. Ijob 39,18), und Reiten wurde nun zu einem Element grossköniglicher Selbstdarstellung (Reliefs Assurbanipals in Ninive). In Israel scheint die Kavallerie nicht recht heimisch geworden zu sein: Noch im späten 8. Jh. deportierte der Assyrerkönig Sargon II. nur Streitwagenkontingente, keine Reiter aus Samaria. Ob Juda in vorexilischer Zeit über eine eigene Reitertruppe verfügte, ist fraglich (vgl. 2 Könige 18,23 = Jesaja 36,8; 30,16; Hosea 14,4; Amos 2,15). Reiter waren eher eine ebenso gefürchtete wie bewunderte Spezialität fremder Grossmächte (Jesaja 31,1-3; Ezechiel 23,5-6.12.23-24), die man sich selber nur mit Mühe leisten konnte. Wie sind dann aber die judäischen Reiterfigurinen zu deuten? Kann man sie mit den Panzermodellen vergleichen, mit denen palästinensische Kinder heute Krieg spielen, wenn sie nicht gerade Steine werfen? In der Tat dürfte die Beliebtheit dieser Figurinen im Juda des 8. und 7. Jh. mit der Hochkonjunktur der ägyptischen und assyrischen Kavallerie jener Zeit zusammenhängen. Darüber hinaus scheinen die Figurinen aber eine Rolle in der Familienfrömmigkeit gespielt zu haben, vielleicht als eine Art ‹Schutzengel› (vgl. zum «Boten Jhwhs» 2 Könige 1,3.15 19,35) oder Repräsentanten des «Himmelsheeres» (vgl. Jhwhs Heeresmusterung in Jesaja 13,3-5). Um die Darstellung eines Gottes kann es sich kaum handeln, da kriegerische Gottheiten in der Levante zu jener Zeit entweder zu Fuss, auf einem Stier oder auf Keruben stehend oder gar als Wagenfahrer, aber nie als Reiter zu Pferd vorgestellt wurden.
CU

Lit.: Unveröffentlicht.– Vergleiche und Diskussion: GGG §§ 198-200. – Zur Reiterei im 8./7. Jh. v. Chr.: L. A. Heidorn, JNES 56 (1997) 105-114; Ch. Uehlinger, NBL III, 340-342 (Lit.); A. Lemaire, Trans 15 (1998) 165-182.

18 Perserzeitliche Reiterfigur
(Abb. Seite 41)
Terrakotta, Reste von weissem Schlicker und roter und schwarzer Bemalung
H. 11,8 cm, B. 6,2 cm, T. 8,1 cm
Vermutlich aus Palästina (Handel Jerusalem)
Perserzeit, 4. Jh. v. Chr.
VF 2000.9
Erworben mit Mitteln der Peter Kaiser Gedächtnisstiftung, Vaduz (FL)

Trotz der relativ groben Konturen und starken Stilisierung handelt es sich bei dieser vollständig handgefertigten Figurine um ein Massenprodukt. Für die perserzeitlichen Reiterfigurinen ist typisch, dass sie – im Unterschied zur älteren Figurine Kat. 17 – sehr viel höher als tief ist, was zunächst einmal praktischer war, weil man die Figurine so auch auf einem schmalen Absatz platzieren konnte. Da derartige Figurinen offensichtlich von vorne betrachtet werden sollen, kann die Tiefendimension praktisch vernachlässigt werden, zumal das Pferd über einen tieffallenden Schutzschurz verfügt. Das Grössenverhältnis hat sich ganz unverhältnismässig zugunsten des Reiters entwickelt. Dennoch wirkt der Pferdekopf in Vorderansicht wesentlich realistischer als Kat. 17; die Ohren sind kleiner, die Mähne ist kammartig markiert, und die Kopfhaltung ist sehr charakteristisch für ein gezügeltes Pferd. Betrachtet man die Figurine aber von der Seite, ist es um den scheinbaren Naturalismus der Darstellung geschehen: Der Pferdekörper erscheint dann ganz unrealistisch zusammengepresst, so dass der Reiter wie auf die Kruppe zu sitzen kommt. Im Übrigen hat auch diese Figurine vier einfache, allerdings viel zu kurze Stützbeine und einen spitzen Stummelschwanz. Der Reiter trägt einen weiten Mantel und eine hohe Kopfbedeckung, wie sie für Skythen, Meder und Perser charakteristisch war, eine Filzmütze, die von den Griechen *kyrbasia* genannt wurde. Das bärtige Gesicht ist sorgfältig modelliert und mit Farbe noch zusätzlich konturiert worden. Die starke Rücklage ist sicher nicht realistisch gemeint, gibt vielmehr einen Hinweis darauf, dass man derartige Figurinen in der Regel von vorne und leicht von oben zu betrachten hatte.

Zur Zeit des persischen Grossreichs, als die iranische Achämenidendynastie ein riesiges Territorium vom Indus bis nach Nubien und bis vor die Tore Athens beherrschte, wurde das Bild des Reiters zu einem typischen Element höfischer Selbstdarstellung. Ein guter Reiter zu sein, war eine notwendige Tugend sowohl für den König als auch für den Adel (Herodot I, 136; vgl. Ester 6,8ff). König Darius I. soll in Babylon ein Reiterstandbild errichtet haben (Herodot III, 88; vgl. Sacharja 1,8). Ein aramäischer Papyrus des 5. Jh. aus Elephantine bestätigt die offizielle Anfertigung von Reiterskulpturen. Das persische Heer war für seine Krieger (Haggai 2,22; Sacharja 10,5; 12,4) und berittenen Boten berühmt (Herodot III, 126; VIII, 98; Ester 8,10.14), die im Post- wie im Spionagewesen einsetzbar waren. Von daher erstaunt es nicht, dass die Vorstellung von Reitern und Pferden, die dem Befehl eines göttliche Herrn gehorchen, in der Bibel zum ersten Mal in einem Text aus der Perserzeit auftaucht (Sacharja 1,8ff). Kriegsreiter treten nun auch im Repertoire apokalyptischer Katastrophenschilderungen auf (Joel 2,4?; Sacharja 10,5; Offenbarung 6,2-8). Umgekehrt stellte man sich dann auch rettende Götter wie Mithras oder den Sonnengott als Reiter auf weissem Pferd vor. Diese Symbolik findet sich in biblischen Schriften der hellenistischen und römischen Zeit wieder, wenn etwa im 2 Makkabäerbuch (3,25; 5,2-3; 10,29) himmlische Schlachtenhelfer als Reiterheer auftreten oder in der Johannes-Offenbarung (19,11-21) der wiederkehrende Christus (bzw. das ‹Wort Gottes›) als Reiter auf einem weissen Pferd, d.h. als eine Art *sol invictus* vorgestellt wird.

Handelt es sich bei der Figurine um eine einfache Kriegerdarstellung, oder hatte dieses typisch männliche Rollenbild in der Perserzeit auch eine bestimmte religiöse Funktion? Stifterinschriften auf vergleichbaren Figuren aus Kourion (Zypern) legen nahe, dass diese als Abbilder von Höhergestellten – Heroen oder Aristokraten – verstanden wurden. Im perserzeitlichen Palästina sind derartige Figuren bisher auffälligerweise nur im Küstengebiet und im Negev gefunden worden. Hätte man in Samaria und Juda darauf verzichtet, wenn die Figurinen nur Sterbliche dargestellt hätten? Wir wissen, dass man in Juda ab dem ausgehenden 6. Jh. v. Chr. die Verehrung des «Himmelsheeres» und anderer minderer Gottheiten verfemte. Eine Interpretation der Reiterfigurinen als numinose Macht, wie sie unter Kat. 17 skizziert wurde, scheint am ehesten geeignet, die divergierenden Befunde auf einen Nenner zu bringen. CU

Lit.: Unveröffentlicht. – Vergleiche und Diskussion: E. Stern, Material Culture of the Land of the Bible in the Persian Period, 538-332 B.C., Warminster 1982, 167-168 (Lit.). – Ch. Uehlinger, DDD, 705-707.– A. Nunn, Der figürliche Motivschatz Phöniziens, Syriens und Transjordaniens vom 6. bis zum 4. Jahrhundert v. Chr. (OBO.SA 18), Freiburg CH/Göttingen 2000, 42-46, 78-79. – P.R.S. Moorey, Iran and the West: the case of the terracotta ‹Persian› Riders in the Achaemenid Empire, in: R. Dittmann et al. (Hg.), Variatio Delectat. Iran und der Westen (AOAT 272), Münster 2000, 469-486 (Lit.).

19 Westgriechische Reiterfigur
Ton, bemalt
L. 23 cm, H. 21 cm
Apulien
Hellenistisch, 3. Jh. v. Chr.
GFig 2000.1

Die Oberfläche von Pferd und Reiter zeigen Spuren weisser Engobe, die einst mit zarten Wasserfarben bunt bemalt war. Die Nachgestaltung der *phalerae*, Zierscheiben am Zaumzeug des Pferdes, unterstreichen den dynamisch-kriegerischen Charakter des galoppierenden Tieres. Der Reiter trägt einen Helm in phrygischer Form mit einem Kinnschutz und eine Rüstung. In seiner rechten Hand hielt er einst eine Lanze. Pferd und Reiter wurden einzeln gestaltet. Der Reiter lässt sich auf das Pferd aufsetzen. Die Figur könnte aus einem grösseren Reliefzusammenhang mit einer Kampfszene stammen, wovon ein Beispiel im Metropolitan Museum (New York, s. Lit. Bienkowski) zu sehen ist. Dafür spricht allein schon die Tatsache, dass die Figur nicht selbständig steht. Terrakotten dieser Art kommen vor allem im Gebiet um Canosa und Arpi vor. Die Gegend scheint im Altertum von Söldnern gewimmelt zu haben, wie auch die Kampfszenen, Niobiden, Gigantomachien, Jagden und Raubszenen als Themen auf bemalten Askoi (Vasen) aus jener Gegend mit vergleichbaren Pferden und Reitern nahelegen. Umgekehrt waren in römischer Zeit Söldner aus Süditalien in Palästina/Israel stationiert (vgl. Kat. 40).

In der Levante blieb das Reiten auf Pferden lange Zeit fremd. Der Pferdereiter war zwar seit dem 8. Jh. v. Chr. ein beliebtes Ikon, wurde aber eher mit himmlischen als mit menschlichen Wesen in Verbindung gebracht (s. Kat. 17f). Auch dort waren es die Mazedonen, die die Kavallerie erstmals im grossen Stil als effektives Kriegsmittel einsetzen. Alexander, der den gesamten Orient in wenigen Jahren eroberte, liess sich mit Vorliebe als Reiter darstellen. Im Buch Ezechiel wird den Vögeln und wilden Tieren des verheerten Landes verheissen, dass sie sich dereinst vom Fleisch und Blut ihrer Verwüster sättigen werden (Ezechiel 39,20): «An meiner Tafel sollt ihr satt werden von Ross und Reiter, von Helden und jeglichem Kriegsmann, spricht der Herr Jhwh.» TST

Lit.: Unveröffentlicht. – Parallelen/Diskussion: P. Bienkowski, Les celtes dans les arts mineures gréco-romains avec des recherches iconographiques sur quelques autres peuples barbares, Kracovie 1928, 139, fig. 138a-d; Ettore M. de Juliis, The Impact of the Greek Colonie on the Indigenous Peoples of Apulia, in: G. Pugliese Caratelli (ed.), The Western Greeks, Venezia 1996, 549. 554. 741, Abb. 343. – Zu Tracht und Bewaffnung der Krieger auf apulischen Vasen: A.D. Trendall, Rotfigurige Vasen aus Unteritalien und Sizilien, Mainz 1990, 303.

20 Figur eines liegenden Kamels
Ton
H. 5,9 cm
Mesopotamien
Neuassyrisch, ca. 800-600 v. Chr.
Leihgabe aus der Sammlung Dr. Leo Mildenberg

Die Tonfigur beeindruckt durch ihre Typisierung des Kamels mit einfachsten Mitteln. Zu den Charakteristika des Grosssäugers gehören demnach der Fetthöcker, der starke Hals, der massive Kopf mit den kleinen Ohren, den grossen Augen und Nasenlöchern sowie den dicken, beweglichen Lippen.

Das im Nahen Osten heimische, einhöckrige Kamel oder Dromedar (*Camelus dromedarius*) verkörpert wie kein anderes Tier den biblischen Orient. Anatomisch ist es grossartig an die harten Lebensbedingungen in Steppen und Wüsten angepasst. Der Fetthöcker ist nicht der geheime Wassertank des Tiers, sondern seine konzentrierte Energiereserve, die bei anderen Säugern über den ganzen Körper verteilt ist. Dadurch schwitzt das Kamel weniger schnell. Ausserdem toleriert sein Körper sechsmal grössere Temperaturschwankungen (ca. 31-43°C) als der des Menschen (ca. 36-38°C). Auch das dichte Fell und die Fähigkeit eines inneren Urinrecyclings vermindern den Wasserverlust. An heissen Tagen wird nur gerade ein Liter Urin abgegeben und der Kot des in den Mägen und Därmen des Wiederkäuers optimal verwerteten Futters ist stark dehydriert, daher auch ein begehrtes Brennmaterial für die Beduinen. Gleichzeitig ist das Tier in der Lage, enorm viel Wasser im Blutplasma zu speichern und nach langen Durststrecken durch Trinken schnell zu ersetzen. Beim Grasen stehen die Kamele gegen die Sonne, wodurch nur wenig Körperfläche der schlanken Tiere direkter Sonneneinstrahlung ausgesetzt ist. Verschliessbare Nüstern und lange Augenbrauen schützen Kamele in Sandstürmen. Die langen beweglichen Lippen erlauben es, aus dornigen Pflanzen kleine Blätter herauszupflücken. TST

Lit.: P. E. Mottahedeh (ed.), Animals in Ancient Art From the Leo Mildenberg Collection, Mainz 1997, Nr. 123. – Zur Biologie des Kamels: H. Gauthier-Pilters/A. Dagg, The Camel. Its Evolution, Ecology, Behavior, and Relationship to Man, Chicago 1981.

21 Tongefäss eines beladenen Kamels
(Abb. Seite 4)
Ton
H. 13,5 cm
Syrien, Palästina
Eisenzeit II, 8./7. Jh. v. Chr. (?)
Leihgabe aus der Sammlung Dr. Leo Mildenberg

Das handgeformte Tongefäss zeigt ein aufgezäumtes, gehendes Kamel, das zwei grosse Amphoren trägt. Das Ausgussloch am unteren Ende des Halses könnte als Glocke aufgefasst worden sein. In der Tat zeigt ein Mosaik in Bosra des 6. Jh. Lastkamele, die Glocken tragen. Die Amphoren werden oben durch Stricke zusammengehalten und sind in eine komplexe Sattelmontur am Kamel eingelassen. Es handelt sich um den sog. Palan-Sattel, der heute noch vorwiegend in Pakistan und Indien verwendet wird. Ausser auf dem erwähnten Mosaik aus Bosra ist er auf einem aus Kissufim (Palästina/Israel) von 570 n. Chr. zu sehen. Ein unserem Kamel ähnlich gestalteter Kamelkopf aus dem jordanischen Bozra datiert ins 7.-5. Jh. v. Chr. Ein ägyptisches Fayence-Gefäss eines Kamels aus dem 8./7. Jh. v. Chr. und die Darstellung eines Lastkamels auf dem assyrischen Relief, das die Deportation der judäischen Bevölkerung der Stadt Lachisch am Ende des 8. Jh. v. Chr. zeigt, weisen ähnliche Bepackungselemente auf.

Die Domestikation des Kamels steht in engem Zusammenhang mit dem arabischen Fernhandel. Die ältesten Kamelsättel sind Packsättel. Sie wurden im 3. Jt. v. Chr. im Südosten der Arabischen Halbinsel entwickelt und sind heute noch auf der Insel Socatra und in Somalia in Gebrauch. Mit dem Aufkommen des Weihrauchhandels in der zweiten Hälfte des 2. Jt. v. Chr. gewann das Kamel allmählich an Bedeutung. So sind die Fussspuren eines Kamels auf dem Fussboden eines Hauses des 12. Jh. v. Chr. auf Tell Mischrife (Homs) bezeugt. Die älteste Darstellung einer Kamelkarawane stammt etwa aus derselben Zeit vom Tell Der Alla im Jordangraben (Jordanien). Im 1. Jt. v. Chr. war es im ganzen Vorderen Orient verbreitet. Unter den Nabatäern (ca. 500 v. Chr. – 500 n. Chr.) erlebte es seine glanzvollsten Zeiten. Bis zur Erfindung des Jeeps durch die Briten blieb es auf der Arabischen Halbinsel die unbestrittene Grundlage von Handel, Herrschaft und Reichtum. TST

Lit.: P. E. Mottahedeh (ed.), Animals in Ancient Art From the Leo Mildenberg Collection, Mainz 1997, Nr. 121. – Parallelen: C.M. Bennet, RB 79 (1972) Pl. XLIVa; Tail, JEA 49 (1963) P. XIII, No. 3; OLB I, 136, Abb. 66. – Zur Kulturgeschichte des Kamels: T. Staubli, NBL II, 434f (Lit.).

22 Figur eines gesattelten Kamels
Terrakottafigur
L. 7 cm, B. 2,5 cm, H. 6 cm
Jordanien
Römisch, 1. Jh. n. Chr.
Replik des Israel Museums, Jerusalem
Leihgabe von Thomas Staubli, Köniz (CH)

Die kleine, mit schwarzer Farbe bemalte, aus dem Model gepresste Terrakottafigur eines Kamels überrascht durch ihren Detailreichtum, was die Ausrüstung angeht, bei gleichzeitiger Stilisierung des Tieres. Deutlich sind Schild, Schwert, Satteltasche, Schaddad-Sattel, Zaumzeug, Schwanz–, Bauch- und Brustgurt zu erkennen. Der Schaddad-Sattel ist eine im nabatäischen Raum wohl im 5. Jh. v. Chr. entwickelte Adaption des Pferdesattels für das Kamel. Er besteht aus zwei Sattelbäumen, die durch bewegliche Andreaskreuze seitlich verbunden sind. Die Holzkonstruktion wird über den Fettbuckel gelegt und mit Teppichen oder Lederpolstern überdeckt. Unter dem Namen ‹Kamelhökker› hat der Sattel als Möbelstück auch Einzug in westliche Wohnungen gehalten.

Der Schaddad-Sattel löste den südarabischen Haulani-Sattel ab, der nur das Reiten hinter dem Buckel erlaubte und den nordarabischen Kissensattel, der unstabil war und das Reiten zu zweit erforderlich machte. Er erlaubte den Kampf mit dem Speer aus dem Sattel, sowie das problemlose und schnelle Reiten über lange Distanzen. Die Verwendung als Reittier machte das Kamel zum Statussymbol der Kamelnomaden (Beduinen), aus der Sichtweise der sesshaften Bauern dagegen zur gefürchteten Landplage (Richter 6,5). TST

Lit.: I. Parlasca, Kamelterrakotten. Antiquarische Aspekte und kulturgeschichtliche Bedeutung, in: M. Lindner (Hg.), Petra. Neue Ausgrabungen und Entdeckungen, München 1986, 201-213. – Zur Kulturgeschichte des Kamels: T. Staubli, NBL II, 434f (Lit.).

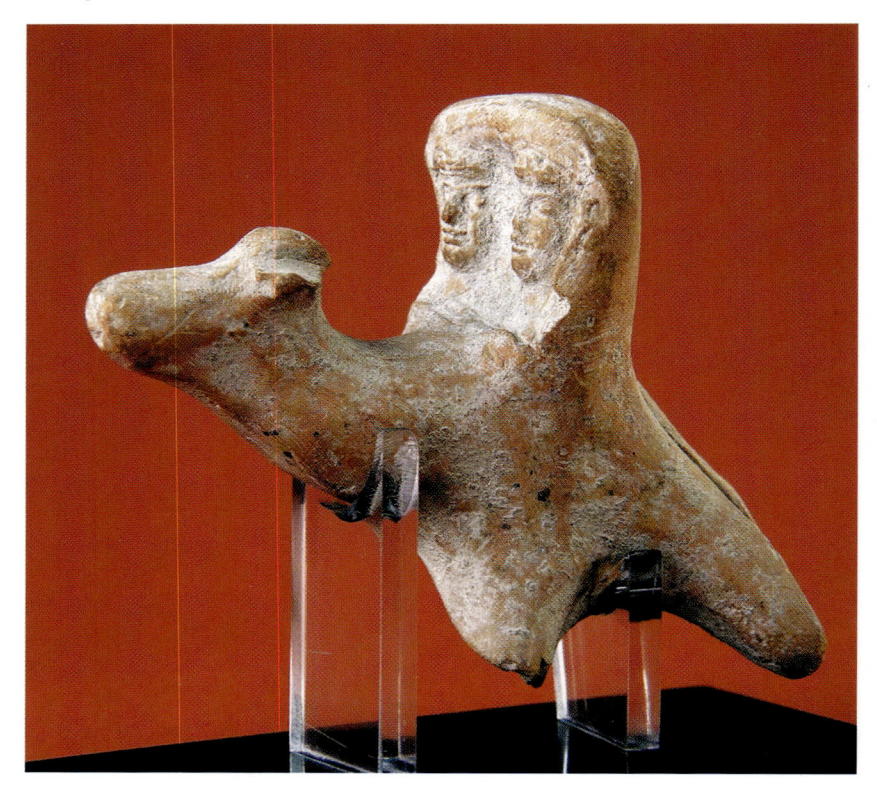

23 Figur eines Kamels mit Frauensänfte
Ton
B. 7,8 cm, H. 11 cm
Syrien
Römisch, ca. 100 v. Chr.
VF 1994.1
Schenkung Ernst Axel Knauf, Bern

Das gehende Kamel und die Sänfte wurden, die Gestalt stark vereinfachend, von Hand geformt. Die Gesichter der beiden Frauen wurden mit einem Model in den Ton gepresst. Die Vorderbeine und ein Hinterbein sind abgebrochen. Bei der Figur dürfte es sich um ein relativ billiges Pilgerandenken handeln. Kostbarere Varianten des Motivs zeigen zwei Frauen mit prachtvollen Gewändern und Frisuren, mit segnend erhobener Hand oder musizierend, mit Doppelflöte oder Handpauke.

Bei arabischen Stämmen gab es in vorislamischer Zeit die Sitte, Gottheiten in Steinen zu verehren, die in kostbaren Palladien auf Kamelen transportiert wurden. Wie bei den Bundestafeln der biblischen Lade spielte dabei die Zweizahl eine Rolle. Erst unter dem Einfluss des Hellenismus wurden die Gottheiten auch menschengestaltig dargestellt. Vermutlich handelt es sich bei den Frauen um die Göttinnen al-Lat und al-Uzza. Die Popularität ihres fröhlichen Prozessionskultes war durch die muslimischen Reformen nicht auszumerzen, sondern nur umzuwandeln. Die islamische Variante war der Transport von zwei Koranexemplaren in einem kostbar geschmückten Palladium auf der Wallfahrt nach Mekka. Bei Beduinen diente das Kamel bis in die Neuzeit als Träger von Stammesheiligtümern. TST

Lit.: Unveröffentlicht – Parallelen und Diskussion: T. Staubli, Das Image der Nomaden (OBO 107), Freiburg (CH)/Göttingen 1991, Abb. 113-116.

24 Denar mit Kriegselefant
Silber
Dm. 1,8 cm, G. 3,83 gr
Rom
49-48 v.Chr.
N Kopp 147
Schenkung Josef Vital Kopp

Seit der Schlacht von Gaugamela (331 v. Chr.), in welcher Alexander der Grosse den Persern ihre 15 indischen Königselefanten abnahm, wurden Elefanten im Vorderen Orient als monumentale Waffe eingesetzt. Ihre Kopfhaut mit den hochragenden Stosszähnen diente als triumphaler königlicher Kopfschmuck Alexanders und seiner Nachfolger. Die Makkabäerbücher berichten mehrmals von dieser fürchterlichen Waffe der hellenistischen Armeen (1 Makkabäer 6,34-47; 2 Makkabäer 15,20-48), mit der sich Fremdherrscher machtvoll durchsetzten. Auch Daniel 7,7 meint wahrscheinlich dieses vor den Griechen im Vorderen Orient unbekannte und daher noch namenlose Kriegstier, wenn hier nach dem Löwen für die Neubabylonier, dem Bär für die Meder und dem Leoparden für die Perser das Reich der Makedonen durch ein Tier charakterisiert wird, das schrecklich anzusehen und sehr stark ist, grosse Zähne aus Eisen hat und alles frisst und zertrampelt, was ihm vor die Füsse kommt. Auf dieser ersten Münze, die im Namen von Julius Cäsar geprägt wurde, zertrampelt ein Elefant eine Schlange oder einen Drachen. Die unwiderstehliche Ordnungsmacht Roms, natürlich in der Gestalt Cäsars, dessen Name *in exerguo* angegeben ist, steht hier über dem Symbol des Chaos und besiegt es. In Cäsar, so heisst dies, setzt sich die Weltordnung mächtig durch, wobei militärische Wucht – typisch römisch – wesentlich dazugehört.
MK

Lit.: H. V. Grigorova, Catalogue of the Ancient Greek and Roman Coins of the Joseph Vital Kopp Collection, University of Fribourg Switzerland (NTOA.SA 2) Fribourg, Göttingen 2000, 73f, Nr. 147. – Parallelen: H. Grueber, Coins of the Roman Republic, London 1910, 443/1. – Zum Kriegselefanten im Vorderen Orient: Urs Staub, Das Tier mit den Hörnern. Ein Beitrag zu Dan 7,7f: O. Keel/U. Staub, Hellenismus und Judentum. Vier Studien zu Daniel 7 und zur Religionsnot unter Antiochus IV (OBO 178), Freiburg (CH)/Göttingen 2000, 37-85.

Kapitel III

Warum man Hühner ass, aber keine Schweine
Biblische Speisetabus und ihre Folgen

Thomas Staubli
Tiere als Teil menschlicher Nahrung in der Bibel und im alten Orient

«Fast 40 Prozent der weltweiten Getreideernten, 60-70 Prozent der Ölsaaten, mehr als ein Drittel der Fischfänge und etwa ein Drittel der Milchprodukte landen in den Futtertrögen von Schweinen, Rindern und Hühnern.»[1] Die sogenannte ‹Veredelung› von Nahrungsmitteln zu Fleisch, bei der 75-90 Prozent der in den Futtermitteln vorhandenen Kalorien verloren gehen, ermöglicht heute in den reichen Ländern die vorherrschende Meinung, dass eine Mahlzeit ohne Fleisch keine richtige Mahlzeit sei. Das war im Alten Orient nicht vorstellbar.

Fleischkonsum im Alten Orient

Ab der Sekundärprodukterevolution, die in der ausgehenden Steinzeit einsetzte (s. Einleitung zu Kap. III), diente die Viehzucht in erster Linie der Milch-, Käse und Wollproduktion. Die Hauptnahrung der Menschen bildeten Getreide und Hülsenfrüchte. Auf Angaben in der Mischna beruhende Hochrechnungen haben ergeben, dass in Palästina/Israel noch in römischer Zeit 50 Prozent der benötigten Kalorien durch Getreide abgedeckt wurden, der Rest durch Wein, Olivenöl, Gemüse und Früchte.[2] Ähnliche Schätzungen aus den umliegenden Regionen bestätigen diese Verhältnisbestimmung.[3] Fleisch spielte im Alltag praktisch keine Rolle, sondern wurde nur bei speziellen Anlässen und unter Einhaltung strenger ritueller Vorschriften gegessen. Das sog. ‹Heiligkeitsgesetz› in der Tora schreibt vor, dass Zuchttiere nur auf einem vorschriftsgemäss gebauten Altar, also in einem von Priestern beaufsichtigten Tempelbezirk nach genau festgelegten Regeln (Levitikus 1) geschlachtet werden dürfen (Levitikus 17). Nur Wild durfte im eigenen Haus gegessen werden (vgl. Genesis 27), musste allerdings wie das Schlachtvieh geschächtet werden, d.h., das Blut der Tiere musste nach einem Schnitt durch die Halsschlagader auf den Erdboden ausgelassen werden. Das Deuteronomium erlaubt in einer Gesetzeserneuerung auch die profane Schlachtung von Opfer- bzw. Zuchttieren (Deuteronomium 12,13-19).

Die Darbringung von Tieren vor der Gottheit war nicht nur sättigend, sondern auch im höchsten Maße gemeinschaftsfördernd, sie diente dem Schuldenausgleich und der Versöhnung zwischen zerstrittenen Parteien, brachte das Verhältnis zwischen Mensch und der lebenstiftenden Segensmacht (Gott, Göttin) symbolreich zur Darstellung und garantierte nicht zuletzt auch den Unterhalt des Tempelbetriebes mit seinen vielfältigen gesellschaftlichen Funktionen. Trotz des hohen sozialen Prestiges des Fleischkonsums, der im Kult zum Ausdruck kam, blieb man sich der Tatsache bewusst, dass Pflanzen die dem Menschen angemessenere Nahrung sind. Der vermutlich aus derselben Schule wie das ‹Heiligkeitsgesetz› stammende sog. ‹erste Schöpfungsbericht› schildert das erste, ideale Menschenpaar als Vegetarier (Genesis 1,29). Das Zugeständnis, Fleisch essen zu dürfen, wird erst den durch Gewalttätigkeit verdorbenen Menschen nach der Sintflut gemacht (Genesis 9,4). Nur das Bluttabu bleibt bestehen. Allerdings wird diese generelle, aus biblischer Sicht für die ganze Menschheit (alle Kinder Noachs) geltende Regelung in den priesterlichen Vorschriften für die Menschen in Israel, bzw. für die Samaritanische und Jerusalemer Kultusgemeinde massiv eingeschränkt.

Die Liste der reinen und unreinen Tiere in Levitikus 11

Die einschränkenden Regeln gehören zusammen mit den Vorschriften zur Reinigung der Wöchnerinnen, der Hautkranken, der Samenflüssigen und Menstruierenden zu einer Gruppe von Weisungen, die festlegen, welche Verunreinigungen kultunfähig machen und welche Reinigungen zur Wiedereingliederung notwendig sind. Die Liste der reinen und unreinen Tiere steht an erster Stelle. Die Begriffe rein (*tahor*) und unrein (*tam'e*) sind weder hygienisch (z.B. reine Haut), noch moralisch (z.B. reines Gewissen), sondern ganzheitlich im Sinne von «unvermischt» zu verstehen (z.B. reine Seide, reines Wasser).[4] Es geht also um Abgrenzung, um Ordnung, um die Etablierung einer Etikette für den Tempelbetrieb, die der Heiligkeit Gottes Rechnung trägt. So wurden die Gebote jedenfalls im Judentum verstanden: als eine letztlich willkürlich Setzung durch JHWH, den Herrn, dem Israel als treuer Bundesvasall durch Gehorsam Ehre erweist.[5] In eben diesem Sinne autoritärer Setzung werden die Speisegebote im Neuen Testament ohne Federlesen wieder ausser Kraft gesetzt. «Was Gott für rein erklärt, nenne du nicht unrein», lautet die lapidare Entgegnung der himmlischen Stimme angesichts der Weigerung Petri, eine Schale voller Tiere aller Art zu schlachten und zu essen (Apostelgeschichte 10,13).

Diese rein theologische, auf einen letztlich unergründlichen Willen Gottes verweisende und damit ehrfürchtiges Schweigen und Handeln gebietende Begründung findet sich so in der Tora noch nicht. Die Liste in Levitikus 11 versucht den Anschein biologischer Stringenz zu erwecken, indem sie unter den Landtieren Tiere mit durchgespaltenen Klauen, die zugleich Wiederkäuer sind, für rein erklärt, unter den Wassertieren jene, die Schuppen und Flossen haben, unter den Insekten jene, die Sprungbeine haben (Heuschrecken). Nur für die Vögel wird eine Liste ausdrücklich verbotener Arten angeführt, was zeigt, dass die Vogeljagd verbreitet war und die meisten Vögel gegessen wurden. Kriechtiere werden grundsätzlich verboten. Wer immer die Liste verfasste, suchte also in wissenschaftlicher Manier nach einem Anhaltspunkt ausserhalb des willkürlichen Gotteswillens, zur quasi vernünftigen Begründung einer Aufteilung der Tierwelt in reine und unreine Arten.

Weder die rein theologische, noch die quasi naturalistische und damit letztlich ebenso willkürliche Erklärung vermochten kritische Gläubige zu befriedigen. Grosser Beliebtheit erfreuen sich im hellenistischen und römischen Judentum deshalb moralisierende Erklärungen der Speisegebote, wonach die reinen Tiere auf Tugenden, die unreinen auf Laster verweisen.[6] Der syrische Kirchenvater Aphrahat erkennt in den Geboten ein göttliches Umerziehungsprogramm, das den Juden jene Tiere zu essen befiehlt, welche es in Ägypten vergötterte und anbetete.[7] Im Mittelalter dominierten die rein theologischen Begründungen. In der Neuzeit kamen hygienische Erklärungen auf, die sich auf vorherrschende naturwissenschaftliche Paradigmen beziehen, aber trotz ihrer Popularität[8] vermögen sie nicht mehr zu überzeugen als die alten Argumente. All diese Erklärungen verkennen, dass die Speisegesetze über lange Zeiträume hinweg gewachsene Sitten widerspiegeln, die nicht von heute auf Morgen per Dekret – und sei es mit wissenschaftlicher Begründung – eingeführt worden sind. Die Zooarchäologie kann heute einwandfrei zeigen, dass seit der Domestikation von Ziegen, Schafen und Rindern in der Steinzeit (vgl. Kap. II) diese Tiere die am häufigsten Gegessenen im Vorderen Orient sind und dass wildlebende wiederkäuende Tiere mit gespaltenen Hufen wie Gazellen und Antilopen zu den wichtigsten gejagten Tieren gehörten. Die biblischen Gebote bringen also im Grossen und Ganzen nichts Neues, sondern bekräftigen einen längst bestehenden Brauch, indem sie ihn ausdrücklich als dem Willen Gottes entsprechend erklären. Brauchtum bekommt so theologische Würde. Allerdings zeigen die Untersuchungen auch, dass ausser diesen häufigen Speisetieren fast alles, was sonst noch gejagt werden konnte, gegessen wurde. Insofern schränkten die Gebote ein und setzten ein Zeichen, wenn auch keines mit besonders einschneidenden Konsequenzen für den Alltag. Sonderfälle sind wohl das Kamel und das Schwein, zwei im Orient bekannte und verbreitete Haustiere, um dessetwillen die ganzen Speisegesetze vielleicht überhaupt erlassen worden sind, wie schon die Schule Rabbi Jischmaels (2. Jh. n. Chr.) vermutete, wenn sie lehrte: «Der Herrscher des Universums weiss, dass es kein anderes Tier gibt, das Wiederkäuer ist und unrein ist, als das Kamel. (...) Der Herrscher des Universums weiss, dass es kein anderes Tier gibt, das gespaltene Hufe hat und unrein ist, als das Schwein.»[9]

Kamel und Schwein

In beiden Fällen könnte die Abgrenzung gegen benachbarte Volksgruppen eine Rolle mitgespielt haben. Kamele züchteten die Araber im Osten, Schweine waren bei den Philistern im Westen relativ häufig, zumindest in der ersten Phase nach ihrer Ankunft in der Levante, und ebenso bei den mit ihnen verwandten Griechen im östlichen Mittelmeerraum. Beide Völker waren wirtschaftliche und politische Konkurrenten, gegen die man sich zu profilieren hatte. Ausserdem können beide Verbote als typisch für eine Stadtgesellschaft angesehen werden.

Die Kamelhaltung diente in erster Linie dem Handel. Die Tiere wurden demnach relativ alt und verloren dadurch an Bedeutung als Fleischlieferanten. Dazu kommt die äusserst kleine Reproduktionsrate der Kamele, die sie, zumindest für Städter, die nicht selber Kamele züchteten, als Fleischspender uninteressant machen (vgl. Kap. II).

Die Schweinehaltung war in der Levante besonders in der keramischen Steinzeit und in der Kupfersteinzeit ein wichtiger Faktor, einerseits weil das Klima damals etwas feuchter war, und andererseits, weil das Schwein mit seiner hohen Reproduktionsrate der entstehenden dörflichen Bevölkerung reichlich Eiweiss lieferte. Mit der Sekundärprodukterevolution übernahmen Milch, Käse und höhere Getreideerträge diese Funktion. Schweine spielen weltweit in der ersten Phase von Neusiedlern eine grosse Rolle, die mit fortschreitender gesellschaftlicher Differenzierung und Urbanisierung zurückgeht. Das konnte im Falle der Philister archäologisch nachgewiesen werden.[10] Das Schwein liefert nur Fleisch und keine Sekundärprodukte. Sind einmal genügend Tiere da, die neben ihren geschätzten Sekundärprodukten auch Fleisch liefern, wird das Schwein zum entbehrlichen Luxus. Dass bedeutet natürlich nicht, dass es vollständig verschwindet, denn es gab immer Leute, die sich Schweine leisten konnten. Eben dies belegt nicht nur die Archäologie,[11] sondern indirekt auch die Bibel, wenn gegen Schweine bei Kultmahlzeiten polemisiert wird (Jesaja 65,4; 66,3.17) oder wenn das Hausschwein in einem Sprichwort vorkommt (Sprüche 11,22).[12] Ein weiterer Faktor, der die Unreinerklärung des Schweins bestimmt begünstigt hat, dürfte darin liegen, dass zumindest im Zweistromland das Schwein wegen seinen aggressiven Anteilen mit dem Bösen assoziiert (Kat. 35) oder zur Projektionsfläche des Bösen gemacht werden konnte (Abb. IIIa). Vielleicht ist der Vorbehalt gegen das Schwein ein aramäisches Erbstück in den Traditionen Israels.

Über die nachexilische Jerusalemer Kultgemeinde hinaus war die Tabuisierung des Schweins kaum weit verbreitet. Für diese aber war sie zu einem Charakteristikum geworden, das von griechischen und römischen Historikern immer wieder äusserst negativ als Absonderlichkeit vermerkt wurde und daher im Rahmen der unter Antiochos IV. 167 v. Chr. in Jerusalem durchgeführten Kultreformen zum Prüfstein der Loyalität gegenüber den makedonischen Herrschern gemacht werden konnte. Der Bau eines Altars im Jerusalemer Tempelbezirk, auf dem Schweine geopfert wurden, wird in der Bibel als «Greuel der Verwüstung» bezeichnet (Daniel 11,31-33; 1 Makkabäer 1,54.59).[13] Spätestens mit der Weigerung der Makkabäer, Schweinefleisch zu essen, und ihrem folgenden Martyrium (1 Makkabäer 1,63; 2 Makkabäer 6,18; 7,1) wurde das Schweinefleischtabu für das Judentum zu einer *pièce de résistance* seiner Identität.

Abb. IIIa: Rituelle Tötung eines Schweins, das den Feind bzw. das Feindliche symbolisiert. Siegelabrollung aus Habuba Kabira am oberen Euphrat (4. Jt. v. Chr.; Rekonstruktion Dessa Rittig).

Huhn

Ganz anders als bei Kamel und Schwein liegt der Fall beim Huhn. Es wird in der Bibel kaum genannt, wurde aber sehr geschätzt und gegessen. Das Haushuhn (*Gallus domesticus*) ist heute möglicherweise das weltweit häufigste und am weitesten verbreitete Haustier. Hühnervögel sind schmackhaft und fleischreich. Lokale Hühnerarten wie das Halsbandfrankolin, im Volksmund «Rufer» genannt, wurden in Israel/Palästina gejagt (1 Samuel 26,20). Die nach Überquerung des Mittelmeeres auf ihrem Zug nach Süden erschöpft in der südlichen Levante und dem Sinai ausruhenden Wachteln waren für die Menschen im wahrsten Sinne ein gefundenes Fressen (Exodus 16,12f; Psalm 105,40). Umso erstaunlicher ist das Fehlen von Hühnern in den biblischen Opferlisten. Oder sollte es sich bei dieser Meinung um einen Irrtum handeln? Wird ein Vogel geopfert, heisst es in den Opfervorschriften der Tora, soll entweder «eine Taubenart» (*bne-hajonah*) oder ein «Wildhuhn» (*tor*) geopfert werden. Der Ausdruck *bne-hajonah* (wörtlich «Sohn einer Taube») ist eine Sammelbezeichnung und bedeutet einfach, das eine von den vielen Taubensorten und -rassen, die es in Israel/Palästina gab und gibt, geopfert werden soll. In vielen Bibelübersetzungen wird stattdessen mit «junge Taube» übersetzt. Es gibt Gründe, die dafür sprechen, das hebräische Wort *tor* nicht wie in den Übersetzungen üblich mit «Turteltaube», sondern mit «Wildhuhn» zu übersetzen. Das Wort ist auch im Akkadischen belegt (*tarru*) und bezeichnet dort eindeutig ein Wildhuhn, wahrscheinlich das häufige Halsbandfrankolin (*Francolinus francolinus*), das im Zweistromland als Haustier gehalten wurde.[14] Diese Bedeutung ist auch für das *tr* anzunehmen, das in einer ugaritischen Opferanweisung vorkommt.[15] Schliesslich fällt auf, dass in den ältesten aramäischen Übersetzungen das Wort *tor* durch *sofninim* ersetzt worden ist. Wäre es wirklich ein lautmalerisches und damit selbsterklärendes Wort für die Turteltaube, wie immer wieder behauptet wird, würde darin nicht viel Sinn liegen. Viel wahrscheinlicher ist, dass das alte Wort *tor* nicht mehr verstanden wurde. Der Grund dafür könnte die Einführung des Haushuhnes (*Gallus domesticus*) gewesen sein, das sich im Mittelmeerraum rasch verbreitete, einheimische Wildhühner von der Tafel verdrängte, aber nicht aus den sakrosankten Opferlisten. Da in der Liste der reinen und unreinen Tiere nur die ungeniessbaren Vögel aufgezählt werden, durfte das ‹neue› Haushuhn problemlos gegessen werden.

Das auffällige Kleid des Hahns, seine Kampfbereitschaft und vor allem sein Krähen vor Sonnenaufgang haben dem Tier rasch zu einer komplexen Symbolik verholfen (vgl. Kat. 42-44). Auf einem Rollsiegel aus Nimrud des 8./7. Jh. v. Chr. (Abb. IIIb) wird der mit den Gesetzen des Himmels vertraute Vogel kurzerhand dorthin gesetzt, wo sonst die Götterembleme zu finden sind, in unmittelbare Nähe der geflügelten Sonnenscheibe.[16] Als Kenner kosmischer Ordnung und deshalb als weisen Vogel feiert den Hahn auch das Buch Ijob, da er im Herbst durch vermehrtes Krähen das Kommen des Winterregens ankünde (Ijob 38,36), ein im palästinischen Volksglauben bis in die Neuzeit bezeugter Glaube. Hahn und Henne (vgl. Kat. 45) haben schliesslich im religiösen Symbolsystem des Judentums doch noch einen Platz erhalten. Der Hahn als Ersatzopfer für den Ziegenbock am Jom Kippur, nachdem es keinen Tempel mehr gab, und die Henne als Fruchtbarkeitssymbol beim Segen über das Hochzeitspaar. Im Christentum hat der Hahn einen Ehrenplatz auf vielen Kirchturmspitzen erhalten. Dort zeigt er als Wetterhahn nicht nur die Windrichtung an, sondern erinnert auch an den Verrat Christi durch Petrus, der durch dreifachen Hahnenschrei angezeigt wurde, und mahnt so zur Glaubenstreue. Die Henne und mehr noch ihre Eier stehen an Ostern im Blickpunkt, wo sie die Auferstehung schöpfungstheologisch anschaulich und genussreich auslegen.

Abb. IIIb: Grosser Hahn als Emblem im Himmel. Rollsiegel aus Nimrud (8./7. Jh. v. Chr.) im British Museum (BM WA 130865).

Lit.: Edwin Firmage, Art. Zoology (Fauna): ABD VI, 1109-1167. – Brian Hesse, Animal Husbandry and Human Diet in the Ancient Near East: Jack M. Sasson, Civilizations of the Ancient Near East, Vol. I, New York 1995, 203-222.

1 A. Sax/P. Haber/D. Wiener, Das Existenzmaximum. Grundlagen für eine zukunftsfähige Schweiz, Zürich 1997, 23.
2 M. Broshi, The Diet of Palestine in the Roman Period – Introductory Notes: Israel Museum Journal 5 (1986) 41-56.
3 Firmage (Lit.), 1120 (Lit.).
4 T. Staubli, Levitikus. Numeri (NSK.AT 3), Stuttgart 1996, 89-91.
5 In diesem Sinne argumentiert neuerdings auch die Anthropologin Mary Douglas, Leviticus as Literature, Oxford 2000, bes. 146-149.
6 Aristeasbrief, bes. XV,143-147; Philo von Alexandrien, de spec. leg. §179 und de congr. §103
7 Aphrahat, Dem 15,4.
8 Vgl. H. Kemelman, Am Dienstag sah der Rabbi rot, Reinbeck bei Hamburg 1975, 148f.
9 Babylonischer Talmud, Traktat Chulim 59a. Dass Klippdachs und Hase kein Wiederkäuergebiss haben, war diesen Auslegern bereits klar.
10 Hesse (Lit.), 215 (Lit.).
11 U. Hübner, Schweine, Schweineknochen und ein Speiseverbot im Alten Israel: VT 39 (1989) 227.
12 Ebd. 225.
13 O. Keel, Die kultischen Massnahmen Antiochus' IV. Religionsverfolgung und/oder Reformversuch? Eine Skizze: Ders./U. Staub, Hellenismus und Judentum. Vier Studien zu Daniel 7 und zur Religionsnot unter Antiochus IV. (OBO 178), Freiburg (CH)/Göttingen 2000, 87-121.
14 A. Salonen, Vögel und Vogelfang im alten Mesopotamien, Helsinki 1973, 151.
15 KTU 1.115:1-14; vgl. J. Tropper, Ugaritische Grammatik (AOAT 273), Münster 2000, 284.
16 O. Keel, Zwei kleine Beiträge zum Verständnis der Gottesreden im Buch Ijob (XXXVIII 36f., XL 25): VT 31 (1981) 220-25 und teilweise korrigierend D. Collon, Catalogue of the Western Asiatic Seals in the British Museum. Cylinder Seals V: Neo-assyrian and Neo-babylonian Periods, London 2001, 109-11 Nr. 207 (Lit.).

25 Statuette eines Tierträgers
Bronze
H. 7,1 cm, B. 2,15 cm, T. 1,25 cm
Mesopotamien
Altbabylonisch, 1. Hälfte des 2. Jt. v. Chr.
VFig 2000.3
Erworben mit Mitteln der Gedächtnisstiftung Peter Kaiser, Vaduz (FL)

Die Statuette stellt einen bärtigen Mann mit der sog. Breitrandkappe dar; er ist mit einem langen Mantel bekleidet, der so um den Körper geschlungen ist, daß die rechte Schulter frei bleibt; mit beiden Händen hält er ein Zicklein, das dem Beschauer entgegenblickt.

Diese Figur eines altbabylonischen Herrschers mit einem Opfertier repräsentiert einen wohlbekannten Bildtypus. Zahlreiche Terrakotten, sowohl handgeformte wie aus der Form gepresste, zeigen ihn ebenso isoliert wie die gezeigte Bronze. Auf Siegelbildern wendet sich die Gestalt in Begleitung einer fürbittenden Göttin einer Gottheit zu.

Die Stiftung eines solchen Bildes zur Erlangung des göttlichen Segens für das Land in einen Tempel war einigen altbabylonischen Herrschern sogar so wichtig, daß sie ein Regierungsjahr danach benannten (Abi-ešuḫ: 28. Jahr, Ammiditana: 7., 28. Jahr, Ammiṣaduqa: 5., 12. Jahr), so heißt z.B. das 12. Jahr des Ammiṣaduqa «Jahr: sein [des Königs] Bildnis, in der Hand ein gegen die Brust gepresstes Zicklein». Die königlichen Stiftungen waren natürlich in größeren Dimensionen gearbeitet und bestanden oft aus wertvolleren Materialien als die gezeigte Statuette. Diese dürfte von einem Untertanen mit der Bitte um das Wohlergehen des Herrschers in einen Tempel geweiht worden sein. US

Lit.: Unveröffentlicht. – Parallelen, Diskussion: M.-Th. Barrelet, Figurines et reliefs en terre cuite de la Mésopotamie antique, Paris 1968, 78.203f Nr. 65-75. 209-236 Taf. 6f.20-22 (Terrakotten); D. Collon, Western Asiatic Seals in the British Museum: Cylinder Seals III, London 1986, 37 (Siegel); M.-Th. Barrelet/J.M.Durand, in: P.Garelli (ed.), Le palais et la royauté [=19ᵉ RAI] (1974) 118-129 (Beschreibungen in Texten).

26 Rollsiegel mit Opferszene
Hämatit
H. 1,85 cm, D. 1,15 cm
Anatolien, Kültepe
Stratum II, ca. 1950-1840 v. Chr.
VR 1981.149, ehemals Sammlung R. Schmidt
Schenkung Erica Peters-Schmidt, Kilchberg, CH

In einer sehr fein geschnittenen Szene, die die ganze Siegelfläche füllt, ist eine Gestalt zu sehen, die auf einem Sitz in Stiergestalt (?) thront. Sie hält in der erhobenen Hand einen Becher. Es handelt sich wahrscheinlich um eine Gottheit oder vielleicht um einen (verstorbenen) König. Vor ihm steht ein hoher schmaler Tisch mit Rinderfüssen, auf dem ein Rinderkopf zu sehen ist. Über dem Altar der Sichelmond, dem der viergeteilte Vollmond einbeschrieben ist, vielleicht ein Hinweis darauf, dass der Thronende den Mondgott darstellt. Links vom Altar sind drei Verehrer zu sehen. Der erste hält beide Hände anbetend verehrend erhoben, der zweite trägt eine Ziege herbei, der dritte ein Kalb. Zwischen dem zweiten und dem dritten Verehrer steht ein Räucher-ständer. Zwei Tierköpfe, eine springende Gazelle (?) und ein Skorpion füllen die Zwischenräume. Das kleine Kunstwerk zeigt eindrücklich, welch grosse Rolle Tieropfer in altorientalischen Opferritualen spielten. OK

Lit.: Collon, Impressions, 176f Nr. 833; Miniaturkunst, 39 Abb. 36. – Zu Siegeln in diesem Stil und zu Thronen in Tiergestalt, Thronenden mit einem Becher, Opfertischen und Verehrern: N. Özgüç, The Anatolian Group of Cylinder Seal Impressions from Kültepe, Ankara 1965, Nr. 24b, 25, 70, 71, 74.

27 Miniaturfigur eines Rindes in erhabenem Relief
Fayence, rot-braun
L. 3 cm, B. 1,8 cm, T. 0,4 cm
Ägypten
Neues Reich oder später, ab 16. Jh. v. Chr.
M.A. 2276, ehemals Amulett-Sammlung F. S. Matouk

28 Miniaturfigur eines rundplastischen Rindes
roter Quarzit (silifizierter Sandstein)
L. 4,3 cm, B. 1,6 cm, T. 1,9 cm
Zwei der durchbrochen gearbeiteten Beine fehlen; der Tierschwanz ist lediglich in seinem Ansatz erhalten
Ägypten
Neues Reich oder später, ab 16. Jh. v. Chr.
M.A. 2220, ehemals Sammlung F. S. Matouk

29 Miniaturfigur eines rundplastischen Rindes
rötlich-brauner Quarzit (silifizierter Sandstein)
L. 3,3 cm, B. 1 cm, T. 2,1 cm
Ägypten
Neues Reich oder später, ab 16. Jh. v. Chr.
M.A. 2221, ehemals Sammlung F. S. Matouk

Diese kleinen, künstlerisch differenzierten Figuren aus unterschiedlichem Material sind in Form eines gefesselten Rindes gestaltet. Die kurz über den Hufen mehrfach zusammengeschnürten Beine liegen dicht am Bauch des Tieres an. Besonders bei Kat. 29 ist das gedrehte Seil deutlich zu erkennen, das um die Schnauze gelegt ist und über die Halswamme gleitet, um die Beine zu umschlingen.

Abgesehen von der Libation verlangte der Götter- und Totenkult (vgl. Kat. 30-32) nach weiteren Opfergaben. Im funerären Bereich wurde dem Wunsch resp. Bedürfnis nach Opfern besondere Bedeutung zugeschrieben. Der Verstorbene ersuchte u. a. nach Speiseopfern, die für sein ‹leibliches› Wohlergehen im Jenseits elementar waren. Um diese jenseitige Versorgung zu sichern, wurde – ergänzend zu den (vergänglichen) Naturalbeigaben – symbolische Nahrung in mannigfacher Weise dargereicht. Im Bereich des Totenkultes bildete der Opfertisch (vgl. Kat. 57, oberes Register) das zentrale Element innerhalb der Darstellung des Totenmahls, das auf der Scheintür des Grabes, auf Grabstelen und in Grabreliefs resp. Grabmalerei wiedergegeben ist. Ausführliche Listen von Opfergaben können ergänzend zur Speisetischszene aufgeführt sein und nennen Speisen wie Früchte (Feigen), Gemüse (Zwiebeln, Lattichpflanzen), Brote (runde Fladenbrote oder kegelförmige Brote), Fleisch (ein zur Schlachtung an den Beinen gefesseltes Rind, vgl. Kat. 27-29; oder bereits präparierte Rinderschenkel oder -köpfe, vgl. Kat. 30-32) und Geflügel (gerupfte Enten und Gänse). MPG

Lit.: Miniaturkunst, 98-99, Abb. 127. – Diskussion: H. Altenmüller, LÄ IV, 579-584; W. Barta Art.: LÄ IV, 584-586.587-588, Abschnitt II.

30 Miniaturfigur einer Rinderkeule
Fayene, hellblau
H. 3,5 cm, B. 1.2 cm, T. 0,4 cm
Ägypten
Neues Reich oder später, ab 16. Jh. v. Chr.
M.A. 2176, ehemals Sammlung F. S. Matouk

31 Miniaturfigur einer Rinderkeule

Fayence, leuchtend türkis- bis hellblau
H. 2,9 cm, B. 1,3 cm, T. 5,5 cm
Ägypten
Neues Reich oder später
M.A. 2188, ehemals Sammlung F. S. Matouk

32 Miniaturfigur eines Rinderkopfes
Fayence, hellgrün bis weiss
H. 1,6 cm, B. 1,9 cm, T. 0,4 cm
Ägypten
Neues Reich oder später
M.A. 2237, ehemals Sammlung F. S. Matouk

Die beiden in erhabenem Relief gearbeiteten Figuren (Kat. 30, 31) in Gestalt von Rinderkeulen sind stark stilisiert. Am Oberschenkel der Kat. 30 lässt sich eine – wenn auch nicht lesbare – Kartusche erkennen. Bei dem in seiner Umrissform dargestellten Rinderschädel (Kat. 32) sind das flauschige Ohr, das Auge, die leicht geöffneten Nüstern und das geschlossene Maul plastisch hervorgehoben.
Seit frühester Zeit war es Tradition, in den Fundamenten von Tempeln und königlichen Grabanlagen Beigaben niederzulegen. Diese wurden an besonderen Stellen (u.a. an den vier Ecken und bei den Toren des Gebäudes) in speziell ausgehobenen Gruben deponiert. Die Libation, d.h. das Darbringen einer Flüssigkeit wie Wasser, Wein, Milch oder Bier und das Niederlegen von symbolischen Beigaben waren Teil der sogenannten Gründungszeremonie und lagen in der Hand des Königs als Bauherrn und Stifter. Bei diesen Beigaben handelt es sich um stark verkleinerte Nachbildungen in unterschiedlichen Materialien wie Edel- oder Buntmetall, Stein, Holz oder Fayence. Es sind drei Gruppen von Beigaben in Form von Modellen bekannt: Speiseopfer (stets in stilisierter und kanonisierter Form dargestellt, vgl. Kat. 30-32); Werkzeuge und Bauteile; Amulette und Skarabäen. MPG

Publikation: Miniaturkunst, 98-99, Abb. 127. – Literatur u. Parallelen: M. Saleh/H. Sourouzian, Das Ägyptische Museum Kairo, Mainz 1986, Nr. 224 (Lit.).

33 Skarabäus mit säugender Gazelle und Skorpion
Enstatit
L. 1,6 cm, B. 1,2 cm, H. 0,65 cm
Ägypten
Neues Reich, 18.-19. Dynastie, 1530-1190 v. Chr. (wahrscheinlich 18. Dynastie, 1530-1292; die Form des Skarabäus ist noch hyksoszeitlich, das Motiv findet sich auf den blauen Hathorschalen, die für die 18. Dynastie typisch sind)
M. 3149, ehemals Sammlung F.S. Matouk

Auf der Basis des Skarabäus ist eine Gazelle zu sehen, die ihr Junges säugt. Sie ist aufgrund der leicht S-förmig geschwungenen Hörner sicher als solche zu identifizieren. Das Junge trägt entgegen jedem Realismus fast körperlange gebogene Hörner, wie sie für erwachsene ziegenartige Tiere und gewisse Antilopenarten typisch sind. Hörner waren dem ganzen alten Orient als Symbole der Virilität und der Kraft so wichtig, dass man sie oft auch dort anbrachte, wo sie – realistisch betrachtet – fehl am Platz waren (vgl. die Hirsche auf Kat. 4). Säugende Gazellen und Capriden finden sich mehrmals auf den blauen Faienceschalen, die als Votivgaben in Hathorheiligtümer geweiht wurden. Die Kombination von säugendem Muttertier und Skorpion ist vorderasiatisch und nicht ägyptisch (vgl. Kat. 6). OK

Lit.: Matouk, Corpus II, 387 Nr. 737; Keel, Böcklein, 88f Abb. 49d; Vergangenheit, 67 Abb. 4 unten rechts; Miniaturkunst, 82 Abb. 108. – Parallelen: Keel, Böcklein, 87f Abb.49-49c. – Zur Datierung der Hathorschalen («Nunschalen»): G. Pinch, Votive Offerings to Hathor, Oxford 1993, 311f.

34 Skaraboid mit säugender Capride, Pflanze und Neumond
Beiger Stein
L. 2,1 cm, 1,5 cm, H. 0,8 cm
Vorderasien
Eisenzeit IIB, spätes 8.-7. Jh. v. Chr.
VS 1993.20

Stehendes ziegenartiges Tier (Hausziege, Bezoarziege, Steinbock), das ein Junges säugt. Das Horn ist für ein weibliches Tieres unrealistisch gross (vgl. zu diesem Problem Kat. 33). Vor den Tieren eine stilisierte Pflanze. Die Kombination von Pflanze und säugendem Muttertier evoziert Gedeihen und Fruchtbarkeit. Sie stehen im 7. Jh. v. Chr. nicht mehr im Zeichen des Skorpions als Symbol sexueller Erregtheit (vgl. Kat. 6 und 33), sondern im Zeichen des Mondes. Er findet sich in einer Kombination von Sichelmond und Vollmond über dem säugenden Muttertier. Die Hinwendung zu astralen Grössen ist typisch für das 7. Jh. v. Chr. OK

Lit.: Christie's, Antiquities, June 14, New York 1993, 232f Lot 323 2. Reihe von unten, 2. Siegel von rechts; O. Keel/S. Schroer, Schöpfung. Biblische Theologien im Kontext altorientalischer Religionen, Göttingen/Freiburg (CH) 2001, 61. – Parallelen: Keel, Böcklein, 113 Abb. 86 (das Stück ist dort viel zu früh datiert). – Zur Kombination Capride und Neumond: S. Herbordt, Neuassyrische Glyptik des 8.-7. Jh. v. Chr. (SAAS 1), Helsinki 1992, Taf. 16, 18.21.24-27.

35 Tafel mit Pandaimonion (sog. ‹Grosses Amulett›)
Bronze
H. 13,5 cm B. 8,5 cm
Mesopotamien
Neuassyrisch, Anfang 1. Jt. v. Chr.
Leihgabe von Thomas Staubli, Köniz (BE)
Replik aus Kunststoff nach dem Original aus der Sammlung Le Clercq im Louvre, Paris AO 22205

Die Bronzetafel gehört zu einer im Altertum äusserst beliebten Gattung von Amuletten. Sie thematisiert die Heilung eines Kranken. Dabei spielt die Symbolik von Tieren eine wichtige Rolle. Reine (geniessbare) Tiere scheinen die positiven, unreine (ungeniessbare) die negativen Mächte zu vergegenwärtigen. Dabei ist zu beachten, dass jede Kultur ihre eigenen Reinheitskriterien entwickelt hat. Einige Tiere allerdings haben, wie übrigens die Dämonen selber, ambivalenten Charakter und verkörpern beide Mächte (Löwe, Schlange).
Beschwörer in Fischkostümen führen ein Reinigungsritual durch. Solche mit Löwenmasken führen eine Pantomime auf. Sieben weitere Gestalten mit Tiermasken scheinen zwischen dem Kranken und den hohen Gottheiten, die im obersten Register dargestellt sind, zu vermitteln. Die Krankheit selbst ist im untersten Register als dämonisches Wesen zu sehen, das aus verschiedensten Tieren zusammengesetzt ist. Je nach Situation trägt die Dämonin unterschiedliche Namen: «Steht sie bei einem Greis, nennt man sie Vertilgung;/ steht sie bei einem jungen Mann, nennt man sie Fieber;/ steht sie bei einer (jungen) Frau, nennt man sie Lamaschtu;/ steht sie bei einem Kind, nennt man sie Dimme.»
Die heilende Kraft wird als geflügelter Dämon mit Löwenkopf und Greifenfüssen dargestellt, der die Dämonin vertreibt. Diese Gestalt ist als Pazuzu («Packer») bekannt, dessen Kopf auch über den Rand des Amuletts schaut, während der beschuppte und geflügelte Leib mit dem schlangenköpfigen Phallus auf der Rückseite der Bronzeplatte ausgestaltet ist. Pazuzu kann selber Krankheit symbolisieren. Der Teufel wird also im Ritual gleichsam mit Beelzebub ausgetrieben. Dass die dem Menschen feindliche Macht dabei weiblich dargestellt wird, ist Ausdruck einer patriarchalen, frauendiskriminierenden Gesellschaftshierarchie, die auch in anderen Austreibungsriten deutlich zum Ausdruck kommt (vgl. Sacharja 5,5-11). TST

Lit.: E. A. Braun-Holzinger, Figürliche Bronzen aus Mesopotamien, München 1984, Nr. 281 (ältere Lit.), Nr. 282-284 (Parallelen); Beate Salje, Siegelverwendung im privaten Bereich. ‹Schmuck› – Amulett – Grabbeigabe, in: E. Klengel-Brandt (Hg.), Mit Sieben Siegeln versehen. Das Siegel in Wirtschaft und Kunst des Alten Orients, Berlin 1997, 128ff.

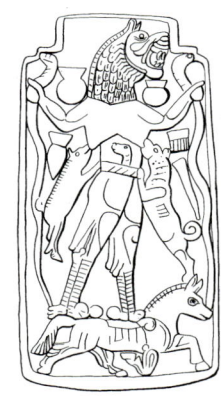

Abb. 35a

- 🟨 Symbole der hohen Gottheiten (v.l.n.r.): Himmelsgott Anu (Hörnerkrone) und Vater der in Ungnade gefallenen Tochter Lamaschtu; Ea (Stab mit Widderkopf), Herr des unterirdischen Frischwasserozeans, zuständig für Weisheit und Beschwörungen; Wettergott Adad (Blitzbündel); Stadtgott Marduk (Spaten); Schreiber- und Schicksalsgott Nabu (Griffel); Liebes- und Kriegsgöttin Ischtar (achtstrahliger Stern); Sonnengott Schamasch (geflügelte Sonnenscheibe); Mondgott Sin (liegende Sichel); Sebittischunu, die Plejaden (sieben Kugeln) über der Lampe des Feuergottes Nusku.

- 🟩 Vermittelnde Gestalten (linke Hand nach unten, rechte Hand nach oben gerichtet) mit Tiermasken (v.l.n.r. Löwin, Löwe, Bär?, Widder, Ziegenbock, Vogel, Schlange)

- 🟦 Im Lichte einer Lampe (vgl. oben das Symbol des Feuergottes Nusku) findet die Beschwörung durch Fisch-Apkallu (Wesen im Fischgewand) statt. Terrakottafiguren dieser Gestalten konnten auch im Zimmer aufgestellt oder vergraben werden (vgl. dazu auch Nr. 7).

- 🟥 Pantomime durch bewaffnete Beschwörer in Löwenmasken. Eine weitere Person ohne Maske.

- 🟩 Beschwörungsutensilien oder Geschenke (?): Spindel, Kamm, Gefässe, Huftierfuss, Fibel, Sandale, Stiefel, Stoffballen

- ⬛ Dämon (Pazuzu) mit Kanidenkopf (Hund, Hyäne, Schakal oder Felide), Ziegenhörnern, Ziegenbart, Menschenarmen (gleiche Armbewegung wie die vermittelnden Gestalten im zweitobersten Register), Raubtierpranken, Flügeln, Greifenfüssen, Skorpionenschwanz.

- 🟨 Dämonin (Lamaschtu) mit Löwenkopf, hält in den Menschenarmen Schlangen, säugt an den Brüsten Schwein und Hund (deutlicher zu sehen auf Abb. 35a), hat Greifvogelfüsse zwischen denen ein Skorpion haust und reitet auf einem Onager, der seinerseits auf einer doppelköpfigen Schlange steht, durch die Sümpfe.

36 Pazuzu-Amulett
Bronze
H. 3,2 cm
Mesopotamien
Neuassyrisch, 9./8. Jh. v. Chr.
M.A. 2636

Der Kanidenkopf des brüllenden Dämons ist direkt dem Betrachter zugewandt. Die kleinen Ohren setzen sehr weit oben an und stehen stark ab. Die kaffeebohnenförmigen Augen sind durch einen Kreis umgeben und wirken hervorstehend. Die Mitte des trapezförmigen Gesichts bildet die Nase mit zwei Löchern. Der halbmondförmige Mund ist weit aufgerissen und lässt zwei Schneidezähne erkennen. Der Hals ist lang und schlank, so dass menschliche Finger ihn noch umfassen können. Die Öse über dem Kopf macht deutlich, dass das Bronzeobjekt als Anhänger getragen wurde. Die Wülste zwischen Augen und Öse sind möglicherweise als Andeutungen des Ziegengehörns des Dämons zu verstehen.

Es handelt sich um den Kopf Pazuzus, des Sohnes des Gottes Hanbi, des Königs der bösen Winddämonen. Dem Bild des Dämons, der selber als Verursacher von Krankheiten gefürchtet war, wurde apotropäische (das Böse abwehrende) Kraft zugewiesen, insbesondere bei der Vertreibung der Fieberdämonin Lamaschtu (s. Kat. 35). Wahrscheinlich hat der trockene Wüstenwind zwar gewisse Krankheiten wie Kopfschmerzen gefördert, andere aber in ihrer Entwicklung gehemmt oder gar gestoppt.

Figuren wie diese wurden als unheilabwehrendes Amulett getragen, konnten in besonderen Fällen, zum Beispiel bei akuter Gefahr, vor allem aber während eines Reinigungsrituals, auch mit den Fingern gehalten werden. Ein Terrakotta-Pazuzukopf aus Assur trägt die Inschrift: «Dies ist der Kopf des Pazuzu, den G. der Goldschmied und Ekstatiker des Assur durch die Kunstfertigkeit seiner Hände gemacht hat; um ihn dem Volk zu zeigen, hält er ihn in seinen Händen.» TST

Lit.: Unveröffentlicht. – Parallelen: E. A. Braun-Holzinger, Figürliche Bronzen aus Mesopotamien, München 1984, Nr. 265-276.

37 Siegelamulett mit Wildschwein und Schlangen
Serpentinit
Dm. 7,5 cm, H. 2,6 cm
Luristan (Iran)
ca. 4000-3400 v. Chr.
VS 1981.11, ehemals Sammlung R. Schmidt
Schenkung Erica Peters-Schmidt, Kilchberg, CH

Das dachartig gewölbte, senkrecht zum Bild durchbohrte, an den Rändern leicht bestossene Siegel ist bis hin zu den Borsten des Schweins in Grabsticheltechnik sorgfältig und realistisch in den Stein gearbeitet. Das Schwein auf diesem Siegel aus der Kupfersteinzeit (Susa I, frühe Susa II-Zeit) ist von zwei flechtbandartig verschlungenen Schlangen umrahmt, die sich paaren. Sie stellen das Borstentier in einen Kontext beinahe dämonischer Vitalität, wozu sowohl seine Wehrbereitschaft als auch seine hohe Geburtenrate beigetragen haben dürften.

In der Antike waren die Gebirge des Orients zum grossen Teil bewaldet und die Flusstäler versumpft. In diesen Gebieten fanden die allesfressenden Wildschweine reiche Nahrung an Wurzeln, Nüssen, Pflanzen und Kleintieren. Sie konnten Menschen gefährlich werden, wurden aber auch von diesen gejagt. In den Sumpfgebieten des Südiraks ist das Wildschwein heute noch so häufig, dass es zu den Schädlingen gerechnet wird.
TST

Lit.: Keel-Leu, Stempelsiegel, 16f, Nr. 11 (Lit.).

38 Stempelsiegelamulett in Gestalt eines Schweins
hellbeiger Kalkstein mit (eisenhaltigen) rostroten Flecken
L. 5,27 cm, B. 2,79 cm, H. 1,3 cm
Mesopotamisch oder elamitisch
3400-2900 v. Chr.
VS 1981.44, ehemals Sammlung R. Schmidt
Schenkung Erica Peters-Schmidt, Kilchberg, CH

Die gebohrte Augenhöhle des nach rechts liegenden Schweines war ursprünglich mit einem anderen Gesteinsmaterial gefüllt. Der Siegelcharakter ist in den Hintergrund getreten. Das Schwein als Amulett ist die Hauptsache. Die Basis ist nur sehr nachlässig graviert. Zu erkennen ist ein liegender Capride und ein weiterer, nicht näher bestimmbarer Vierfüssler. Aus Susa, Kisch und vom Tell Brak, also aus lauter frühen städtischen Zentren, sind Parallelen bekannt.

Die Fruchtbarkeitssymbolik der gebärfreudigen Sau kann bei diesem kontextlosen Objekt ähnlich wie bei Kat. 37 als Symbolik in Betracht gezogen werden. Sie spielte zum Beispiel bei hethitischen Schwellenopfern zur Förderung der Fruchtbarkeit der Hausbewohner eine Rolle. Möglich ist aber auch, dass das Schwein des Siegels einen Gegensatz zum Capriden auf der Basis darstellen soll. Galten Capriden oder Schafe als Inbegriff einer gesegneten Welt, so waren Schweine schon früh auch Projektionsflächen des Bösen, wie wahrscheinlich auf einem Rollsiegel aus Habuba Kabira am mittleren Eufrat (Abb. IIIa), auf dem es rituell getötet wird. Bei späteren hetitischen Eliminationsriten dienten sie, allerdings keineswegs ausschliesslich, als Transportvehikel von Unreinem. In Assur wurden ihnen und den Hunden die zerstückelten Glieder von Rebellen verfuttert (Rassam Zylinder IV 65-82) oder sie wurden zusammen mit Bären, Hunden und kriegsgefangenen Königen beim Tor an den Pranger gestellt (Prisma Ninive A III,39-42).   TST

Lit.: Keel-Leu, Stempelsiegel, 16f, Nr. 46 (Lit.).

39 Platte mit Schweinen
Ton, aus Model gepresst
H. 14,3 cm
Westeuropa
Römisch, 1./2. Jh. n. Chr.
Leihgabe aus der Sammlung Dr. Leo Mildenberg

Die drei Schweine wurden aus derselben Form gepresst und anschliessend übereinander auf die Tonplatte gesetzt. Eine runde, leicht hochstehende Schnauze, tiefliegende Augen, zugespitzte Ohren, borstige Haare, ein dralles Hinterteil, der geringelte Schwanz und die gespaltenen Klauen charakterisieren die Tiere treffend. Möglicherweise ist das Fragment Teil einer grösseren Komposition mit weiteren Schweinen, die den Eindruck einer Herde noch verstärkt hätten. Während die Eber in freier Wildbahn einzelgängerisch, die Sauen im Familienverband leben, ist das Herdenrudel typisch für menschliche Schweinehaltung.

In der Tat gehören Schweine zu den ältesten Haustieren. In dörflichen und städtischen Siedlungen des Alten Orients dienten sie als Abfallverwerter. Schweine liefen wie Hunde frei herum und ernährten sich vom Müll. Mit den Hunden teilten sie nicht nur den Lebensraum, sondern weitgehend auch die negative symbolische Bedeutung (s. Kat. 38 und Abb. 35a). Eine Vorstellung von den Futterplätzen dieser Tiere geben etwa die gigantischen Müllhalden der frühbronzezeitlichen nordsyrischen Stadt Chuera, die den Einwohnern buchstäblich über den Kopf wuchsen. Die Schweinehaltung im christlichen Kairo, insbesondere in den Slums auf den Abfallbergen vor der Stadt, kann heute noch einen lebhaften Eindruck städtisch-orientalischer Schweinehaltung vermitteln.

Aufgrund ihrer hohen Geburtenrate und ihres reichlichen, schmackhaften Fleisches waren Schweine aber, anders als Hunde, willkommene Fleischspender. Sie wurden mit landwirtschaftlichen Abfallprodukten, die in grossen Mengen anfielen, gemästet: mit Kleie, Spreu, Häcksel, verdorbenem Getreide (zwischen 10 und 25% der Ernte) den Resten der ausgepressen Oliven (ca. 80% der Ernte!) und Traubentrester. Schweineherden, die in extensiver Landwirtschaft gehalten wurden, bedurften eines Hirten, der aufgrund seines täglichen Umgangs mit den Tieren das untere Ende der Sozialleiter markierte und eine verachtete Randfigur war (Lukas 15,15f). TST

Lit.: P. E. Mottahedeh (ed.), Animals in Ancient Art From the Leo Mildenberg Collection, Mainz 1997, Nr. 114. – Zur Diät altorientalischer Zuchtschweine: E. Firmage, ABD VI, 1130-32.

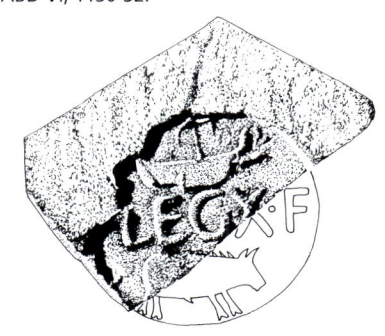

40 Ziegelstempel mit Eber (Zeichnung)
Ton
Maße unbekannt
Jerusalem
Römisch, 1. Jh. n. Chr.
Ergänzte Umzeichnung: Jean-Marc Wild

Der Stempel auf dem Fragment eines römischen Tonziegels zeigt unter einem Schiff und der Inschrift **LEG**io • **X** (decima) • Fretensis («Die zehnte Legion, von der Meerenge», sc. bei Messina) einen nach rechts schreitenden, stark stilisierten Eber, erkenntlich an der rüsseligen Schnauze, den spitzen Ohren, dem borstigen Rücken, dem runden Hinterteil und der vorstehenden Vorhaut.
Die zuvor in Mesopotamien stationierte zehnte Legion kam im Jahre 67 mit Verspasian zunächst zur Eroberung Galiläas nach Palästina (Flavius Josephus, Jüdischer Krieg III, 65). Nach der Eroberung Jerusalems wurde die Legion zur Bewachung neben der Stadt einquartiert (ebd. VII, 17). Ihr Wappentier war ein Eber. Möglicherweise vor diesem Hintergrund erhält die im Evangelium (Markus 5) beschriebene Heilung eines Besessenen bei Gerasa durch Jesus von Nazaret eine politische Note. Der böse Geist des Besessenen sagt nämlich von sich, er heisse «Legion». Jesus erlaubt ihm, in eine Schweineherde zu fahren, die sich daraufhin ins «Meer», gemeint ist der See Gennesaret, stürzt. Beim Exorzismus, wie ihn Markus literarisch zu erfassen versucht, wird über die Schweine als Trägertiere in der Tradition alter Eliminationsriten ein Ordnungsprozess veranstaltet, der zur Verbannung des Übels im Chaoselement «Meer» und damit zur Heilung des Besessenen führt. Für die Hörerschaft des Evangelisten, die das Wappentier der in Palästina stationierten zehnten Legion kannten, war dadurch ohne ausdrückliche Nennung klar, dass die Ursache der Besessenheit in der römischen Militärherrschaft zu suchen ist. Menschliche Zerrüttung als Folge militärischer Besatzung ist ein leider auch heute noch bekanntes Phänomen. TST

Lit.: N. Avigad, Discovering Jerusalem, Nashville/Camden/New York 1983, 206, Fig. 255,1.

41 Holzschnitt mit Darstellung der sog. «Judensau»
Holzschnitt
Süddeutschland
Ca. 1470
Anonym

Das durch Holzschnitte und Kupferstiche verbreitete antisemitische Bild zeigt Juden, die auf einer Sau reiten, deren Kot und Kotze essen und an ihren Zitzen saugen. Das Motiv vermittelt einen haarsträubenden Eindruck der Angst, der perversen Fantasie und des abgrundtiefen Hasses, die das Anderssein der Juden hervorrief.
Dass die Juden kein Schweinefleisch assen, war schon im antiken Mittelmeerraum bekannt. Einzelne schlossen daraus, sie würden das Schwein als Gott verehren. Noch schlimmer war die spätmittelalterliche, weit in die Neuzeit hinein verbreitete Verleumdung, Juden hätten ein pervers-erotisches Verhältnis zum Schwein. TST

Lit.: H. Schreckenberg, Die Juden in der Kunst Europas. Ein Bildatlas, Göttingen/Freiburg i. Br. 1996, 345.

42 Moderne Stempelsiegelabdrücke mit Hahn
(a)
Weiss, grau, braun und schwarz gebänderter Achat
L. 1,9 cm, B. 1,8 cm, D. 1,2 cm
Tell en-Nazbeh (Mizpe; Grab Nr. 19), Palästina/Israel
Eisenzeit IIC/III, um 600 v. Chr.
Original: Jerusalem, Israel-Museum, Inv.-Nr. IAA 32.2525
(b)
Roter Jaspis
L. 1,6 cm, B. 1,4 cm, D. 0,75 cm
Palästina/Israel (Jerusalemer Handel)
Eisenzeit IIC/III, um 600 v. Chr.
Original: Jerusalem, Israel-Museum, Inv.-Nr. 71.66.360

Auf zwei spätjudäischen Namenssiegeln (Abb. 42a und b) findet sich unter dem Namen und dem Titel des Besitzers das Emblem eines gehenden Hahns. Trotz der Winzigkeit der Siegel sind die Wesensmerkmale des Vogels (Kamm, Schnabe, Kehllappen, Federkleid, Ständer, Zehen) ausgezeichnet getroffen. Der offene Schnabel, der übergross geritzte Sporn und die geduckte Haltung lassen keinen Zweifel daran aufkommen, dass es sich um einen angreifenden bzw. sich verteidigenden Hahn handelt. Die Kampfbereitschaft der Hähne hat die Männer des Mittelmeerraumes tief beeidrückt. In Griechenland wurden ab dem 7./6. Jh. v. Chr. überall auf öffentlichen Plätzen Hahnenkämpfe veranstaltet. Das häufigste Bildmotiv mit dem Hahn ist dort denn auch das der ‹coqs affrontés›, welches sich auch auf einem weiteren westsemitischen Namenssiegel findet (Abb. 42c).

Das eine Siegel (Abb. 42a) könnte dem in 2 Könige 25,23 und Jeremia 40,8 genannten Minister des letzten judäischen Königs Ja'azanjahu aus dem Gefolge des durch die Babylonier eingesetzten Statthalters Gedalja in Mizpe gehört haben, wo das Siegel auch in einem Grab (Nr. 19) gefunden wurde. Das andere (Abb. 42b) könnte das Siegel des Königs Joahas sein, der im Jahre 609 v. Chr. für kurze Zeit an der Stelle seines Vaters Joschija residierte, bevor er durch Pharao Necho (609-595 v. Chr.) abgesetzt und durch seinen Bruder Eljakim (= Jojakim) ersetzt wurde (2 Könige 23,31-34). Aber auch Ahaz, der Sohn König Jotams von Juda (2 Könige 16,1; 733 v. Chr.) kommt als einstiger Besitzer Frage. Die hohen Ämter der möglichen Eigner dieser offensichtlich typisch judäischen Hahnensiegel korrespondieren gut mit dem in Sprüche 30,29-31 überlieferten Zahlenspruch: «Drei sind es, die stattlich schreiten,/ und vier, die stattlich einhergehen:/ Der Löwe, der Held unter den Tieren,/ der vor niemandem kehrtmacht;/ der Hahn, der unter den Hennen einherstolziert,/ der Bock, der die Herde leitet,/ der König, der Volksreden hält.» TST

Lit.: N. Avigad/B. Sass, Corpus of West Semitic Stamp Seals, Jerusalem 1997, Nr. 8, 13 und 1142 (Lit.). – Zum Motiv der ‹coqs affrontés› in Griechenland: Philippe Bruneau, BCH 89 (1965) 90-121.

43 Stempelsiegelamulett in Gestalt eines Hahns
Bronze
H. 2,09 cm, L. 2,27 cm, B. 0,55 cm, Basisplatte: L. 1,16 cm; B. 0,92 cm, D. 0,27 cm
Angeblich aus Palästina/Israel
Eisenzeit IIC/III, 7./6. Jh. v. Chr.
Leihgabe von Lenny Wolfe, Jerusalem

Der Griff des Stempelsiegelamulettes besteht aus einem flächigen, stark stilisierten Hahn. Schwanz und Kopf bilden ein V. Hals und Kopf sind übergross dargestellt. Kamm, Schnabel und Kehllappen sind dadurch sehr deutlich erkennbar. Brust, Ständer und Zehen fehlen hingegen, so dass der Vogel zu liegen scheint. Der Hals wurde durch Punkte, Schwanz und Bauch durch Schraffuren verziert, letzterer durch zwei gegenläufige, mittels horizontaler Striche in Registern gegliederte Bahnen. Die am Hals des Hahns angesetzte Öse weist darauf hin, dass das Siegel an einer Halskette getragen wurde und daher auch Amulettcharakter hatte. Das wird durch die Basis der rechteckigen Platte, die den Sockel des Hahns bildet, bestätigt. Sie zeigt einen Sichelmond über einer geflügelten Sonnenscheibe. Vier Kerben führen von den Ecken X-artig Richtung Mitte, die von der Sonnenscheibe gebildet wird, was ihre Zentralität unterstreicht. Ein ähnliches Siegelamulett von L. Wolfe zeigt auf der Basis zwei Embleme des Mondgottes Sin von Haran.

Die Verbindung von Hahn und Mond findet sich auf einigen mesopotamischen Stempelsiegeln aus neubabylonischer Zeit. Möglicherweise hat, ähnlich wie beim Stier, die kämpferische Natur des Tiers die Verbindung zum Mondgott, der sich immer wieder neu gegen die ihn verschlingende Dunkelheit durchsetzt, befördert. Indem der Hahn mit einem Skorpionschwanz versehen und mit einem geflügelten Pferd assoziiert wird, kann er auch den Sonnenwächtern (Girtablullu) angenähert werden. Unser Siegel verbindet ihn mit Sonne *und* Mond aber vielleicht einfach deshalb, weil sein Krähen den Wechsel von der Nacht zum Tag ankündet. TST

Lit.: Unveröffentlicht – Zu bronzenen Stempelsiegelamuletten in Palästina/Israel allgemein: Keel, Corpus § 356.

44 Figürchen eines Hahns
Bronze
H. 3,78 cm, L. 3,9 cm, B. 1,1 cm
Fundort unbekannt; ionisch (?)
Archaisch, 7./6. Jh. v. Chr. (?)
GFig 2001.2

Die U-förmige, fast mondsichelartige Figur ist aufgrund des Kopfes mit Kamm, Schnabel und Kehllappen und den geschweiften Schwanzfedern sofort als Hahn identifizierbar. Der Kopf ist auf Augenhöhe am breitesten, der Hals sehr schlank und gerade, die Flügel insgesamt durch einen Rand vom Körper leicht abgesetzt und oben seitlich im

90°-Winkel herausgestellt. Hals, Flügeloberseite und Schwanzfedern sind schraffiert. Die Ständer wurden zum Stab stilisiert, der auf einem Sockel steht und seinerseits in einen Zapfen übergeht. Möglicherweise diente die Figur ursprünglich als dekorativer Griff eines Deckels. Die herausgestellten Flügel hätten dann eine sinnvolle Funktion als Zugfläche erfüllt.

«Der schlaflos Machende» (Alektor) wie der Hahn in Griechenland genannt wurde, war nicht nur ein Symbol des Kampfes, sondern als Lichtkünder auch ein Dämonenvertreiber und daher der geeignete Wächter eines Schächtelchens mit diskret aufbewahrten Kostbarkeiten. Als Herold der Sonne, die finstere Machenschaften an den Tag bringt, kräht der Hahn in der Passionsgeschichte Jesu, um den Verrat des Petrus anzuzeigen (Markus 14,30.68 parr.). Dieses lautstarke Einstehen für Recht und Gerechtigkeit hat ihm bis heute einen Ehrenplatz als Mahner und Wetterhahn auf vielen Kirchturmspitzen verschafft. In der Schweiz, wo es in den meisten Dörfern eine katholische und eine reformierte Kirche gibt, ist er gleichzeitig das Erkennungszeichen der letzteren, während auf den katholischen ein Kreuz steht. TST

Lit.: Unveröffentlicht – Mögliche Parallelen (ohne Abbildungen): A. de Ridder, Les Bronzes Antiques du Louvre, T. 1, Paris 1913, N° 472; 1000; E. Babelon/J.-A. Blanchet, Catalogue des Bronzes Antiques de la Bibliothèque Nationale, Paris 1895, Nr. 1264. – Zur Symbolik: DNP 5,749f.

45 Gefäss in Form einer Henne
Ton, altrosa, aus Model gepresst
L. 14,7 cm, H. 7,8 cm, B. 5,5 cm
Palästina/Israel (Jerusalemer Handel)
Byzantinisch, 4.-6. Jh. n. Chr.
GFig 2001.1
Schenkung von Vera und Helmut Utzschneider, Neuendettelsau (D)

Die aus Modelpressungen von Hand nur grob verfugte Figur ist aufgrund des kleinen, runden Kammes und der ungeschweiften, hochstehenden Schwanzfedern als Henne zu deuten. Der Kopf mit den grossen Augen (Dm. 1,2 cm) ist leicht vornüber gebeugt, wie es typisch ist für das körnerpickende Tier. Das Federkleid wird durch gegenläufige Reihen fingernagelförmiger Einkerbungen angedeutet, die dem Huhn ein eher wolliges Aussehen veleihen. Statt auf Füssen steht die Figur auf einer runden Trommel. In der Mitte des Rückens wurde mit einem Stab ein 1,24 cm grosses Eingussloch eingelassen. Der Ausguss (Dm. ca. 0,3 cm) befindet sich am abgeflachten Schnabel.

Libationsgefässe aus Terrakotta in Gestalt eines Hahns sind in Griechenland seit der klassischen Zeit bezeugt und bleiben bis weit in die byzantinische Zeit hinein beliebt, gehören also während über tausend Jahren zum Figurenschatz der vorislamischen Mittelmeerkulturen, die Wesentliches zur Zucht und Verbreitung des äusserst nützlichen Haustieres beitrugen. Obwohl die Henne viel häufiger und unabkömmlicher ist als der Hahn, wurde sie viel seltener dargestellt. In den Zusammenhang von Trankopfern, die der Stimulation der Fruchtbarkeit dienten, passt die legefreudige Henne aber entschieden besser als der Hahn. TST

Lit.: Unveröffentlicht. – Parallelen für die klassische und hellenistische Zeit: Das Tier in der Antike (Ausstellungskatalog), Zürich 1974, Nr. 279f; Sindos, Katalogos tês ektheśês, Athen 1985, 164f, Nr. 260.

Kapitel IV

Warum bei der Taufe im Jordan eine weisse Taube zu Jesus fliegt
Entstehung und Wandel von Tiersymbolen

Othmar Keel
Wie Tiere zu Symbolen wurden

Vieles war den altorientalischen Menschen unverständlich und rätselhaft, was für uns Jahrhunderte und Jahrtausende des Forschens und Nachfragens erhellt und geklärt haben. Aber wenn uns auch manches durchsichtig und verständlich geworden ist, so hinkt unser Verstehen doch stets hinter der Wirklichkeit her, und unsere Modelle hinken hinter unserem Verstehen her. Schwer ist es oft, zu sagen und abzubilden, was wir im Kopf und im Gefühl haben. Jede Wahrnehmung erfasst immer nur einen Teil der Wirklichkeit, weil wir – um zu verstehen – fokussieren müssen. Die Alten haben nicht einfach weniger verstanden. Sie haben oft Aspekte anvisiert, die wir heute übersehen oder fast vergessen haben. Deshalb bleiben ihre Modelle wertvoll. Vor allem haben sie dem bleibenden Rätsel, warum überhaupt etwas da ist und nicht vielmehr nichts, sensibler und beharrlicher standgehalten als die meisten von uns. Sie hatten ein Sensorium für den élan vital, die ungeheure Entstehungs- und Regenerationskapazität alles Seienden (Mistkäfer), für die geheimnisvolle Heiligkeit, Unantastbarkeit und Schrecklichkeit, die ganz speziellen Grössen innewohnen (Uräus). Endlich hatten sie einen Sinn für Zusammengehörigkeiten, wo wir analytisch trennen (Taube). Die folgenden drei Abschnitte versuchen zu zeigen, wie und warum drei Tiere zu Symbolen für wesentliche Aspekte des Daseins geworden sind und bis heute begrifflich schwer fassbare Aspekte des Seins eindrücklich vergegenwärtigen können.

1. Der Mistkäfer als Symbol ständiger Erneuerung

Zehntausende von altorientalischen Siegelamuletten sind in Palästina/Israel in der Neuzeit (seit 1891) gefunden worden. Ca. 10'000 stammen aus legalen wissenschaftlich kontrollierten Ausgrabungen und schätzungsweise 10mal mehr aus privaten, unkontrollierten.[1] Die kleinen, oft nur fingernagelgrossen Objekte, meist aus Speckstein (Steatit), der wie Ton gebrannt wurde (Enstatit), wurden an der Hand oder am Hals getragen. Sie dienten als Statussymbol und als Amulette zur Abwehr böser Einwirkungen (apotropäische Funktion) und zur Verstärkung positiver Kräfte. Mit Hilfe der Basisgravur konnten Tongefässe und anderes «gesiegelt» werden, was magischen oder rechtlichen Zwecken (Eigentumssicherung) diente.[2]

Gute zwei Drittel dieser Objekte haben die Form von Mistkäfern (Skarabäen).[3] Der Brauch, solche Käfer als Amulette zu tragen, ist in der 1. Zwischenzeit, ca. 2150 v. Chr., in Mittelägypten entstanden. Die Käfer wurden auf eine Basis gestellt, in die heilbringende und unheilabwehrende Zeichen geritzt wurden. Zuerst waren es nur Frauen und Kinder, die Skarabäen und vergleichbare Amulette trugen. Zu Beginn des Mittleren Reiches (1938-1630 v. Chr.) wurde der Brauch auch von Männern übernommen.[4] Im Neuen Reich (1540-1075 v. Chr.) wurden sie dann in grossem Umfang vom königlichen Hof (besonders in der 18. Dynastie) und von Tempeln (besonders in der 19. Dynastie) hergestellt, deren Einfluss sie zu vergrössern helfen sollten. Der Brauch entstand also in der Peripherie und kam allmählich ins Zentrum – im Gegensatz zum Gebrauch von Totentexten, der am Hof entstand und allmählich in breitere Volksschichten vordrang.

Um 1700 v. Chr. blühte in Palästina die Kultur der Mittelbronzezeit mit Stadtstaaten wie Jerusalem, Sichem, Aschkelon und Scharuhen. Man bewunderte Ägypten, wohin Teile der Bevölkerung auswanderten. Um 1650 v. Chr. gelang es diesen, in Unterägypten die 15. Dynastie, die Dynastie der «Herrscher der Fremdländer», zu errichten, die sog. Hyksosherrschaft.[5] Zwischen 1700 und 1650 v. Chr. begann man in Palästina, ägyptische Skarabäen zu importieren und noch mehr selber herzustellen.[6] Was hat dazu geführt, dass Amulette in Käferform in Ägypten während dem Mittleren Reich zur dominierenden Amulettform wurden? Es hängt damit zusammen, dass gegen Ende der 12. Dynastie der Sonnenkult in Ägypten zunehmend grosse Bedeutung gewann und der Käfer zu einem der Hauptsymbole des Sonnenlaufs wurde. Dazu haben einige der Lebensgewohnheiten des Käfers beigetragen. So dürfte das Rollen von perfekt runden, im Verhältnis zur Käfergrösse riesigen Dungkugeln die ÄgypterInnen beeindruckt haben. Die Kugel wiegt bis zu 40 g, während das Eigengewicht des Käfers nur 2-2,5 g beträgt.[7] Diese Kugeln werden von den Männchen aus Dungfladen oder -ballen herausgeschnitten (Abb. IVa 1) und dann mit den Hinterbeinen zum gewünschten Ort geschoben (Abb. IVa 2). Ist dieser erreicht, vergräbt der Käfer die Kugel im Boden (Abb. IVa 3), wo sie ihm für eine bestimmte Zeit zur Nahrung dient; ist die Mistkugel verzehrt, erscheint der Käfer wieder auf der Erdoberfläche. Ebenso geheimnisvoll tauchen die jungen Käfer aus der Erde auf. Für die Eiablage wird vom Weibchen unterirdisch eine Dungbirne gebildet (Abb. IVa 4), deren Bestandteile viel feiner sind als die aus grobem Dung gebildeten runden Kugeln. In jede Birne wird ein Ei gelegt. Dort verpuppen sich die Larven, und aus dieser unterirdischen Dungbirne kriecht dann der fertige Käfer hervor.

Den Lauf dieser Kugeln und ihr Verschwinden in der Erde verstanden die ÄgypterInnen als Modell und Metapher für

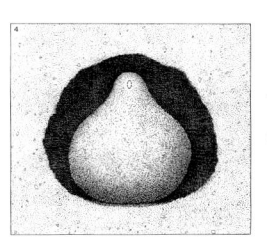

Abb. IVa: Zur Biologie der Dungkäfer: 1) Herausschneiden der Dungkugel, 2) Rollen der Kugel, 3) Vergraben der Kugel, 4) Dungbirne, in die ein Ei gelegt wird.

den Lauf der Sonne und ihr tägliches abendliches Verschwinden im Westen und ihr ebenso regelmässiges neues Erscheinen im Osten. Da die ÄgypterInnen bei der Sonnenkugel ein ähnliches Agens wie bei der Mistkugel vermuteten, wurde der Käfer zum Symbol jener Kräfte, die ständige Erneuerung bewirken. Die ägyptische Bezeichnung für den Käfer lautete *cheprer*. Mit dem Käfer wird auch das Wort *cheper* «werden, erscheinen, entstehen, künftig sein» u. ä. geschrieben, ein Schlüsselbegriff in dem stark von Regenerationsvorstellungen geprägten Denken der alten ÄgypterInnen.[8] Vergöttlicht heisst der Käfer *cheperj* oder einfach *cheprer*. Seine wichtigsten Eigenheiten sind die Spontangenese, ägyptisch *cheper dschesef* «der von selbst entstand», die Transformationen der Gestalt (*cheperu*), der Ursprung im Erdinnern, ausgedrückt durch die Beifügung *cheper em-ta* «der in der Erde entstand», und das Aufsteigen zum Himmel. Sie alle hängen eng mit der Biologie des Dungkäfers zusammen und liessen sich fast zwanglos auf die Sonne bzw. den Sonnengott übertragen. Eine geläufige Formel charakterisiert den Sonnengott Reʿ denn auch als «*cheperj* am Morgen, Re am Mittag und Atum am Abend.»[9] An der Regenerationskraft und der ständigen Erneuerung des Sonnengottes wollten Lebende und Tote teilhaben.[10]

Nachdem der Käfer einmal zum Symbol der Kraft geworden war, die die Sonne in ihrem ewigen Kreislauf bewegt, wurde die Darstellung des Käfers den Bedürfnissen seiner neuen Rolle angepasst. Der wirkliche Käfer schiebt die Kugel, wenn er sie in die Erde vergräbt, mit den Hinterbeinen. Das tut der Sonnenkäfer auch, wenn er die Sonne zu Osiris, dem Gott der Unterwelt, hinunterbringt.[11] Der wirkliche Käfer schiebt die Kugel nur in die Erde. Da man aber stärker am Sonnenauf- als am Sonnenuntergang interessiert war, sieht man den Käfer meistens wie er mit den Vorderbeinen die Sonne zum Himmel schiebt; und da man sich durch den Himmelsraum fliegend fortbewegt, tut er das auch noch fliegend (Kat. 51 = M. 2828).

Wusste man in Palästina der vorbiblischen und der biblischen Zeit, was der Käfer bedeutet? Es ist generell unwahrscheinlich, dass ein Symbol weite Verwendung findet, ohne in irgendeiner Form verstanden zu werden. Ägyptisches war zu vielen Zeiten in Palästina beliebt. Ausserdem gibt es Hinweise, dass man den Regenerationscharakter verstanden hat. Schon bei den frühesten Skarabäen, die in Palästina hergestellt wurden, gravierte man auf dem Rücken Zweige und Lotosblüten ein[12], die ihrerseits Regenerationssymbole waren.[13] Auf dem phönizisch-israelitischen Skarabäus (Kat. 51), *entschwebt* der Skarabäus einer Lotosblüte, sozusagen als regenerierter Regenerierer.

Von keinem judäischen König haben wir eine solche Masse von Dokumenten seiner Verwaltung wie vom judäischen König Hiskija, der um 700 v. Chr. regiert hat. In einer dramatischen Zeit hat er sein Herrschaftsgebiet administrativ reorganisiert und versucht, mit Hilfe Ägyptens die assyrische Expansion gegen Westen zu bremsen. Weit über tausend Henkel grosser Vorratskrüge, die um die 40 Liter Wein, Öl oder Getreide fassten, sind aus seiner Zeit in wissenschaftlichen Grabungen gefunden worden. Sie tragen den Vermerk *la-mælæch* «Dem König (gehörig)» und dazu den Namen eines Verwaltungszentrums.[14] Zwischen diesen kleinen Inschriften findet sich ein Bildmotiv, entweder eine geflügelte Sonnenscheibe[15] oder ein vierflügliger Skarabäus (Kat. 53-54). Sie dokumentieren die Ägyptenfreundlichkeit des Königs in seiner frühen Phase. Der Prophet Jesaja hat sie heftig denunziert (Jesaja 30,1-7; 31,1-3). Sie belegen darüber hinaus, dass man sich den Gott Israels, JHWH, mit Hilfe von Sonnensymbolen vergegenwärtigt hat. Dafür gibt es manche Hinweise. Beispielsweise feiert Psalm 84,11 JHWH als Sonne und Schild. Noch der Prophet Maleachi redet von JHWHS Gerechtigkeit als geflügelter Sonne» (3,20).

Beginnend am Ende des 7. Jh. v. Chr., hat sich in exilischer und nachexilischer Zeit die Ansicht durchgesetzt, dass kein Tier auf Erden, kein geflügeltes Wesen am Himmel und kein Tier, das kriecht und krabbelt, und kein Fisch geeignet ist, JHWH, dem Gott Israels, Gestalt zu verleihen (Deuteronomium 4,17f).

Der Kirchenvater Ambrosius (4. Jh. n. Chr.) nennt den Gekreuzigten «guten Wurm» *bonus vermis* und «guten Käfer» *bonus scarabaeus*.[16] Den «Wurm» hat er in Psalm 22 (Vers 7) gefunden, der soviel zum Verständnis und zur Deutung der Passion Jesu beigetragen hat und wo ein Beter klagt, wie ein Wurm verachtet zu werden. Der «Skarabäus» stammt aus der griechischen Übersetzung von Habakuk 2,11, wo das hebräische Original von einem Gebäude, das auf Unrecht gründet, sagt: «Es schreit der Stein in der Mauer, und der Sparren im Gebälk gibt ihm Antwort.» Die griechische Übersetzung hat den «Sparren im Gebälk» mit «Käfer im Holz» übersetzt. Da die Kirchenväter «Holz» ziemlich konsequent mit dem Kreuz assoziierten, wurde aus dem Käfer im Holz der Käfer am Kreuz. Die Stelle beweist nicht, dass das Wissen um die todüberwindende, regenerative Kraft des Skarabäus «bis über das Ende der altägyptischen Religion lebendig blieb.»[17]

Entstehung und Wandel von Tiersymbolen

2. Schlangengestaltige Engel

Was bei der Begegnung mit manchen Tieren am nachhaltigsten beeindruckt, sind ihre Laute. Auf dieser Erfahrung beruhen «Wauwau», «Miau», «Muuh» und ähnliche Wörter der Kindersprache. Aber auch manche etablierte Tiernamen sind lautnachahmend (onomatopoetisch) wie z. B. Uhu oder Kuckuck. Im Hebräischen findet sich eine Reihe von Schlangenbezeichnungen, die das Zischen imitieren, das manche Schlangen von sich geben, wenn sie sich bedroht fühlen, so *zæfaʿ*, *zifʿoni*, *schᵉfifon*. An diesen Typ von Namen erinnert auch Saraf, in der Mehrzahl Serafim. Die christliche Tradition bezeichnet mit diesem Namen eine bestimmte Art von Engel, weil Serafim in der Vision von Jesaja 6 in unmittelbarer Nähe Gottes erscheinen, und da können sich doch nur menschengestaltig gedachte Engel aufhalten. In der hebräischen Bibel bezeichnen Serafim aber ganz eindeutig Schlangen. Ihre lautliche Äusserung beginnt denn auch wie ein Zischen: *qadosch, qadosch, qadosch jhwh zᵉwaʾot* (Jesaja 6,3). Texte, die den Schrecken der Wüste schildern, erzählen, dass sie von ungeflügelten und geflügelten Serafim bewohnt war.[18] Saraf bezeichnet eine Kobra. Sie galt als gefährlichste Schlangenart (Jesaja 14,29). Zwei Kobra-Arten kommen in Betracht; die gewöhnliche, besonders aus Ägypten bekannte Kobra (*Naja haje* Linné 1758) und die Speikobra (*Naja nigricollis* Reinhardt 1843) mit drei schwarzen Streifen am Hals, die ihr Gift nicht durch Beissen, sondern durch Spucken appliziert.[19] Der Name Saraf ist vom Verb *saraf* «verbrennen» abgeleitet. Das von der Speikobra ausgespiene Gift «verbrennt» vor allem die Augen.[20] Mit dem mystischen «vor Liebe Glühen», das man den Serafim nachsagt, die zu menschengestaltigen Engeln geworden sind, hat das nichts zu tun. Dass wir es bei «Saraf» mit dieser Kobra-Art zu tun haben, legt auch der Umstand nahe, dass Serafim mehrmals geflügelt gedacht sind (vgl. Anm. 18). Das geht wohl darauf zurück, dass die Kobra in der ägyptischen Kunst seit dem Beginn des 2. Jahrtausends v. Chr. häufig mit zwei Flügeln ausgestattet erscheint.[21] Wie der Mistkäfer sich aufgrund seiner Symbolik vom Naturvorbild entfernt und fliegend eine Kugel durch die Luft schiebt, so entfernt sich das Motiv der Kobra vom Naturvorbild, wenn sie mit Flügeln ausgestattet wird. Flügel werden hinzugefügt, um ihre Schutzmacht zu verdeutlichen und zu vergrössern (vgl. Kat. 57). Die ältesten Kobra-Darstellungen, die bis ins 4. Jahrtausend zurückgehen, zeigen sie noch ohne Flügel in ihrer natürlichen Imponierstellung, aufgerichtet und mit aufgeblähtem Hals. Die wichtigsten ägyptischen Wörter für Kobra *jaʿret* (Uräus) und *waʾdschit* (Uto) bedeuten beide, «die sich Aufrichtende, die sich Erhebende»[22]. Der Schrecken ist gross, wenn man plötzlich vor einer sich aufrichtenden zischenden Kobra steht. In dieser Stellung ist sie seit Beginn des ägyptischen Königtums an der Stirn von Königen und Königinnen zu sehen, sie flankiert paarweise die Sonnenscheibe und schützt reihenweise angeordnet Palast- und Tempeleingänge (Kat. 56).[23] Sie signalisiert Gefahr und Unantastbarkeit und bewirkt, dass man diese Personen und Bereiche als heilige wahrnimmt und sich ihnen nur von Schrecken erfüllt nähert. Daneben hat die Kobra – wie jede Schlange – zahlreiche weitere Aspekte, etwa den des sich ständig erneuernden Lebens (Häutung).[24]

In Palästina fand die Kobra als Schutzsymbol mit der Imitation der ägyptischen Skarabäen Eingang (vgl. Kat. 48-49). In spätbronzezeitlichen Tempeln dienten kleine Bronzefiguren einer Kobra oder einer anderen Schlangenart dazu, die Unantastbarkeit des innersten Tempelraumes zu garantieren. Eine besondere Blüte erlebte das Symbol in Israel im 8. Jahrhundert. Die assyrische Bedrohung trieb Juda in die Arme Ägyptens. Man übernahm das Symbol der geflügelten Kobra, deren Schutzmacht man durch ein zweites Flügelpaar verstärkte (Kat. 59). Auf vielen hebräischen Siegeln des 8. Jahrhunderts beschützt ein vierflügliger Uräus den Namen des Siegelbesitzers.[25] In einer grossen Vision sieht der Prophet Jesaja Jʜᴡʜ nach ägyptischer Manier von geflügelten Serafim beschützt. Diese Serafim haben sogar sechs Flügel. Sie dienen allerdings dazu, die Serafim vor der Heiligkeit Jʜᴡʜs zu schützen. Jesaja kritisiert so indirekt den Glauben an die Schutzkraft der Serafim.

Etwas gröber ist Jesajas Zeitgenosse, König Hiskija, gegen die Sarafverehrung vorgegangen. Im 2. Buch der Könige wird erzählt, dass es in Jerusalem, wahrscheinlich im Tempel, ein bronzenes Schlangenbild gegeben hat (18,4). Es soll sich um das Bild gehandelt haben, das Mose auf Geheiss Gottes in der Wüste anfertigte. Die Israeliten hatten damals gegen Gott und Mose gemurrt. Da habe Gott Serafim gegen sie losgeschickt. Auf die flehentlichen Bitten der Israeliten hin befahl Gott Mose, ein Sarafbild zu machen, dessen Anblick Heilung von den Schlangenbissen brachte (Numeri 21,4-9). Dieses Bild soll zur Zeit des Königs Hiskija in Jerusalem wie eine Gottheit verehrt worden sein. Deshalb habe Hiskija es zerschlagen lassen. Es dürfte sich bei diesem Bild um das Bild eines ägyptischen Uräus gehandelt haben (Kat. 61), von dem man sich Schutz und Heilung versprach. Wie in Ägypten besänftigte man den Uräus mit Weihrauch.[26] Nachdem Hiskija in seiner Hoffnung auf ägyptische Hilfe gegen Assyrien schwer enttäuscht worden war und nachdem prophetische Stimmen aus dem Nordreich den Kult von Tierbildern zu diffamieren begannen, liess Hiskija das bronzene Bild zerschlagen (Kat. 62). Jerusalem und Juda waren nun fast für ein Jahrhundert unter assyrischer Oberherrschaft, und da hatte das typisch ägyptische Kobrabild sowieso keinen Platz mehr.

Bei der Übersetzung der Hebräischen Bibel ins Griechische hat man das hebräische Serafim stets mit einem Wort für Schlange übersetzt, ausser in der Vision von Jesaja 6. Dort liess man das hebräische Serafim stehen. Die von der griechischen Kultur beeinflussten Übersetzer konnten und wollten sich Gott nicht von geflügelten Schlangen umgeben vorstellen. Man konnte sich Wesen in der Nähe Gottes nur menschengestaltig denken. Dadurch wurde Gott menschlicher. Er verlor aber auch etwas von seiner geheimnisvollen, erschreckenden Andersartigkeit. Die Integration der Welt der Tiere und der Menschen ging ein Stück weit verloren. Die «Eherne Schlange» erscheint im Johannesevangelium noch als Vorbild für den am Kreuz erhöhten Christus (3,14). Aber der Einfluss der häufig bildlich dargestellten Paradiesesgeschichte, in der sie die Menschen dazu verführt, vom verbotenen Baum zu essen und dem Tod zu verfallen, war stärker. Sie führte dazu, dass man Schlangen generell dem Satanischen zuzuordnete.[27]

3. Die weisse Taube als Symbol der Liebesgöttinnen und des Heiligen Geistes

Jahrhunderte christlichen Geisteslebens haben scharf zwischen geistig-himmlischer und irdisch-fleischlicher Liebe unterschieden. Für den unverheirateten Klerus war die irdisch-fleischliche Liebe die grosse Versuchung, die seine geistige aufs Himmlische ausgerichtete Existenz gefährdete. Im grossen Abwehrkampf wurde die irdische Liebe häufig so erniedrigt, dass der zölibatäre Klerus sich über ihre Versuchungen erhaben fühlen konnte.

Angesichts dieses Orientierungssystems, das Jahrhunderte lang herrschte, wundert es, dass die weisse Taube gleichzeitig das Symbol lustbetonter Vertreterinnen irdischer Liebe wie der griechischen Aphrodite und der lateinischen Venus einerseits und des Garanten einer geistig-himmlischen Existenz, des Heiligen Geistes anderseits war.[28] Noch erstaunlicher ist, dass die weisse Taube nicht zufällig das Symbol für beide Arten von Liebe geworden ist. Wie bei den Serafim sind wir auch hier einer Differenzierung auf der Spur, die oft den Charakter und die Dimension einer verhängnisvollen Aufspaltung angenommen hat. Lange bevor die weisse Taube das Symbol des Heiligen Geistes wurde, gehörte sie in Vorderasien – und das seit dem 3. Jahrtausend v. Chr. – zur Sphäre von Göttinnen, die etwa aufgrund ihrer Nacktheit und Gestik (Entfernen der Kleidung) stark erotische Aspekte haben. Wie die weisse Taube Teil ihrer Sphäre wurde, darüber können wir nur begründete Vermutungen anstellen. Am wahrscheinlichsten ist, dass das auffällige Paarungsverhalten der Tauben, in dem sie sich im Sinne einer ritualisierten Fütterung die Schnäbel picken, nicht erst den Griechen und Römern aufgefallen ist, und nicht erst von ihnen als Küssen verstanden wurde. Schnäbelnde Tauben sind in Vorderasien schon im 3. Jahrtausend v. Chr. dargestellt worden[29] (vgl. Abb. IVb).

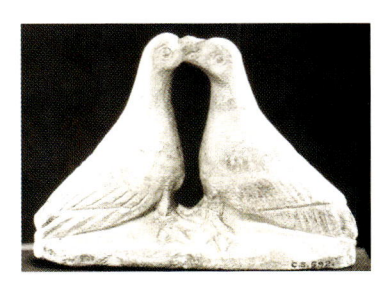

Abb. IVb: Schnäbelnde Tauben. Zypriotische Kalksteinplastik, wahrscheinlich aus hellenistischer Zeit (3.-1. Jh. v. Chr.) oder früher.

Die weisse Farbe, die die «Liebestaube» auszeichnet, liess diese Spielart aus den gewöhnlichen grauen Tauben hervorstechen, wie die Geliebte aus den anderen Frauen heraussticht. Von Beginn des 2. Jahrtausends v. Chr. an sehen wir auf anatolischen (südosttürkischen) und nordsyrischen Objekten Tauben dargestellt, die die Liebesgöttin hält oder die von ihr wegfliegen (Kat. 64-69). Da dies häufig geschieht, während die Göttin ihr Kleid hochhebt oder zur Seite schiebt, um sich ihrem Partner anzubieten, sind diese Tauben zu Recht als Signale, als Boten ihrer Liebesbereitschaft verstanden worden. Noch im Jahrhunderte jüngeren «Hohen Lied» der Liebe heisst es: «Deine Blicke sind Tauben» (Hoheslied 2,2; 6,8f.) und «Du hast mein Herz (meinen Verstand) geraubt mit einem deiner Blicke» (Hoheslied 4,9)![30]

Dass die Taube der Liebesgöttin weiss ist, dokumentiert zum ersten Mal eine Wandmalerei aus Mari am Euphrat (Syrien) aus der Zeit um 1750 v.Chr. Sie zeigt den König von Mari vor der Göttin Ischtar, die auf einem Löwen steht. Im Hof ihres Heiligtums steht rechts eine Palme, in deren Krone als Symbol der Göttin eine überdimensionierte weisse Taube sitzt. Während der Löwe die wilde, aggressive Seite Ischtars verkörpert (vgl. Kat. 78), die in Syrien vielleicht mit Astarte gleichgesetzt wurde, repräsentiert die weisse Taube ihre zärtliche, verliebte Seite.

Die weisse Taube als Liebesbotin ist von Syrien nach Westen gewandert und erscheint (Lukas 3,21f). Vielleicht bezog sich der Vergleich ursprünglich nur auf den Flug der Taube. Die christliche Kunst hat den Heiligen Geist, den Geist der Liebe, aber von Anfang an als weisse Taube dargestellt (Abb. IVf). Die Taubengestalt des Geistes ist von der christlichen Kunst schon früh in andere Zusammenhänge eingeführt worden, wo sie vom Neuen Testament nicht erwähnt wird, so in die Verkündigung an Maria und in Darstellungen von Pfingsten.

In der Renaissance lebte das antike Bildrepertoire der Aphrodite-Venus in neuer Form wieder auf und gesellte sich zu der noch lange weiter gepflegten christlichen Kunst (Abb. IVg). Fortan wurden beide Arten der Liebe, die geistige und die irdische, von der weissen Taube visualisiert, wobei die Verschiedenheit der Konstellationen den Gedanken fernhielt, das gleiche Symbol würde da sehr gegensätzliche Phänomene visualisieren. Ein Poster von Joy Caros (Abb. IVh) versucht die Aufspaltung der Liebe in eine himmlische und eine irdische rückgängig zu machen. Die alten Hände, die die strahlende weisse Taube aussenden, erinnern an das Bild von Verocchio und Leonardo. Die junge nackte Frau, die ihre Arme ausstreckt, um die Taube zu empfangen, entstammt der Venustradition. Der Titel des Posters heisst «The Holy Spirit». Das Bild visualisiert das Verlangen, die geistliche Liebe erotischer und die erotische geistiger zu machen. Ob dies eine unerfüllbare Sehnsucht oder eine echte Möglichkeit ist, und ob diese Versöhnung Formen findet und welche, das wird die Zukunft zeigen.

Die Friedenstaube mit dem Ölzweig im Schnabel hat von Hause aus mit der weissen Liebestaube nichts zu tun. Sie geht auf die ‹Orientierungstaube› zurück, die Noach beim Abklingen der grossen Flut (Genesis 8,6-12) aussendet, um zu erkunden, ob die Erde wieder sichtbar wird und Gott wieder Frieden gemacht habe. Dieses Element der Sintfluerzählung stammt aus der Seefahrerwelt, wo man Raben und Tauben mitführte und aufsteigen liess, weil sie von hoch oben eher Land erspähen konnten als die ans Schiff gebundenen Matrosen.[32] In der Neuzeit werden ‹Liebes›- von ‹Friedenstauben› nicht mehr klar unterschieden. So hat die ‹Friedenstaube› von der ‹Liebestaube› z. B. die weisse Farbe übernommen.

Abb. IVc: Fresko aus dem Königspalast von Mari (18. Jh. v. Chr.). Neben dem Tempel der Göttin Ischtar stehen mächtige Palmen, aus denen eine grosse weisse Taube, das Symboltier der Ischtar emporfliegt.

Abb. IVd: Tempelmodell aus Terrakotta, wahrscheinlich aus Salamija bei Hama (2900-2300 v. Chr.) mit Tauben.

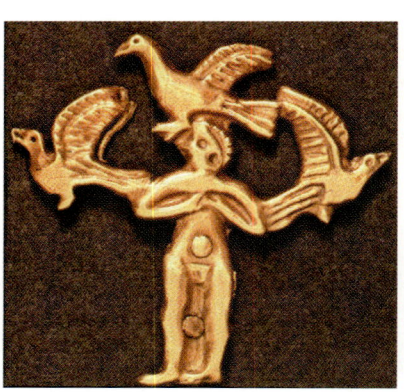

Abb. IVe: Mykenische Goldplättchen (Mitte des 2. Jt. v. Chr.) mit Tauben, die von einer Göttin wegfliegen.

Abb. IVf: Andrea del Verocchio/Leonardo da Vinci, Taufe Jesu, 1470-1480, Ölmalerei auf Holz, Florenz, Uffizien.

1 Zum Verhältnis des Materials aus kontrollierten und unkontrollierten Grabungen vgl. Keel, Corpus, 14f § 22; zum Verhältnis 1 : 10 im Hinblick auf wissenschaftlich ausgegrabenes und Material vom Antiquitätenmarkt vgl. C. Blankenberg-van Delden, The Large Commemorative Scarabs of Amenhotep III, Leiden 1969; G. Th. Martin, Egyptian Administrative and Private-Name Seals, Oxford 1971; N. Avigad/B. Sass, Corpus of West Semitic Stamp Seals, Jerusalem 1997.
2 Zu diesen und weiteren Funktionen der Siegelamulette vgl. Keel, Corpus, 266-277.
3 Zur Kulturgeschichte der Käfer, besonders in Ägypten, vgl. Y. Cambefort, Le scarabée et les dieux, Paris 1994.
4 U.A. Dubiel, Studien zur Typologie, Verteilung und Tragsitte der Amulette, Perlen und Siegel im Alten und Mittleren Reich, Ungedruckte Diplomarbeit der Freien Universität, Berlin 2000; die Arbeit wird in der Reihe OBO erscheinen.
5 E.D. Oren (ed.), The Hyksos: New Historical and Archaeological Perspectives (UMM 96), Philadelphia 1997.
6 D. Ben-Tor, The Relations between Egypt and Palestine in the Middle Kingdom as Reflected by Contemporary Canaanite Scarabs: IEJ 47 (1997) 162-189.
7 R. zur Strassen, Die Käfer: Grzimek II, 210-284, bes. 268.
8 E. Hornung/E. Staehelin, Skarabäen und andere Siegelamulette aus Basler Sammlungen, Mainz 1976, 13-17.
9 J. Assmann, Art. Chepre: LÄ I, 934-940.
10 E. Hornung/E. Staehelin (Anm. 8), 13-21.
11 Keel, Corpus, 780 Abb. 2.
12 Ebd. 35 § 64.
13 Keel, Hohelied, 79-84, 107-109.
14 Keel, Corpus, 121 § 307; die vollständigste Liste findet sich bei A. G. Vaughn, Theology, History and Archaeology in the Chronicler's Account of Hezekiah (ABSt 4), Atlanta 1999, 184-240.
15 GGG 313 Abb. 276a-b.
16 G. Tissot, Ambroise de Milan. Traité sur l'évangile de S. Luc II, Paris 1958, 192f X,113.
17 E. Hornung/E. Staehelin (Anm. 8), 17.
18 Deuteronomium 8,15; Jesaja 30,6; auch nach Numeri 21,6 ist sie eine typische Bewohnerin der Wüste; nach Jesaja 6,2.6; 14,29 und 30,6 sind Serafim geflügelt; von geflügelten Schlangen weiss auch Herodot, Historien II 75; III 109. Die Vorstellung geht wohl auf das Missverständnis zurück, die geflügelten Schlangen der Bilder würden reale Schlangen abbilden.
19 M. Murray, The Serpent Hieroglyph: JEA 34 (1948) 117f; H.-G. Petzold, Giftnattern und Seeschlangen: Grzimek VI, 424-450, bes. 431-435.
20 O. Keel, Jahwe-Visionen und Siegelkunst. Eine neue Deutung der Majestätsschilderungen in Jes 1, Ez 1 und 10 und Sach 4 (SBS 84/85), Stuttgart 1977, 70-74; eine andere Interpretation will den Namen auf ein flammenartiges Muster auf der Haut der Schlange zurückführen, aber saraf hat weniger mit der Gestalt als mit der Wirkung einer bestimmten Aktion zu tun.
21 So z. B. auf den sogenannten «Zaubermessern»; vgl. H. Altenmüller, Die Apotropaia und die Götter Mittelägyptens. Eine typologische und religionsgeschichtliche Untersuchung der sog. «Zaubermesser» des Mittleren Reichs II, Hamburg 1965, 115 Abb. 4a, 119 Abb. 13 (mit Menschenkopf)
22 R. Hannig, Die Sprache der Pharaonen. Grosses Handwörterbuch Deutsch-Ägyptisch, Mainz 2000, 723.
23 S.B. Johnson, The Cobra Goddess of Ancient Egypt. Predynastic, Early Dynastic and Old Kingdom Periods, London-New York 1990.
24 Vgl. dazu O. Keel, Polyvalenz der Schlange: Ders., Das Recht der Bilder gesehen zu werden. Drei Fallstudien zur Methode der Interpretation altorientalischer Bilder (OBO 122), Freiburg (CH)/Göttingen 1992, 195-266.
25 O. Keel, «Das Land der Kanaanäer mit der Seele suchend», in: ThZ 57 (2001) 259f Abb. 6a-j.10-11.
26 Vgl. das ägyptische senetscher en ja'ret (R. Hannig [Anm. 22], 1373) und das Räuchern in 2 Könige 18,4.
27 Vgl. Genesis 3,1-4; 2. Korinther 11,3; Offenbarung 20,2; zum Chaosaspekt der Schlange vgl. O. Keel, Drachenkämpfe noch und noch. Im Alten Orient und in der Bibel, in: S. Hahn/S. Metken/P.B. Steiner (Hgg.), Sanct Georg. Der Ritter mit dem Drachen, Freising-Lindenberg 2001, 14-26.
28 Zur Kulturgeschichte der Taube im weitesten Sinne vgl. D. Haag-Wakkernagel, Die Taube. Vom heiligen Vogel der Liebesgöttin zur Strassentaube, Basel 1998; zur Kulturgeschichte der Taube im Nahen Osten vgl. I. Ziffer, «O my Dove, that Art in the Clefts of the Rock». The Dove-Allegory in Antiquity, Tel Aviv 1998.
29 I. Ziffer (Anm. 28) 1998, 14 Fig. 7.
30 Zur Interpretation vgl. O. Keel, Deine Blicke sind Tauben. Zur Metaphorik des Hohen Liedes (SBS 114/115), Stuttgart 1984, 53-62.
31 Zum Weg der weissen Taube von der paganen in das christliche Symbolsystem vgl. S. Schroer, Der Geist, die Weisheit und die Taube: Dies., Die Weisheit hat ihr Haus gebaut. Studien zur Gestalt der Sophia in den biblischen Schriften, Mainz 1996, 144-175.
32 O. Keel, Vögel als Boten. Studien zu Ps 68,12-14, Gen 8,6-12, Koh 10,20 und dem Aussenden von Botenvögeln in Ägypten. Mit einem Beitrag von Urs Winter zu Ps 56,1 und zur Ikonographie der Göttin mit der Taube (OBO 14), Freiburg (CH)/Göttingen 1977, 79-91.

Abb. IVg: Annibale Carrachi (1550-1609), Venus und Adonis, Ölmalerei auf Leinwand, Wien, Kunstmuseum.

Abb. IVh: Joy Caros, The Holy Spirit, Poster, 1981.

Entstehung und Wandel von Tiersymbolen

46 Früher Skarabäus mit Skarabäus
Enstatit
L. 1,05 cm, B. 0,9 cm, H. 0,7 cm
Mittelägypten
1. Zwischenzeit, ca. 2150-2050 v. Chr.
M. 2723, ehemals Sammlung F.S. Matouk

In der 1. Zwischenzeit wurden in Mittelägypten die ersten Skarabäen produziert und zuerst ausschliesslich von Frauen und Kindern getragen. Kopf, Pronotum und Flügeldecken sind detailliert, die sechs Beine etwas ungeschickt wiedergegeben. Der Käfer ist verhältnismässig hoch. Zusätzlich zum Skarabäus als Form des Amuletts ist auf der Basis dieses und der folgenden sieben Skarabäen ein weiterer Skarabäus eingraviert, hier im linearen Stil. Die Verdoppelung (Käfer als Form des Amuletts und als Basisdekoration) festigt die positive Wirkung, die dieses ausübt. Es vermittelt doppelt Lebens- und Lebenserneuerungskraft. OK

Lit.: Matouk, Corpus II, 397 Nr. 1206; W.A. Ward, Studies on Scarab Seals I. Pre-12th Dynasty Scarab Amulets, Warminster 1978, Pl. 6,159. – Parallelen: Ebd. Pl. 6,153-158.

47 Skarabäus mit Skarabäus, von Uräen flankiert
Enstatit
L. 2,2 cm, B. 1,45 cm, H. 0,95 cm
Ägypten, ev. lokale Imitation aus Palästina/Israel
Zweite Zwischenzeit, ca. 1700-1550 v. Chr.
M. 2794, ehemals Sammlung F.S. Matouk

Dieser Käfer, der wahrscheinlich in Palästina/Israel gefunden wurde, ist möglicherweise ein Importstück aus Ägypten, vielleicht aber auch eine lokale palästinische Imitation eines ägyptischen Amuletts. Am sonst schematischen Kopf sind deutlich die zwei Augen zu sehen. Pronotum und Flügeldecken sind nicht wiedergegeben. Die Schraffur auf den sechs Beinen deutet deren Behaarung an. Die Enden der Durchbohrung sind durch Ringe verstärkt. Der sorgfältig flächig gravierte Käfer auf der Basis wird von zwei aufgerichteten Kobraschlangen flankiert. Die Kobraschlange (Uräus) ist in Ägypten an der Stirne von Gottheiten und Königen zu finden (vgl. Kat. 55). Sie signalisiert deren Unantastbarkeit und schützt sie vor allem Bösen. Hier gilt ihre Schutzkraft dem Skarabäus und dem/der TrägerIn des Amuletts. Während der Käfer den kräftesteigernden Aspekt des Amuletts betont, unterstreichen die Kobras den unheilabwehrenden (apotropäischen). OK

Lit.: Matouk, Corpus II, 397 Nr. 1217. – Parallelen: Keel, Corpus I, Tell el-ʿAǧul Nr. 624 (links) und 697.

48 Skarabäus mit Skarabäus und Lebenszeichen
Enstatit
L. 1,4 cm, B. 1 cm, H. 0,6 cm
Palästina/Israel
2. Zwischenzeit, ca. 1700-1550 v. Chr.
M. 2752, ehemals Sammlung F.S. Matouk

Bei dieser lokalen Imitation eines ägyptischen Käferamuletts ist der Kopf des Käfers sehr schematisch, Pronotum und Flügeldecken sind überhaupt nicht und die sechs Beine korrekt, aber auf ein Minimum reduziert, wiedergegeben. Der linear gravierte Skarabäus auf der Basis ist von zwei Henkelkreuzen, den Zeichen für ‹Leben›, ʿanch, flankiert. Sie verstärken die lebenserneuernde Kraft des Käfers. OK

Lit.: Matouk, Corpus II, 397 Nr. 1222. – Parallelen: Zu dem von Lebenszeichen flankierten Skarabäus: Keel, Corpus, Tell el-ʿAǧul Nr. 416, 579 und 838.

49 Skarabäus mit Skarabäus, von Uräen flankiert, über Krokodil
Enstatit
L. 1,5 cm, B. 1,15 cm, H. 0,7 cm
Ägypten
3. Zwischenzeit, wahrscheinlich 22. Dynastie, 945-713 v. Chr.
M. 2520, ehemals Sammlung F.S. Matouk

Der schraffierte Kopf ist verhältnismässig sehr klein, Pronotum und Flügeldecken sind nicht angedeutet; die Beine sind schematisch mit Fischgratmustern dekoriert. Der flächig gravierte Käfer auf der Basis ist wie bei Kat. 47 von Uräen flankiert. Die Komposition aus Käfer und Uräen befindet sich über einem Krokodil. Dieses verstärkt einerseits die unheilabwehrende Kraft. Dabei nimmt der/die TrägerIn die Gefährlichkeit dieses Tiers in Dienst, ein Versuch, den Teufel durch Beelzebub auszutreiben. Das Krokodil, das ins Wasser untertaucht und wieder auftaucht, hat aber auch Teil am Sonnenlauf und seiner Regenerationskraft. Endlich verkörpert es auch die Urflut, aus der die Sonne am Anfang der Schöpfung als Skarabäus (*Cheperj*) auftauchte. OK

Lit.: Matouk, Corpus II, 394 Nr. 2520; Vergangenheit, 69 Abb. 9 oben rechts. – Parallelen: Matouk, Corpus II, 394 Nr. 1093; 397 Nr. 1233; zu der für die 21. und 22. Dynastie typischen Art, wie das Krokodil graviert ist, vgl. Keel, Corpus I, Achsib Nr. 67.

50 Skarabäus mit Skarabäus, Geier und geflügelter Sonnenscheibe
Enstatit
L. 3,9 cm, B. 2,9 cm, H. 2,1 cm
Ägypten
3. Zwischenzeit, 22. Dynastie, 945-713 v. Chr.
M. 2410, ehemals Sammlung F.S. Matouk

Der ungewöhnlich grosse Skarabäus hat einen schematischen trapezförmigen Kopf; Pronotum und Flügeldecken sind durch doppelte Linien bezeichnet, die Schulterbeulen durch Dreiecke; die sechs Beine sind sehr schematisch wiedergegeben. Im Gegensatz zu Kat. 49 (Krokodil) ist der tief flächig gravierte Skarabäus hier zwei ‹himmlischen› Grössen zugeordnet, dem Geier mit gespreizten Flügeln und Klauen, wie er häufig an den Decken der Tempel zu finden ist, und der geflügelten Sonnenscheibe. Der himmlischen Sphäre entsprechend ist auch der Skarabäus mit Flügeln ausgestattet, die allerdings eine wenig realistische Form aufweisen. Flügel bedeuten in Ägypten in der Regel nicht so sehr Flugtüchtigkeit als Schutz. Schützend breiten sich die Flügel der himmlischen Wesen über den/die Trägerin des Amuletts. OK

Lit.: Matouk, Corpus II, 392, Nr. 974. – Parallelen: Ebd. 392 Nr. 975; GGG 289, Abb. 244 (Skarabäus mit dem gleichen Typ von Flügeln und Falke?).

51 Skarabäus mit zweiflügligem Skarabäus
Enstatit
L. 1,8 cm, B. 1,4 cm, H. 0,8 cm
Phönizien oder das Nordreich Israel
Eisenzeit IIB, ca. 900-700 v. Chr.
M. 2828, ehemals Sammlung F.S. Matouk

Der etwas rüsselförmig wirkende Kopf des Skarabäus ist mit vielen Details wiedergegeben, die Schulterbeulen durch Dreiecke, Pronotum und Flügeldecken gar nicht und die Beine durch einen umlaufenden Wulst. Die Gravur auf der Basis, die am linken unteren Ende beschädigt ist, füllt die Basisfläche ganz aus. Sie wird durch Schraffuren charakterisiert. Die untere Hälfte nimmt eine Lotosblüte ein, das Symbol der urzeitlichen Überwindung des Chaos und des Anfangs der geordneten Welt, des Kosmos. Sie ist eingerahmt von einem Halskragen, der in zwei nach aussen gekehrten Falkenköpfen endet. Darüber sind zwei nach innen gewendete Falkenköpfe zu sehen. Aus dem Lotos geht ein Skarabäus mit zwei steil nach oben gerichteten Flügeln hervor. Er schiebt die Sonnenscheibe vor sich her. Da beide, Lotos und Skarabäus, Regenerationssymbole sind, bedeutet ihre Kombination eine Art Superlativ der Regeneration. OK

Lit.: Matouk, Corpus II, 398, Nr. 1255. – Parallelen: Zum zweiflügligen Skarabäus mit Sonnenscheibe vgl. GGG 291, Abb. 255f.

52 Skarabäus mit vierflügligem Skarabäus
Kompositmaterial
L. 1,9 cm, B. 1,45 cm, H. 0,8 cm
Phönizien oder das Nordreich Israel
Eisenzeit IIB, ca. 900-700 v. Chr.
SK 1999.2, Sammlung O. Keel
Langzeitleihgabe am Departement für Biblische Studien

Kopf, Pronotum und Flügeldecken sind bei diesem Stück zwar durch Linien angedeutet, aber die Form des Stücks ist die eines Skaraboids und nicht eines Skarabäus. Die Basis zeigt einen Skarabäus mit vier ausgebreiteten Flügeln und das, obwohl die Zeichnung des Käfers die geschlossenen Flügeldecken zeigt. Vier fledermausähnliche Wesen umgeben ihn. Die Gebilde stellen ursprünglich Köpfe verschiedener Gottheiten dar, die mit einem grossen Halskragen geschmückt sind (Ägis) und unheilabwehrende Bedeutung haben. Dieses Element und die vier Flügel des Skarabäus sind typisch für israelitisch-phönizische Skarabäen. OK

Lit.: Unveröffentlicht. – Zu vierflügligen Skarabäen: GGG 291 Abb. 257a-258a; B. Sass/Ch. Uehlinger, Studies in Northwest Semitic Inscribed Seals (OBO 125), Freiburg (CH)/Göttingen 1993, 117 Fig. 33-35. Zu den fledermausartigen Ägis-Symbolen Keel, Corpus I, Achsib Nr. 131.

53 Krughenkel mit Abdruck eines judäischen Königstempels mit Skarabäus
Gebrannter Ton
L. des Abdrucks ca. 3,5 cm, B. ca. 2 cm
Juda
Eisenzeit IIB, Hiskija (728-699 v. Chr.)
VS 1995.3

Auf dem Henkel eines grossen Vorratskrugs findet sich der unsorgfältige, nur im zentralen, vertikalen Teil sichtbare Abdruck eines Siegels der königlichen Verwaltung Judas. Am oberen Ende sind noch deutlich die Buchstaben Lamed und Mem von *la-mælæk* «Dem König (gehörig)» zu sehen, am unteren die Buchstaben Sin und Kaf, die Anfangsbuchstaben von Socho, das nach 1 Samuel 17,1 (David und Goliat-Geschichte) in der Schefela lag. Socho diente neben Hebron und Sif im südlichen Bergland und Mamschet, dessen Lage nicht bekannt ist, als königliches Verwaltungszentrum. Diese vier Orte erscheinen auf dieser Art von Denkmälern. Zwischen den beiden Schriftzügen ist ein schematisch wiedergegebener vierflügliger Skarabäus angebracht. Das Symbol der aufgehenden Sonne dürfte hier einen Aspekt Jhwhs als des Gottes von Jerusalem darstellen. OK

Lit.: Unveröffentlicht. – Parallelen: GGG 313 Abb. 275b; A. Lemaire, EI 15 (1981) 54*-60*; O. Keel, Corpus, 121 § 307.

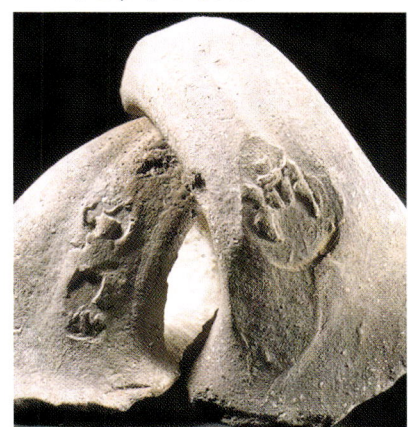

54 Krughenkel mit Abdruck eines judäischen Königstempels mit Skarabäus
Gebrannter Ton
L. des Abdrucks ca. 3 cm, B. ca. 2,2 cm
Der Abdruck ist unsorgfältig gemacht; der obere Teil ist unvollständig, die Ortsangabe verwischt
Juda
Eisenzeit IIB, Hiskija (728-699 v. Chr.) VS 2001.3

Im oberen Teil sind noch deutlich das Lamed und der erste diagonale Strich des Mem zu sehen. Im unteren verwischten Teil stand wahrscheinlich «Hebron». Im Vergleich zu Kat. 53 ist der Skarabäus hier mit mehr Einzelheiten wiedergegeben. So sind Pronotum und Flügeldecken deutlich herausgearbeitet. Letzteres verträgt sich eigentlich nicht mit den ausgebreiteten Flügeln (vgl. Kat. 52). Wir haben hier ein typisches Beispiel für den aspektivischen Charakter der altorientalischen Kunst, die eine bestimmte Grösse Teil für Teil (Aspekt um Aspekt) zur Anschauung bringt und sich kaum um einen organischen Zusammenhang zwischen den einzelnen Teil bemüht. Im übrigen vgl. das zu Kat. 53 Gesagte. OK

Lit.: Unveröffentlicht – Vgl. Kat. 53.

55 Osirisfigur mit Schlange an der Stirn
Bronze, Vollguss
H. 28 cm, B. 10 cm
Ägypten
Spätzeit, 26. Dynastie, 664-525 v. Chr.
ÄFig 1996.1

Es handelt sich hier um eine schöne, bis auf die fehlenden Füsse intakte Statue eines stehenden Osiris. Beide Arme sind seitlich angewinkelt. Die nebeneinander über dem Bauch zur Faust geballten Hände umfassen den Krummstab und die Geissel. Einzig die Hände greifen aus dem körperumhüllenden Gewand heraus, das die Gestalt des Gottes mit seinen langen und schlanken Gliedern deutlich zu erkennen gibt. Die Gesichtszüge sind geprägt von einer detailliert ausgearbeiteten Augenpartie; die nun leeren Augenhöhlen sowie die Augenbrauen waren ursprünglich eingelegt. Dieselbe Ziertechnik findet sich für das Band, mit dem der geflochtene, an seiner Spitze eingerollte Götterbart am Kinn fixiert wurde. Auf dem Haupt ruht die Atefkrone aus waagrechten, gedrehten Widderhörnern und zu jeder Seite der oberägyptischen Krone eine Straussenfeder, die ihrerseits auf den gedrehten Widderhörnern ruhen. Der Leib des über der Stirn des Osiris aufgerichteten Uräus ringelt sich am konischen Kronenkörper empor. Eine in Imponierstellung aufgerichtete Speikobra (vgl. Einleitung zu Kap. IV) findet sich auf der Stirn unzähliger Götter- und Königsfiguren (vgl. z. B. Kat 11, 76, 77, 93, 94). Sie signalisiert die Heiligkeit und Unverletzlichkeit ihrer Träger und Trägerinnen. Osiris steht dieses Signal in doppelter Weise zu, als Gott und als König. Der Mythos von Osiris, Isis (vgl. Kat. 11) und Horus (vgl. Kat. 92), welche die göttliche Familie par excellence darstellen, überliefert folgendes: Osiris wird von seinem Bruder Seth, der ihm die Königswürde missgönnt, hinterhältig getötet und der Leichnam zerstückelt. Die trauernde Isis sucht die über das ganze Land verstreuten Körperteile und fügt sie zusammen. Es gelingt Isis, Osiris mit ihren Zauberkräften (vgl. Kat. 91) wiederzubeleben und von ihm einen Sohn – Harpokrates («Horus, das Kind») – zu empfangen. Um den Knaben vor den niederträchtigen Verfolgungen des Seth zu schützen, versteckt sie ihn in den Sümpfen des Deltas, wo sie ihn alleine grosszieht. Der erwachsene Horus rächt seinen Vater (vgl. Kat. 93) im Kampf gegen Seth. Der Triumph des Sohnes ermöglicht Osiris, Herrscher des Jenseits zu werden, und Horus übernimmt die weltliche Regentschaft.

Es existieren nur sehr wenige Sammlungen altägyptischer Denkmäler, in deren Beständen der Gott Osiris nicht vertreten wäre. Dies, weil Osiris zu den wichtigsten Gottheiten des ägyptischen Pantheons zählte und seit dem Neuen Reich Osirisfiguren zum festen Bestandteil der Grabausstattung gehörten. In der Dritten Zwischenzeit und besonders der Spätzeit wurden viele dieser Statuetten aus Bronze gefertigt. Sie sind Ausdruck der Hoffnung des Verstorbenen auf eine Wiedergeburt, in Analogie zum Schicksal des Osiris (vgl. Kat. 57). Neben seiner Stellung als Herrscher des Jenseits hatte Osiris stets auch die Funktion eines Fruchtbarkeits- und Vegetationsgottes (vgl. Kat. 76) inne. MPG

Lit.: F. de Ricqlès, Archéologie, Collection Emile Brugsch Pacha et divers amateurs, Drouot-Richelieu, Paris, 30 septembre et 1er octobre 1996, 45, nr. 278; Page Gasser, Götter, Nr. 11 (Lit.).

56 Applike in Gestalt einer Uräusschlange
Bronze, Vollguss; Einlagearbeiten aus roter, hellblauer, graublauer Glaspaste; minime Spuren von Blattvergoldung
H. 9,2 cm, B. 3,9 cm
Ägypten
Ptolemäische Epoche, 332-30 v. Chr.
ÄFig 1999.7, ehemals Sammlung Norbert Schimmel

Die Applike besticht nebst der handwerklich schönen Ausführung besonders durch die farblich kontrastreichen (partiell bestossenen) Einlagearbeiten. Bei dieser Figur einer Uräusschlange (vgl. Kat. 61) ist beinahe der ganze Leib des Reptils wiedergegeben, wobei der aufgeblähte Brustschild und der Kopfputz (Sonnenscheibe) in Frontalansicht, der Kopf und Körper in Seitenansicht dargestellt sind. Details wie die Halswirbel, die Hautschuppen am Hinterleib, die Hautfalten um die Augenpartie und die Nasenlöcher sind nachgearbeitet und somit gezielt hervorgehoben worden. Der symmetrisch in zwei Zonen gegliederte Brustschild hat insgesamt sieben vertiefte Zellen, von denen fünf noch die ursprünglichen Einlagearbeiten aus hellblauer, graublauer und roter Glaspaste aufweisen.

Funktional könnte die plastisch flach gestaltete Uräusfigur Teil eines Schlangenfrieses gewesen sein, der in Form von figurativen Appliken mit zierendem, aber auch apotropäischem Charakter an unterschiedlichen Möbelstücken montiert wurde. Der zackenförmige Einschnitt nach der ersten Windung des Schlangenleibes und die vertikale Öse an der Rückseite des Kopfes bestärken diese Annahme. Beides ermöglichte die Fixierung des Zierteiles an einem Möbel wie z. B. einer hölzernen Truhe, einem Barkenpodest oder einem Schrein (Naos). MPG

Lit.: O. Muscarella White (ed.), Ancient Art. The Norbert Schimmel Collection, Mainz 1974: no. 235; Page Gasser, Götter, Nr. 34 (Lit.).

57 Fragment einer Mumienhülle mit geflügelter Schlange
(Abb. Seite 68)
Kartonage mit Tempera-Malerei, partiell mit Firnis
H. 42 cm, B. 27 cm
Ägypten
Dritte Zwischenzeit, 21.-22. Dynastie, 1070-713 v. Chr.
ÄFig 2001.6
Schenkung Dr. Adolphe Merkle, Murten, CH

Die drei erhaltenen Register des Fragmentes einer Mumienhülle weisen einen interessanten Dekor auf. Die Figuren von gelber Farbe, deren Details mit dunkler Farbe nachgezeichnet sind, heben sich deutlich vom dunkelblauen Hintergrund ab. Die einzelnen, horizontalen Register sind durch geometrische Muster voneinander getrennt. Die hieroglyphische Inschrift auf dem vertikalen Band an der linken Seite nennt eine Opferformel, in der um Gaben (u. a. Nahrung, vgl. Kat. 27-29; Kleider und Weihrauch, vgl. Kat. 92) für den Verstorbenen gebeten wird.

Im oberen Register bildet der thronende Osiris in seiner Funktion als Herr des Totenreiches (vgl. Kat. 55) den Mittelpunkt der Szene. Hinter ihm steht seine Schwestergemahlin Isis (vgl. Kat. 11, 91). Vor den beiden Gottheiten steht ein mit Opfergaben (vgl. Kat. 27-32) und Lotusblumen reich beladener Gabentisch. Eine Gottheit geleitet den Verstorbenen zu Osiris. Bei dieser Szene handelt es sich um eine verkürzte Fassung des Jenseitsgerichtes, das über das Schicksal des Verstorbenen im Jenseits entscheidet. Mit der ‹Abwägung des Herzens› (das Herz als Sitz des Verstandes und der persönlichen Verantwortung des Menschen) wurde der Verstorbene auf seine Rechtschaffenheit geprüft. Je nach dem, wie weit sein Verhalten von der Ma'at (der richtigen Ordnung der Welt, der Wahrheit und Gerechtigkeit; vgl. Kat. 86) abgewichen ist, darf der Verstorbene als Seliger, nunmehr gerechtfertigt, vor Osiris erscheinen und sein andauerndes Weiterleben im Jenseits antreten, oder aber er verfällt als Verdammter der Hölle.

Im mittleren Register bildet ein Djed-Pfeiler (Symbol des Osiris) den Mittelpunkt der Szene, beidseits flankiert von je einer mumiengestaltigen Figur. Eine

Kapitel IV

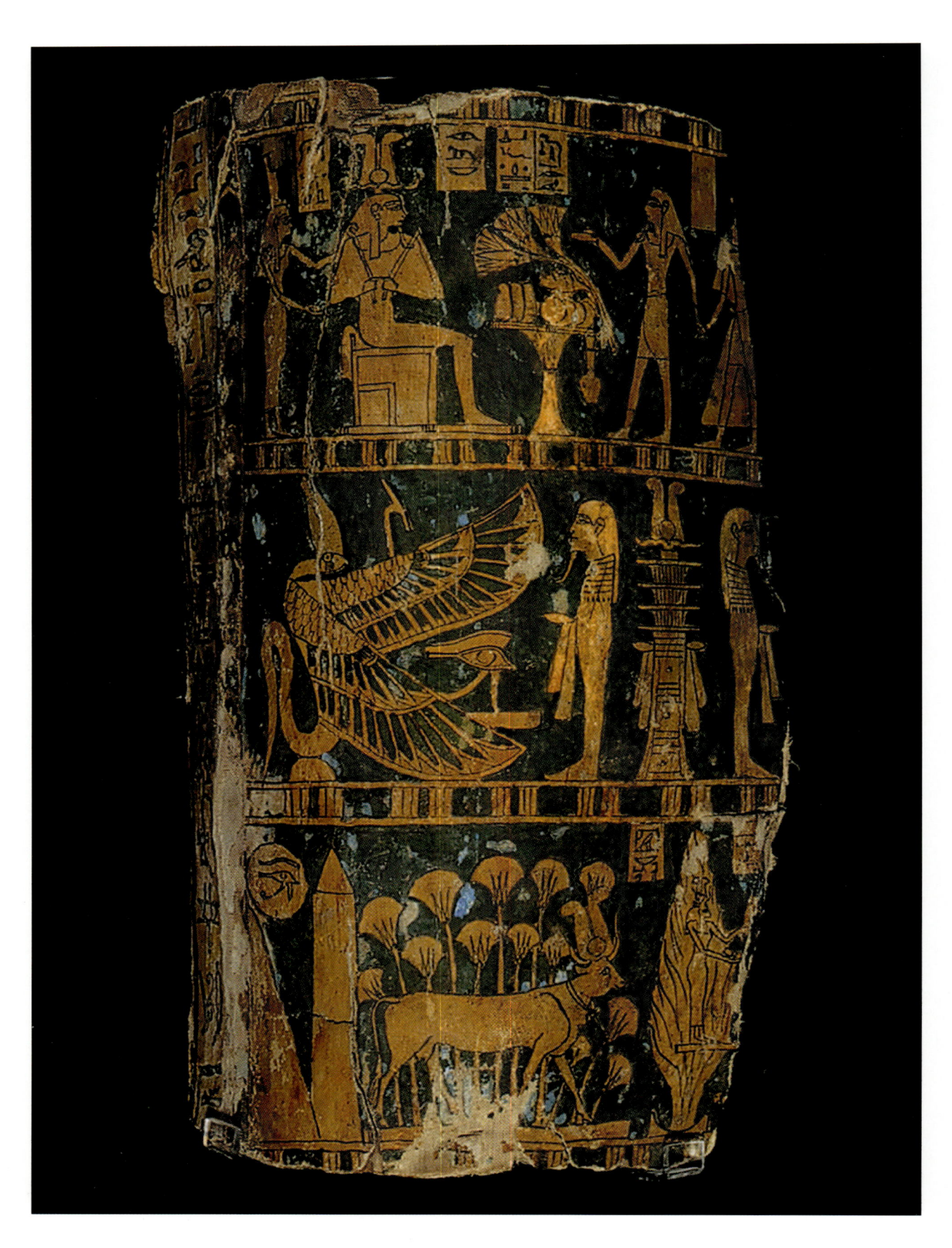

geflügelte Uräusschlange legt – ähnlich der geflügelten Isis (vgl. Kat. 91) – schützend ihre Schwingen über die Mumie, um jegliches Übel von ihr fernzuhalten. Das Udjat-Auge zwischen den Flügeln, ein weiteres magisches Symbol, unterstützt die unheilabwehrende Eigenschaft der Schlange (vgl. Kat. 61).

Im unteren Register finden sich zwei symbolträchtige Motive, die auf Sprüche des Totenbuches zurückgreifen: Die aus dem Westgebirge schreitende Göttin Hathor in reiner Kuhgestalt in ihrer Funktion als Schutzherrin der thebanischen Nekropole (der hinter ihr stehende Obelisk steht in Anlehnung an ein Pyramidion als Element einer Grabfassade) und die dem (nun fehlenden) Verstorbenen Speis und Trank reichende Baumgöttin. Diese in einer Sykomore stehende Göttin ist kuhköpfig dargestellt und stellt, wie die Beischrift zeigt, Hathor dar (vgl. Kat. 11).

Die Blütezeit der ägyptischen Sargmalerei liegt im 1. Jt. v. Chr. (genauer in der 21. und 22. Dynastie, 1070-713 v. Chr.), als die Tradition des bemalten Felsgrabes zusehends aufgegeben und die Grabdekoration in reduzierter Form auf Särge übertragen wurde. Man beschränkte sich bei den Texten auf kurze religiöse Formeln und Beischriften zu den einzelnen Szenen und Götterfiguren. Im Vordergrund standen jedoch die komplexen Darstellungen, die den Sarg vollständig bedeckten: Bilder von Göttern (vgl. Kat. 75), Vignetten aus dem Totenbuch, Regenerationssymbole und Motive aus den Unterweltsbüchern.

MPG

Lit.: Christie's, South Kensington. Fine Antiquities, 25 April 2001, London 2001, 187, Lot 376. – Zur Hathorkuh: A. Heyne, Die Szene mit der Kuh auf Särgen der 21. Dynastie, in: A. Brodbeck (Hg.), Ein ägyptisches Glasperlenspiel. Ägyptologische Beiträge für Erik Hornung aus seinem Schülerkreis, Berlin 1998, 57-68 (Lit.). – Zur Sykomorengöttin: O. Keel, Ägyptische Baumgöttinnen der 18.-21. Dynastie: Das Recht der Bilder gesehen zu werden (OBO 122), Freiburg (CH)/Göttingen 1992, 61-138, bes. 129, Abb. 85.

58 Skarabäus mit Bes, von geflügelten Uräen beschützt
Enstatit mit Resten eines bräunlichen Überzugs
L. 3,1 cm, B. 2,2 cm, H. 1,35 cm
Ägypten
22. Dynastie, 945-713 v. Chr.
M. 1926, ehemals Sammlung F.S. Matouk

Der Skarabäus hat einen schematischen, fast quadratischen Kopf; Pronotum und Flügeldecken sind durch doppelte Linien bezeichnet, die Schulterbeulen durch Dreiecke; die sechs Beine sind schematisch wiedergegeben, beim vorderen Beinpaar ist die Behaarung durch Schraffur angedeutet. Auf der teilweise weggebrochenen Basis ist der zwergenhafte Gott Bes mit Federkrone, ausgebreiteten Flügeln und einem Tierschwanz zu sehen. Die beiden Kobras (Uräen), die ihn beschützen, breiten ihre Flügel über ihn. Die Flügel visualisieren den Schutz, den sie ihm gewähren. Das Element links unten kann nicht gedeutet werden. Die geflügelten Kobras (Serafim), die nach Jesaja 6,2f über JHWH schweben, kann man sich in Analogie zu diesen Uräen vorstellen. Bes war eine in Juda im 8. Jh. gut bekannte Gottheit.

OK

Lit.: Matouk, Corpus II, 375 Nr. 79; O. Keel, Bibel heute 112 (1992) 172; Vergangenheit, 67 Abb. 5 oben rechts; Miniaturkunst, Taf. IX links oben; O. Keel, ThZ 57 (2001) 257 Abb. 2a. – Parallelen: Ebd. 257 Abb. 2b-c. – Zum Gott Bes im eisenzeitlichen Palästina/Israel: GGG 241 Abb. 220, 249 Abb. 224a-228.

59 Skaraboid mit vierflügligem Saraf
Beiger Kalkstein mit schwarzem Überzug (Bitumen?), der durch Abnutzung teilweise verloren ist
L. 2 cm, B. 1,7 cm, H. 1 cm
Südliche Levante, wahrscheinlich Juda
Eisenzeit IIB, 8. Jh. v. Chr.
VS 2001.1
Geschenk von Ula Ward, Providence, Rhode Island, USA

Die Siegelfläche wird fast ganz gefüllt von einer Kobra (Saraf), die in Imponierstellung sich aufgerichtet und den Hals dank der beweglichen Rippen aufgebläht hat. In dieser Stellung lässt sie Zischlaute hören. In Ägypten sind Kobras stets mit höchstens zwei Flügeln versehen, die ihre Schutzmacht veranschaulichen (vgl. Kat. 58). In Juda ist die Zahl der Flügel, um die Schutzmacht zu vergössern, häufig auf vier erhöht worden. Zwei Granatäpfel fügen dem unheilabwehrenden (apotropäischen) Aspekt des Amuletts den der Lebenssteigerung hinzu (Fruchtbarkeit).

OK

Lit.: W.A. Ward, RSO 43 (1968) 135-143, bes. 135 und 137 (Abb.); O. Keel, Jahwe-Visionen und Siegelkunst. Eine neue Deutung der Majestätsschilderungen in Jes 6, Ez 1 und 10 und Sach 4 (SBS 84/85), Stuttgart 1977, 109 Abb. 94; O. Keel, ThZ 57 (2001) 258 Abb. 4b. – Parallelen: Ebd. 259f Abb. 6a-j und 10-11.

60 Buchillustration mit menschengestaltigen Serafim
Lutherbibel
Christoffel Froschouer, Zürich 1531
Illustration zu Jesaja 6,2

Seit dem Hellenismus konnte man sich keine tiergestaltigen Wesen mehr in unmittelbarer Nähe Gottes vorstellen. So werden die in der Gottesvision von Jesaja erwähnten Serafim (Jesaja 6,2) auch in den frühen Bibeldrucken durchwegs als Menschengesichter mit drei Flügelpaaren dargestellt, obwohl im Bibeltext ausdrücklich von «Verbrennern» (*serafim*), gemeint sind Speikobras, die Rede ist (vgl. Kap. IV). TST

61 Stabaufsatz in Gestalt einer Papyrusdolde mit Uräusschlange
Bronze, Uräusschlange: Vollguss, Tülle des Stengels: Hohlguss, im Innern Reste des ursprünglichen Holzstabes
H. 17,5 cm, Dm. Dolde 4,3 cm
Ägypten
Spätzeit, 26.-30. Dynastie, 664-343 v. Chr.
ÄFig 2000.9, ehemals Sammlung Joseph Pierre

Die Tülle dieses Aufsatzes, die zum Aufstecken auf einen Holzstab gedient hat, ist in Form eines Papyrusstengels gestaltet. Ihr unterer Rand endet in zwei sich plastisch absetzenden Wülsten. Unterhalb des Kapitells sind drei erhabene Zierbänder zu erkennen. Auf der ausladenden Dolde erhebt sich eine Speikobra mit sich hochwindendem Leib, deren spitz auslaufender Schwanz sich über die Dolde legt. Der geblähte Schild, auf dem lediglich die Halswirbel summarisch gekennzeichnet sind, ist bedrohlich aufgerichtet. Der vorspringende Kopf mit ausgebildeten Augenwülsten, Schnauze und Maul ist plastisch modelliert. Bekrönt wird das Haupt des Reptils von einer Atefkrone mit Sonnenscheibe.

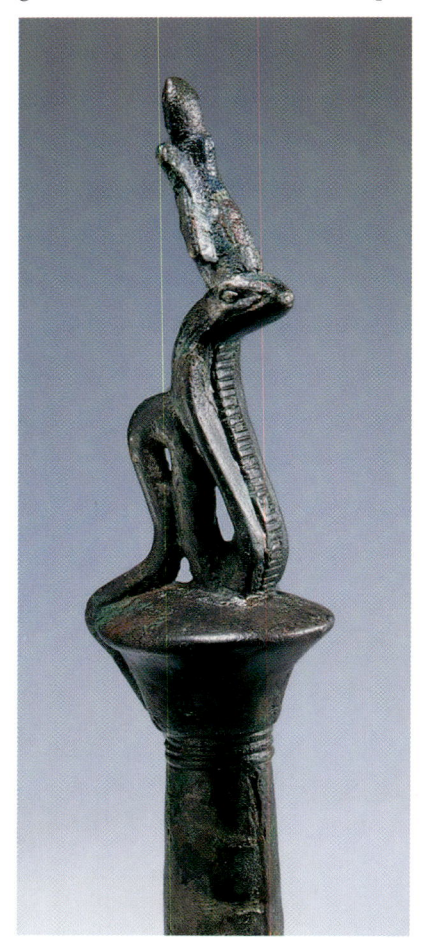

Dieses Bronzewerk diente als Abschluss eines Stabes resp. Szepters oder einer Standarte. Die natürliche Formgebung des Papyrusstengels eignete sich bestens für die ornamentale Gestaltung eines Aufsatzes. Der Stab als solcher diente primär als simpler Gebrauchsgegenstand – als Stütze. Zu dieser rein praktischen Funktion reihten sich weitere Aspekte mit symbolischem und religiösem Gehalt. Zu Lebzeiten des Stabträgers konnte er Abzeichen der Macht, Würde und Ehre sein. Als Insignie der Macht spielte der Stab – nunmehr ein Szepter im Bereich der weltlichen und göttlichen Herrscherideologie eine wichtige Rolle. Seit frühester Zeit wurden bei offiziellen Prozessionen Kultobjekte wie z. B. Standarten, d. h. Stäbe mit einem allfälligen Emblem, mitgeführt. Im Rahmen von religiösen Zeremonien konnte in Begleitung der Götterbarke ein sog. Gottesstab mitgetragen werden, der mit dem Kopf der jeweiligen Gottheit bzw. mit dem ihrer heiligen Tiere (vgl. Kat. 76, 77) versehen war. Die ägyptische Bezeichnung der Speikobra, *j'rt* (griech. oujrai,o1, abgeleitet von *wrrjt*; lat. *uræus*), lautet «die sich Aufrichtende; die sich Aufbäumende» und basiert auf der für diese hochgefährliche Schlange kennzeichnenden Eigenschaft, sich im Erregungszustand aufzurichten, um ihr Gift mehrere Meter weit auszuspeien. Seit frühester Zeit ist die Speikobra mit der Schlangengöttin Uto in Verbindung gebracht worden, deren Ursprungs- und Hauptkultort sich in der im Delta liegenden Stadt Buto befand. Der Name Uto kann als «die Papyrusfarbene» resp. «die Grüne» (*wadjet*) übersetzt werden. Als Pendant zur oberägyptischen Geiergöttin Nechbet verkörperte Uto den unterägyptischen Landesteil. Als Symbol dieser Landeshälfte ist sie an den Kronen der Götter und Könige anzutreffen und nimmt in dieser Stellung zusätzlich die Funktion eines apotropäischen Stirnschmuckes wahr. Die Schlange sollte den Träger des Abbildes schützen, indem sie seine Feinde abwehrte oder gar vernichtete. MPG

Lit.: J.-D. Cahn, Kunstwerke der Antike, Auktion 2, Basel 2000, 101-102, Nr. 356; Page Gasser, Götter, Nr. 32 (Lit.).

62 Bibelillustration mit Schlangenidol
Lutherbibel
Wolf Köpfl, Strassburg 1532
Illustration zu 2 Könige 18,4

Die Bibel erzählt in 2 Könige 18,4 die von Mose gefertigte Bronzeschlange sei abgöttisch verehrt worden und Hiskija, der zur Zeit des Propheten Jesaja König war, hätte sie zerschlagen lassen. Die Reformatoren haben in dieser Episode eine Legitimierung ihrer Bilderfeindlichkeit gesehen und sie gerne illustriert. TS

63 Gussform einer Göttin mit zwei Tauben
Serpentin
L. 6 cm, B. 4,2 cm, D. 1,1 cm
Anatolien, wahrscheinlich Kültepe (Kanesch), Höyük oder Karum
Stratum Ib, ca. 1820-1740 v. Chr.
VFig 2000.5
Erworben mit Mitteln der Raiffeisen-Jubiläumsstiftung 2000, St. Gallen

Die Göttin hat die Gestalt einer nackten, frontal dargestellten Frau, deren Brüste, Nabel und Scham stark hervorgehoben sind. Sie trägt eine hohe konische, von einer Mondsichel (?) abgeschlossene Kopfbedeckung, grosse runde Ohrringe, machmal als Locken gedeutet, und ein Halsband. Mit beiden Händen scheint sie ihr Kleid, das noch bis zu den Knien reicht, beiseite zu schieben und gleichzeitig mit jeder Hand einen Vogel zu halten. Die geraden Schnäbel der Vögel und die Motivtradition legen nahe, sie als Tauben zu interpretieren. Die Gestalt ist von eine Mandorla umrahmt. Oben schliesst eine geflügelte Scheibe die Komposition ab. Sie scheint jetzt der konischen Kopfbedeckung aufgesetzt zu sein. Unten steht die Göttin auf einer weiteren geflügelten Scheibe, der Augen und eine Nase einbeschrieben sind. Die beiden geflügelten Scheiben, die sich sehr ähnlich auf einem altsyrischen Rollsiegel finden, wo sie einen stilisierten Baum einrahmen, könnten die Sonne des Tages und der Nacht darstellen (CU mündlich). Die Göttin mit den Liebesbotinnen könnte so die Erotik repräsentieren, die den Kosmos in Gang hält (vgl. Sprüche 8,30f).

Vier Durchbohrungen an den Ecken der Gussform erlaubten, einen zweiten Teil zu befestigen und so eine Hohlform zu gewinnen. Die Form diente der Herstellung von Bleifiguren. OK

Lit.: T. Özgüç, Kültepe Kazisi Raporu 1948/ Ausgrabungen in Kültepe 1948 (TTKY V,10), Ankara 1950, 206f Pl. 67, Fig. 437a-b; H.H. von der Osten, Altorientalische Siegelsteine der Sammlung Hans Silvius von Aulock (StEU13), Uppsala 1957, 124, Nr. 356; K. Emre, Anatolian Lead Figurines and their Stone Moulds (TTKY VI,14), Ankara 1971, 117, Nr. 51, 147, Nr. 9, Pl. XI,4a-b; U. Winter, Die Taube der fernen Götter in Ps 56,1 und die Göttin mit der Taube in der vorderasiatischen Ikonographie, in: O. Keel, Vögel als Boten (OBO 14), Freiburg (CH)/Göttingen 1977, 63-66 Abb. 21 (Zeichnung mit vielen Fehlern); Winter, Göttin, 281f und Abb. 290 (Zeichnung mit vielen Fehlern). – Parallelen: Ebd. 282 und Abb. 291; I. Ziffer, O my Dove, that art in the clefts of the rock. The Dove-allegory in Antiquity, Tel Aviv 1998, 46, Fig. 53. – Zum altsyrischen Siegel: B. Teissier, Egyptian Iconography on Syro-Palestinian Cylinder Seals of the Middle Bronze Age (OBO.SA 11), Freiburg (CH)/Göttingen 1996, 33 Fig. 202. – Zur Austauschbarkeit von stilisiertem Baum und Göttin: O. Keel, Goddesses and Trees, New Moon and Yahweh. Ancient Near Eastern Art and the Hebrew Bible (JSOT.S 261), Sheffield 1998, Fig. 11-16.

64 Rollsiegel mit sich entschleiernder Göttin und zwei Tauben
Hämatit
H. 3,15 cm, D. 1,35 cm
Nordsyrien
Altsyrisch, 1850-1750 v. Chr.
VR 1992.12, ehemals Sammlung M.-L. und H. Erlenmeyer
Erworben mit Mitteln der Stanley Thomas Johnson Stiftung, Bern

Eine Frau mit hochgesteckter Frisur, deren Körper von vorn, deren Kopf und Füsse im Profil dargestellt sind, hebt ihr Kleid, um ihre Scham zu entblössen. An den Füssen trägt sie Schuhe mit eingerollten Spitzen. Sie wird durch ihren Platz auf einem zweistöckigen Podest und die Flügel als Göttin charakterisiert. Die Flügel ordnen sie der himmlischen Sphäre zu. Auf Kopfhöhe findet sich neben ihr eine achtblättrige Rosette bzw. ein achtstrahliger Stern, der vielleicht auch auf der anderen Seite des Kopfes vorhanden war, doch ist dort ein Stück des Siegels weggebrochen. In Mesopotamien war der achtstrahlige Stern ein Symbol der Göttin Ischtar. Auf Fusshöhe wird die Göttin von zwei flatternden Tauben flankiert, deren eine auf dem Kopf einen hohen schmalen Schmuck zu tragen scheint. Rechts und links der Göttin steht ein syrischer König. Beide tragen die typischen hochovalen Kopfbedeckungen (eine ist teilweise zerstört) und den vorne offenen mit breiten Säumen versehenen Mantel. Wahrscheinlich haben beide der Göttin einen Vogel dargebracht. Beim einen ist deutlich zu sehen, dass der Vogel einen geraden Schnabel hat und so eine Taube gemeint sein kann. Beim anderen ist die Stelle so abgerieben, dass nichts Deutliches zu erkennen ist. In der zweiregistrigen Nebenszene sind die gleichen Wesen zu sehen, die auf Kat. 4 im oberen Teil der Nebenszene zu sehen sind. OK

Lit.: Sotheby's, Western Asiatic Cylinder Seals and Antiquities from the Erlenmeyer Collection. Part I. Thursday 9th July, London 1992, 94f Lot 150; Miniaturkunst, 150 Abb. 173. – Parallelen: A. Otto, Die Entstehung und Entwicklung der Klassisch-Syrischen Glyptik (UAVA 8), Berlin 2000, Taf. 13 Nr. 158 (Til Barsip). – Zu flatternden Vögeln neben den Füssen der Göttin: Winter, Göttin, Abb. 284.

65 Moderner Rollsiegelabdruck mit Taube zwischen Gott und Göttin
Hämatit
H. 2 cm, D. 1,5 cm
Nordsyrien
Altsyrisch, 1850-1750 v. Chr.
Abdruck der Pierpont Morgan Library, New York

Eine weibliche Gestalt – Körper frontal, Kopf und Füsse im Profil – mit hochgesteckter Frisur und grossen Ohrringen schiebt ihren Rock zur Seite und hält ein Gefäss in der ausgestreckten Hand. Ihre einladenden Gesten gelten dem Wettergott, der über drei Berge hinwegschreitet. Ein kurzer Schurz und eine lange Locke betonen seine Jugendlichkeit, die Hörner an seiner Kappe seine Kraft. Die erhobene Hand schwingt die Donnerkeule. Die Liebesbereitschaft der Göttin, die von ihm befruchtet werden möchte, wird durch die Taube visualisiert, die zwischen ihr und ihm zu sehen ist. Vor der Göttin hockt eine Meerkatze (vgl.

Kat. 66), hinter ihr steht der syrische König (vgl. Kat. 64). In den beiden Nebenszenen, die durch ein Flechtband getrennt sind, sind oben zwei Leute beim Trinken und unten drei herbeieilende Verehrer zu sehen, die diesem zentralen Mysterium der kanaanäischen Religion beiwohnen wollen. Unter den Füllseln fällt vor allem ein frontal dargestellter Stierkopf auf. OK

Lit.: Porada, Corpus, Nr. 968; Winter, Göttin, 285f Abb. 301; Keel, Hohelied, 75 Abb. 26; A. Otto, Die Entstehung und Entwicklung der Klassisch-Syrischen Glyptik (UAVA 8), Berlin 2000, Taf. 14 Nr. 162 – Zur Begegnung des Wettergottes mit der sich enthüllenden Göttin: Winter, Göttin, Abb. 268-273, 303.

66 Rollsiegel mit sich entschleiernder Frau und zwei Tauben
Hämatit
H. 1,6 cm, D. 0,8 cm
Nordsyrien
Altsyrisch, 1850-1750 v. Chr.
VR 2001.2, ehemals Sammlung H.S. von Aulock

Eine Frau mit hochgesteckter Frisur und Ohrringen (?), deren Körper von vorn, deren Kopf und Füsse im Profil dargestellt sind, hebt ihr Kleid, um ihre Scham zu entblössen. Gleichzeitig fliegen zwei Tauben von ihr weg. Sie sind Liebesbotinnen, die die Geste der Frau als Einladung zu einer erotischen Begegnung unterstreichen. Im Hohenlied der Liebe werden die verliebten, verwirrenden Blicke der Geliebten Tauben gleichgesetzt, die ihre Liebesbereitschaft verkünden (1,15; 4,1; 5,12; vgl. auch 4,9). Zwei hockende Meerkatzen flankieren die Frau mit erhobenen Vorderpfoten und verehren sie wie eine Göttin. Meerkatzen haben in der vorderasiatischen Glyptik regelmässig erotische Konnotationen. Ein Hase (Fruchtbarkeitssymbol) und ein weiterer Vogel, vielleicht ein Falke, vervollständigen die Sphäre der Göttin. OK

Lit.: H.H. von der Osten, Altorientalische Siegelsteine der Sammlung Hans Silvius von Aulock (StEU 13), Uppsala 1957, 117 Nr. 306; Winter, Göttin, 281f Abb. 289; A. Hamoto, Der Affe in der altorientalischen Kunst, Münster 1995, 44 und 163 Abb. 81; A. Otto, Die Entstehung und Entwicklung der Klassisch-Syrischen Glyptik (UAVA 8), Berlin 2000, 86, 128f Abb. 225. – Zahlreiche Parallelen in den genannten Veröffentlichungen.

67 Rollsiegel mit sich entschleiernder Frau und zwei Tauben vor König
Hämatit
H. 1,9 cm, D. 1 cm
Nordsyrien
Altsyrisch, 1850-1750 v. Chr.
VR 1981.156, ehemals Sammlung R. Schmidt Schenkung Erica Peters-Schmidt, Kilchberg, CH

Die gleiche weibliche Gestalt wie auf Kat. 66 steht diesmal einem Partner gegenüber. Der syrische König, der den Gott vertreten dürfte, sitzt auf einem mehrfach genischten Tempeltorthron

und präsentiert ihr das schmale Gefäss, das auf Kat. 65 die Göttin dem Gott präsentiert. In der Nebenszene ist der Sohn (?) des Königs in der gleichen Haltung und mit dem gleichen Gefäss zu sehen. Im unteren Register eine Taube und ein Skorpion, beide eng mit Erotik und Sexualität verbunden (zum Skorpion vgl. Kat. 6 und 33). Die Szene stellt wohl die kultische Vergegenwärtigung der mythischen Vereinigung von Wettergott und Göttin dar (vgl. Kat. 65). In beiden signalisieren Tauben die Liebesbereitschaft der Göttin bzw. ihrer Repräsentantin im Kult. Ob diese von der Königin, einer Priesterin der Göttin oder einer Prostituierten gespielt wurde, ist nicht klar. OK

Lit.: H. Mode, ArOr 18 (1950) 84, Taf. I Nr. 5; O. Keel, in: J. Briend/J.B. Humbert (éds.), Tell Keisan (1971-1976). Une cité phénicienne en Galilée (OBO.SA 1), Fribourg (CH)/Paris 1980, 273, Fig. 83; Winter, Göttin, 280, Abb. 283; Miniaturkunst, 40, Abb. 38. – Parallelen: Keel, Hohelied, 73, Abb. 25.

68 Moderner Rollsiegelabdruck mit rituellem *tête à tête* und Taube
Hämatit
2,3 cm, D. 1,4 cm
Nordsyrien
Altsyrisch, 1850-1750 v. Chr.
Abdruck des Czartoryski Museum, Krakau

Ein König mit Breitrandkappe und eine Frau mit hochgesteckter Frisur und Ohrringen, beide im Falbelgewand, sitzen auf Stühlen und trinken einander zu. Bereits das gemeinsame Trinken eines Mannes und einer Frau besass im Kontext des Alten Orients eine klare erotische Konnotation. Diese wird hier noch durch die Taube, die Liebesbotin, verdeutlicht, die vom Mann zur Frau fliegt. Am Hals der Taube scheint ein Schmuck oder eine Botschaft befestigt zu sein. Auf einem zeitgenössischen Siegel vom Tell el-ʿAjjul in der Nähe von Gaza trinken ein Mann und eine Frau gemeinsam aus *einem* Gefäss. Die erotisch-religiöse Konnotation wird dabei durch einen achtstrahligen Stern und eine Palme verstärkt, beides Elemente aus der Sphäre der Ischtar. Das gemeinsame Trinken dürfte in den Zusammenhang einer kanaanäischen Form von ‹heiliger Hochzeit› gehört haben. OK

Lit.: S. Przeworski, AfO 3 (1926) 172 Abb.1; Winter, Göttin, 255f, Abb. 248. – Parallelen: F. Petrie, Ancient Gaza I. Tell el Ajjūl (British School of Archaeology in Egypt 53), London 1931, Pl. 13,33 = GGG 51, Abb. 41.

69 Rollsiegel mit Pflügeszene, Götterbegegnung und Taube
Dunkelgrün-grauschwarzer Stein, stark abgenutzt
H. 5,3 cm, D. 1,75 cm
Assyrien
Früh-neuassyrisch, 9. Jh. v. Chr.
VR 1983.2, ehemals Sammlung E. Bollmann

Ohne formale Registereinteilung ist die Darstellung auf zwei Streifen verteilt. Im unteren wird mit Hilfe eines Stiers gepflügt. Es handelt sich aber kaum um eine alltägliche profane Verrichtung, wie der Gebetsgestus des Mannes zeigt, der dem Pflüger folgt. Der Gebetsgestus richtet sich wohl an die beiden Gottheiten, die im oberen Register zu sehen sind. Links schlägt eine Göttin mit zylindrischer Kopfbedeckung (Polos) und langem Schlitzrock die Rahmentrommel, anscheinend zur Begrüssung eines gleich gekleideten bärtigen Gottes mit Hörnerkappe, der auf einem Podium steht. In der gesenkten Hand hält er eine Axt (?), in der erhobenen drei Ähren. Der achtstrahlige Stern hinter der Göttin legt nahe, in ihr Ischtar zu sehen. Der ‹gesattelte› Stier, der von einem Bediensteten gehalten wird, identifiziert den Gott als Hadad/Adad, den «Donnerer», der hier mit seinen Ähren als Spender der Fruchtbarkeit erscheint. Auf einem anderen neuassyrischen Siegel begrüsst Ischtar mit der Rahmentrommel den Wettergott als Sieger über die Chaosschlange. Vögel erscheinen zwar gelegentlich im Zusammenhang von Pflügeszenen. Aber der recht deutlich als Taube charakterisierte Vogel scheint hier, wie auf den altsyrischen Siegeln, als Liebesbotin zwischen Göttin und Gott zu amten. Die rituelle Begegnung von Gott und Göttin im Dienste der Fruchtbarkeit (‹Heilige Hochzeit›) wurde nach neuen Erkenntnissen in Assyrien auch in der 1. Hälfte des 1. Jt. v. Chr. noch regelmässig gefeiert. HKL, OK

Lit.: O. Keel/U. Winter, Heiliges Land 5 (1977) 33f; O. Keel, Deine Blicke sind Tauben. Zur Metaphorik des Hohen Liedes (SBS 114/115), Stuttgart 1984, 151 Abb. 52; Miniaturkunst, 24 Abb. 13; E. von der Osten-Sacken, Vögel beim Pflügen, in: H. Klengel/J. Renger (Hg.), Landwirtschaft im Alten Orient (BBVO 18), Berlin 1999, 266f, 277 Abb. 7. – Die Komposition des Siegelbildes ist singulär. Zur Göttin mit der Rahmentrommel: A. Glock (ed.), Minuscule Monuments of Ancient Art. Catalogue of Near Eastern Stamps and Cylinder Seals collected by Virginia E. Bailey. The New Jersey Museum of Archaeology, Madison 1988, Nr. 98; Porada, Corpus, Nr. 688. O. Keel, in: S. Hahn et al. (Hgg.), Sanct Georg. Der Ritter mit dem Drachen, Freising 2001, 21, Abb. 36 und 38. – Zum Pflüger: Porada, Corpus, Nr. 653. – Zum Ritual der ‹Heiligen Hochzeit› in neuassyrischer Zeit: M. Nissinen, in: M. Dietrich/I. Kottsieper (Hgg.), «Und Mose schrieb dieses Lied auf». Studien zum Alten Testament und zum Alten Orient. Festschrift für Oswald Loretz (AOAT 250), Münster 1998, 585-634.

70 Figur einer Taube auf Pfeiler
Ton
Modern ergänzt
H. 10,8 cm; B. 7,9 cm, L. 11,1 cm
Juda
Eisenzeit IIB, 8.-7. Jh. v. Chr.
VFig 1999.6
Erworben mit Mitteln der Gedächtnisstiftung Peter Kaiser, Vaduz, FL

Die grob geformte Terrakottafigur stellt in ungewohnten Proportionen eine Taube im Flug dar. Die Vogelfigur ruht auf einem runden Pfeiler. Viel häufiger gehen Pfeiler in das Brustbild einer Frau über, das aus einem frei aus der Hand geformten Oberkörper besteht, bei dem die zwei Arme häufig überdimensionierte Brüste stützen, und dem ein sorgfältig geschnittener aus dem Model gepresster Kopf aufgesetzt ist (Abb. 70a). Sinn dieser Frauen- und Taubenpfeilerfiguren, die hauptsächlich in Wohnhäusern und selten in Gräbern gefunden werden, war, die Segensmacht der Göttin, ihre erotische und Fruchtbarkeitspotenz gegenwärtig zu setzen. Taubenfiguren wurden hauptsächlich in Jerusalem, Mizpe, Geser, Lachisch, Bet-Mirsim und Beerscheba gefunden. OK

Abb. 70a: Lit.: Unveröffentlicht – Parallelen: GGG 369-392, Abb. 320; R. Kletter, The Judean Pillar-Figurines and the Archaeology of Asherah (BAR.IS 636), Oxford 1996, 65f, 250-252.

71 Kleine Taubenfigur
Elfenbein
Schnabel abgebrochen
L. 2,2 cm, H. 2 cm, B. 1 cm
Vorderasien
2. Jt. v. Chr.
VFig 2000.2
Schenkung E. Meryman Brunner

72 Kleine Taubenfigur
Blaues und weisses Glas
L. 2,9, H. 2,2, B. 1,2 cm
Vorderasien, wahrscheinlich Syrien
2. Jh. v. -2. Jh. n. Chr.
VFig 2000.1
Schenkung E. Meryman Brunner

Taubenfigürchen sind geographisch und zeitlich oft schwer einzuordnen, weil sie immer wieder beliebt waren und hergestellt wurden, seitdem die Taube zum Vogel der Liebesgöttin geworden war und als Bote der Liebe verstanden wurde. OK

Lit.: Gerhard Hirsch Nachfolger, Antiken, Auktion 207, 16. Februar, München 2000, 36 Lot 905 und Lot 903; Taf. XXX, 903 und 905. – Parallelen: D. Haag-Wackernagel, Die Taube. Vom heiligen Vogel der Liebesgöttin zur Strassentaube, Basel 1998, 32 Abb. 21-23, 70, Abb. 88, 85, 111; J. Hansell, The Pigeon in History, Bath 1998, 15; GGG 35 Abb. 19-20; I. Ziffer, O my Dove, that art in the clefts of the rock. The Dove-allegory in Antiquity, Tel Aviv 1998, 47, Fig. 61; 129, Fig. 141; 118*, Fig. 53*.

Kapitel V

Warum man sich Gott als Schlange oder Aal vorstellen konnte
Tiere als Gottessymbole

Othmar Keel
Hat Gott Tiergestalt?

Schon im 6. und 5. Jahrhundert v. Chr. haben jüdische und pagane Autoren Anstoss an der Tiergestalt der Götter genommen,[1] und entsprechende Polemiken richteten sich häufig gegen Ägypten.[2] Im 1. Jh. v. Chr. war es ein geläufiger Topos, über die zahlreichen tiergestaltigen Gottheiten Ägyptens zu spotten. Der Aristeasbrief, eine jüdische Schrift aus der Zeit um 100 v. Chr., sagt: «Was soll man vollends der Torheit der anderen (der Nicht-Griechen) gedenken, der Ägypter und derer, die ihnen ähnlich sind? Diese haben ihr Vertrauen auf Tiere, und zwar meist kriechende und wilde, gesetzt, beten diese an und opfern ihnen, den lebenden, und (auch) wenn sie tot sind.»[3] Cicero spricht von der dementia Aegyptiorum «vom Wahnsinn der Ägypter», über den man gemeinhin spotte, so ziemlich jeder Tierart göttliche Ehren zuteil werden zu lassen.[4] Die christliche Apologetik hat diese Sicht willig aufgenommen. So schreibt Aristides in seiner um 125 n. Chr. verfassten Apologie des Christentums: «Es genügte ihnen (den Ägyptern) nicht die Religion der Barbaren und Griechen, sondern sie haben selbst einige aus dem Reich der Tiere als Götter aufgestellt (…) Einen schweren Irrtum also haben die Ägypter begangen, einen schwereren als alle Völker, die auf der Oberfläche der Erde leben.»[5]

Allerdings wird diese polemische Sicht bei jüdischen, paganen und christlichen Autoren auch immer wieder gemildert. So sagt die Weisheit Salomos zwar mehr im Hinblick auf andere Naturphänomene als die Tiere, aber jene einschliessend: «Vielleicht suchen sie Gott und wollen ihn finden, gehen aber dabei in die Irre. Sie verweilen bei der Erforschung seiner Werke und lassen sich durch den Augenschein täuschen; denn schön ist, was sie schauen (13,6f)». Plutarch macht wie vor ihm schon Diodor und Strabo im 1. Jh. n. Chr. geltend, dass auch bei den Griechen manche nicht angemessen zwischen den Gottheiten und ihren Bildern unterscheiden. Das sei leider auch bei den Ägyptern der Fall. Die Wissenden unter ihnen würden aber die heiligen Tiere wegen ihrer Nützlichkeit und ihrer Symbolik verehren.[6] Der Kirchenvater Clemens von Alexandrien argumentiert um 200 n. Chr., es sei besser, Tiere als Götter zu verehren, statt Menschen, die, wie die der Griechen, jede denkbare Art von Schändlichkeit begingen. Die Tiere würden wenigstens nicht gegen die Natur handeln.[7] Und Arnobius wendet sich um 300 n. Chr. gegen die Heiden, die keinen Sinn für die Sakramentalität der Natur haben, mit dem Vorwurf: «Ihr lacht über die Mysterien (aenigmata) der Ägypter, weil sie die göttlichen Ursachen (tiefsten Gründe des Seins) den Formen stummer Tiere einpflanzten.»[8]

Verbindungen zwischen Gottheiten und Tieren finden sich allerdings nicht nur in Ägypten, sondern in allen alten Kulturen. In Vorderasien begleiten bestimmte Tiere in der Regel menschengestaltig dargestellte Gottheiten, etwa der Hund die Heilgöttin Gula oder der Löwe die vielseitige Ischtar. Typisch vorderasiatisch sind Gottheiten, die auf einem Tier stehen, so der Wettergott des Westens (oder seine Partnerin) auf dem Stier oder der Sonnengott auf dem Pferd. Die Praxis reicht bis ins 4. Jt. zurück.[9] Es ist nicht eindeutig, wie das Trägertier zu verstehen ist. Manchmal scheint

Abb. Va: Die Göttin Ischtar, einen Löwen dominierend. Spätakkadisches Rollsiegel (um 2200 v. Chr.).

das Tier Charakteristika und Potenzen des Gottes, den es trägt, zu veranschaulichen, so der Stier mit seinem Brüllen und seiner Fruchtbarkeit die des Wettergottes. Gelegentlich scheint das Trägertier von der Gottheit, die es trägt, besiegt und überwunden worden zu sein. So scheint Ischtar auf einem akkadischen Rollsiegel (Va) und auf dem Mari-Bild den Löwen mit Gewalt zu unterwerfen, den Löwen, von dem sie in anderen Zusammenhängen getragen wird (Abb. Vb, Seite 76).

Auch der Wettergott steht gelegentlich auf einem Löwen, während er diesen in anderen Zusammenhängen bekämpft.[10]

Wie schon die antiken Autoren gesehen haben, wäre es zu einfach, aus den diversen Verbindungen von Gottheiten und Tieren zu schliessen, die Menschen der alten Welt hätten schlicht bestimmte Tiere als Gottheiten verehrt. Nie ist – ausser vielleicht von sehr einfachen Leuten – ein Tierbild oder ein lebendes Tier als identisch mit der Gottheit verstanden worden, die ihm einwohnte oder der es heilig war.

Abb. Vb: Die Göttin Ischtar auf einem Löwen stehend. Silberanhänger aus Sam'al (8./7. Jh. v. Chr.).

Die ägyptische Theologie hatte den Begriff des *Ba* im Sinne einer Inkarnation (Inkorporation) zur Verfügung. So galt der Apis, ein einzelner bestimmter, in Memphis gehaltener Stier als Ba des Gottes Ptah oder des Osiris und ein bestimmter Löwe in Leontopolis als Ba des Gottes Mahes. Die anderen Tiere der gleichen Gattung galten nicht als Ba, sondern einfach als Tiere, die dieser Gottheit besonders verbunden und so im ganzen Land oder regional «heilig» waren.[11] Jedes Exemplar dieser Art, das mumifiziert wurde, galt wie verstorbene und rituell bestattete Menschen als Osiris, z. B. Osiris-Falke. Die Mumien wurden so zu Segensträgern, zu Reliquien.[12] Nach D. Kessler waren solche Reliquien eng mit dem Totenkult des Königs verbunden und befanden sich angeblich nie in privaten Händen.[13] «Anzuzweifeln ist die Behauptung, dass (...) Pseudomumien hergestellt worden seien.»[14] Tatsächlich machen Pseudomumien bis zu 25% der Mumien in Tierfriedhöfen aus, und es kann kein berechtigter Zweifel daran bestehen, dass Falken, Ibisse, Katzen und andere heilige Tiere aufgezogen und ganz jung getötet wurden, um die begehrten Mumien herzustellen, die von Privaten gekauft und als Votivgaben gestiftet oder zu privaten magischen Zwecken gebraucht wurden.[15]

Das alte Ägypten war sich bewusst, dass der Leib, den die Gottheiten auf Erden bewohnten, nicht ihre eigentliche Gestalt war. Diese blieb den Menschen verborgen. Es waren künstliche oder eben natürliche Gebilde, wie Tiere, die bestimmte Eigenheiten der Gottheit sichtbar machten, wobei die gleiche Gottheit sehr verschiedenen Gebilden einwohnen konnte. Eindrückliche Tiere wie Stier und Kuh oder Löwe und Löwin bzw. Teile von ihnen, dienten verschiedensten Gottheiten als Erscheinungsgestalt. So repräsentierte z.B. die Löwin oder konnten Teile von ihr die Aggressivität Bastets, Sachmets, Muts und anderer Göttinnen repräsentieren. Die Gestalt des Falken konnte Horus, Month oder Isis darstellen.[16]

Diese Erscheinungen lieferten nur Körper, aber selbst da, wo die Ägypter versuchten, die Begegnung mit der wirklichen Gestalt der Gottheit zu schildern, konnten sie diese Beschränkung nicht überwinden. In der «Geschichte vom Schiffbrüchigen»[17] aus dem 19./18.Jh. v. Chr. strandet ein Ägypter auf einer Insel, die von einem Gott in Gestalt einer Schlange bewohnt wird. Er erscheint, nachdem der Schiffbrüchige ein Opfer dargebracht hat. Sein Erscheinen ist von einem donnernden Lärm begleitet. Die Erde bebt, Bäume zersplittern. Die Schlange, in der der Gott erscheint, ist 16 m lang. Sie hat einen Götterbart aus Lapislazuli, der 1 m lang ist, die Augenbrauen des Gottes sind aus Lapislazuli und sein Leib ist mit Gold belegt. Er spricht. Obwohl der Gott in einer von wunderbaren Phänomenen begleiteten Weise, in einer Theophanie[18] und das heisst doch wohl in seiner eigentlichen Gestalt erscheint, wird er als Schlange, als lebendige Schlange geschildert, die aber Eigenheiten einer Kultstatue aufweist. Auch dieser Versuch, die Gottheit in ihrer wahren Gestalt zu schildern, kommt nicht über eine Kombination von Naturphänomenen (Schlange) und kultischer Inszenierung der Gottheit (Gold, Lapislazuli) hinaus. Im ganzen Alten Orient galten der tiefblaue Lapislazuli und das Gold mit der Farbe der Gestirne als himmlische Materialien, die in ganz besonderer Weise geeignet waren, den Leib der Gottheiten zu bilden.[19]

Besonders typisch für Ägypten, aber keineswegs ausschliesslich in Ägypten zu finden waren Gestalten, die einen Tierkopf mit einem Menschenleib oder einen Menschenleib mit einem Tierkopf kombinierten. Man hat vermutet, dass die Kombination Mensch mit Tierkopf auf Kulte zurückgehe, in denen Menschen Tiermasken trugen. Tatsächlich haben wir Belege für Priester, die bei Bestattungsritualen Schakalsmasken trugen. Das Modell einer solchen ist im Pelizäus–Museum in Hildesheim zu sehen.[20] Aber die Belege sind sehr beschränkt, und die andere ebenfalls sehr alte Variante der Kombination von Mensch- und Tierelementen, der Tierleib mit Menschenkopf (Sphinx, Ba-Vogel) lässt sich so nicht erklären. Eher als auf rituelle Praktiken zurückgehen dürfte die Kombination von Mensch und Tier das Befremdliche einer Erfahrung zur Darstellung zu bringen, in der dem Menschen ein ganz Anderes, Unheimliches widerfährt, das ihn im tiefsten seines Menschseins anspricht und packt. Es aktiviert seine latente Angst, überwältigt und vernichtet zu werden, ebenso wie seine Sehnsucht, angenommen und geliebt, grenzenlos fruchtbar und mächtig zu sein. Tiere und Tierelemente sind geeignet, den erfahrenen Schrecken und der erträumten Vitalität, den abgrundtiefen unverstandenen Emotionen Gestalt zu verleihen, und das unverstandene Erschreckende und Faszinierende in unzähligen Gestalten und Varianten abbildbar und begreifbar zu machen.[21] Nicht selten werden zwei oder gar drei Erscheinungsweisen der gleichen Gottheit nebeneinander dargestellt. So ist auf dem Sargfragment Kat. 57 die ägyptische Göttin Hathor als Kuh und menschengestaltig mit Kuhkopf und als Baum zu sehen; auf der Stele Kat. 82 der Löwengott Mahes als Löwe und als löwenköpfiger Mensch.

Gelegentlich kann auch in Vorderasien ein Tier eine Gottheit vertreten, ohne dass die entsprechende Gottheit menschengestaltig anwesend ist. In Exodus 32 wird in einer berühmten Geschichte erzählt, wie beim Wegbleiben Moses die Israeliten den Priester Aaron auffordern, ihnen einen Ersatz für den verschwundenen Mann Gottes zu schaffen. Aaron stellt darauf ein goldnes Stierbild her. Diese Legende erzählte ursprünglich, wie die Geschichte von der «Ehernen Schlange» in Numeri 21, positiv den Ursprung des Stierbildes, das Jerobeam im alten Heiligtum von Bet-El (vgl. Genesis 28) hatte aufstellen lassen.[22] Jerobeam I. war der Begründer des Nordreiches, das die Stämme vereinigte, die sich nach dem Tode Salomos von der Davidsdynastie losgesagt hatten. Jerobeam baute Bet-El aus, um seinen Untertanen einen Ersatz für den Jerusalemer Tempel zu schaffen (1 Könige 12). Ob das vergoldete Bild eines jungen Stiers, polemisch «Goldenes Kalb» genannt, als Trägertier JHWHs oder als Verkörperung JHWHs gedacht war, ist wohl eine Frage, die heutige BibelauslegerInnen stärker beschäftigt als die damaligen BeterInnen. Das Bild war so oder so ein Zeichen. Da es in Bet-El kaum eine hoch gebildete Priesterschaft gab, wie an ägyptischen Tempeln, und schon gar kein Lehramt, wie es die katholische Kirche kennt, das die genaue Art und das Mass der Präsenz festlegte, blieb es dem einzelnen Verehrer bzw. der einzelnen Verehrerin überlassen, diese zu definieren. Sie werden damit kaum viel Zeit verloren haben, denn das Bild war so oder so bloss Medium, mit der unfassbaren Gottheit Kontakt aufnehmen zu können. In der Erzählung vertritt es weniger die Gottheit als den abhanden gekommenen Mann Mose. Wenn ungefähr 200 Jahre nach Etablierung des «Stierkults» von Bet-El der Prophet Hosea polemisiert: «Menschen küssen Jungstiere» (13,2)[23], dann war ihm die Bedeutung, die das Medium bekommen hatte, offenbar zu gross geworden. Er machte sich über die Intensität der Zuwendung lustig, die dem Medium zuteil wird, eine Haltung, die früher oder später zur Bilderzerstörung geführt hat (Hosea 8,5; Genesis 32,20). Wahrscheinlich ist in diesem Fall das Bild von den Assyrern ca. 720 weggeführt worden (Hosea 10,5f), denn bei der Zerstörung von Bet-El durch Joschija um 620 v. Chr. wird es nicht erwähnt (vgl. 2 Könige 23,15-20).

Die Vergegenwärtigung der Gottheit durch einen Stier in Bet-El (Kat. 73) und eine Schlange in Jerusalem (vgl. Kat. 61-62) sind im 8. Jahrhundert zu Ende gekommen. Was noch am ehesten tradiert wird, sind Vogelvergleiche. Wie ein Geier[24] über sein Nest so wacht Gott über sein Volk, er breitet seine Flügel aus und trägt es darauf (Deuteronomium 32,11; vgl. Genesis 19,4). Im Neuen Testament vergleicht sich Jesus mit einer Vogelmutter, die ihre Kücken unter den Flügeln bergen will (Matthäus 23,37||Lukas 13,34). Von der Taubengestalt des Heiligen Geistes war schon die Rede. Wie der Ausdruck «Vögel des Himmels» sagt, gehören Vögel zur Sphäre, die dem Gott der Bibel besonders nahesteht. In persischer und hellenistischer Zeit wird der Gott Israels nicht nur als «Herr des Himmels» bzw. «Gott des Himmels», sondern gelegentlich schlicht als «Himmel» bezeichnet.

1 Deuteronomium 4,16-18; Xenophanes Fragm. 21, überliefert bei Clemens von Alexandria, Stromata V 109,3.
2 Zum Tierkult und seiner Wertung vgl. Th. Hopfner, Der Tierkult der alten Ägypter nach den griechisch-römischen Berichten und den wichtigeren Denkmälern (DkAWW. Phil.-hist. Klasse 57/2), Wien 1913; H. Bonnet, RÄR, 812-824, bes. 822-824; S. Morenz, Art. Tierkult: RGG 3. Aufl. VI, 896-899; D. Kessler, Tierkult: LÄ VI, 571-587; D. Kessler, Die heiligen Tiere und der König. Teil I: Beiträge zu Organisation, Kult und Theologie der spätzeitlichen Tierfriedhöfe (ÄAT 16), Wiesbaden 1989. Kessler verbindet die Tierfriedhöfe eng mit dem königlichen Totenkult.
3 Aristeasbrief 138; vgl. auch die Weisheit Salomos 11,15f; 12,23-26.
4 Cicero, De natura deorum I 43, 101; III 39.
5 Aristides, Apologie 12; vgl. weiter F. Zimmermann, Die ägyptische Religion nach der Darstellung der Kirchenschriftsteller und der ägyptischen Denkmäler, Paderborn 1912, 87f.
6 Plutarch, Moralia. De Iside et Osiride 74; vgl. weiter Bonnet (Anm. 2), 823.
7 Clemens von Alexandrien, Protreptikos II 39,4f; vgl. weiter Zimmermann (Anm. 5), 88f.
8 Arnobius, Contra Nationes III 15.
9 Vorläufiger Bericht über die von dem Deutschen Archäologischen Institut und der Deutschen Orientgesellschaft unternommenen Ausgrabungen in Uruk-Warka 21 (1965) Taf. 19; O. Keel, Jahwe-Visionen und Siegelkunst. Eine neue Deutung der Majestätsschilderungen in Jes 6, Ez 1 und 10 und Sach 4 (SBS 84/85), Stuttgart 1977, 152-158; P. Taracha, Göttertiere und Kultfassaden. Ein Beitrag zur Interpretation hethitischer Kultdarstellungen: AF 14/2 (1987) 263-273.
10 GGG 89 Abb. 88a-90a; 131 Abb. 134a, 138a-b.
11 Strabo, Geographica XVII 1.31.
12 D. Kessler, Tiermumien und Tierbestattung: LÄ VI, 579-587.
13 D. Kessler (Anm. 2), 299.
14 D. Kessler (Anm. 12) 581.
15 F. Dunand/R. Lichtenberg, Les momies et la mort en Égypte, Paris 1998, 154f.
16 Vgl. die Abschnitte «Ein Name – viele Gestalten» und «Eine Gestalt – viele Namen» in S. Schoske/D. Wildung, Gott und Götter im Alten Ägypten, Mainz 1992, 5-72.
17 A.M. Blackman, Middle-Egyptian Stories (BA 2), Bruxelles 1972, 43 Z. 56-66; E. Brunner-Traut, Altägyptische Märchen. Mythen und andere volkstümliche Erzählungen, München, 9. Aufl. 1990, 36.
18 Jörg Jeremias, Theophanie. Die Geschichte einer alttestamentlichen Gattung (WMANT 10), Neukirchen-Vluyn, 2. Aufl., 1977, 73-90.
19 Keel (Anm. 9), 255-260; A. Berlejung, Die Theologie der Bilder. Herstellung und Einweihung von Kultbildern in Mesopotamien und die alttestamentliche Bilderpolemik (OBO 162), Freiburg (CH)/Göttingen 1998, 541 Stichwort «Gold»; 543 Stichwort «Lapislazuli».
20 A. Eggebrecht (Hg.), Pelizaeus-Museum Hildesheim. Die ägyptische Sammlung, Mainz 1993, 87 Abb. 84.
21 Vgl. weiter E. Hornung, Der Eine und die Vielen. Ägyptische Gottesvorstellungen, Darmstadt, 2. Aufl. 1973, 101-117; Ders., Komposite Gottheiten in der ägyptischen Ikonographie: Ch. Uehlinger (ed.), Images as Media. Sources for the Cultural History of the Near East and the Eastern Mediterranean (Ist millennium BCE) (OBO 175), Freiburg (CH)/Göttingen 2000, 1-20.
22 K. Koenen, Eherne Schlange und goldenes Kalb. Ein Vergleich der Überlieferungen: ZAW 111 (1999) 353-372.
23 Der Satz wird, um die Polemik zu unterstreichen gern mit «Menschen küssen Kälber» übersetzt, was zusätzlich eine schöne Alliteration ergibt.
24 Die alte griechische Übersetzung wie dann auch die modernen Übersetzungen schalten den altehrwürdigen Vogel der Göttinnen aus und ersetzen ihn, wie gesagt, durch den Adler.

73 Kultbild in Stiergestalt
Bronze
L. 17,2 cm, H. 12,4 cm, B. max. 4,4 cm (Vorderhufe)
Dhahrat et-Tawileh östlich von Qabatiya im Bergland nördlich von Samaria, Palästina/Israel
Späte Bronzezeit II (1400-1150 v. Chr.), noch in der Eisenzeit I (12./11. Jh. v. Chr.) in Gebrauch
Original: Israel Museum, Jerusalem
Replik: VF Rep 8
Geschenk des Israel Museums, Jerusalem

Die im Wachsausschmelzverfahren hergestellte Bronzefigurine zeigt eindeutig ein Buckelrind (*Bos indicus*), wie es noch um 700 v. Chr. auf einem assyrischen Relief zu sehen ist, das die Zwangsemigration von Judäern darstellt. Der Körper des Rindes ist unrealistisch flach, fast brettartig geformt, davon abgesehen sind die anatomischen Details gut getroffen: Die Kruppe, um die der kleine Schwanz gelegt ist, wirkt ebenso kantig wie der Buckel; beide gehen direkt in die feinen Beine über, die sorgfältig geformt sind und in gespaltenen Hufen enden. An der Verbindung von Beinen und Buckel bzw. Kruppe zeigt sich am deutlichsten, dass das Modell zunächst in Ton oder Wachs gebildet worden ist. Der relativ leichte Kopf ist mit der breiten Stirn, den kleinen, seitlich abstehenden Ohren und den symmetrisch gebogenen Hörnern gut proportioniert; die runden Augenhöhlen dürften ursprünglich eine weisse Einlage enthalten haben. Mund und Nüstern sind durch eine Linie und zwei kleine Löchlein ebenso leicht markiert wie der Anus. Diskret sind die Hoden zwischen den Hinterbeinen und der Penis am Bauch angedeutet; es handelt sich also um einen Stier, wobei die Proportionen des Tieres eher an einen Jungstier (hebräisch ʿegæl) als an einen alten Bullen (hebräisch *schor* oder *abbir*) denken lassen. Die Hinterbeine stehen ungefähr parallel, die Vorderbeine sind fest nach vorne gestemmt: Das Tier ist in einer Haltung der Aufmerksamkeit dargestellt und vermittelt einen Eindruck, der zwischen würdiger Ruhe und jugendlich-vitalem Übermut osziliert. Die Bronzefigurine wurde 1978 zufällig auf der Oberfläche eines in der Gegend des alten Dotan gelegenen Hügelrückens gefunden; seither wird der Ort kurzerhand ‹Bull site› genannt. Ein kurzer Survey im selben Jahr und Ausgrabungen 1981 legten eine fast runde, mit einer Steinmauer umgebene Anlage von 21-23 m Durchmesser frei, die als regionales Freilichtheiligtum interpretiert wird. Darin fand sich u.a. ein grosser aufgerichteter Stein, eine sogenannte Massebe, mit einem gepflasterten Fussboden davor. Die Massebe dürfte den hier verehrten Gott repräsentieren (El, JHWH – vgl. Gen 28 35,20 u. ö. – oder Baal?).

Die Figurine von Dhahrat et-Tawileh ist die grösste je in der Levante gefundene Stierbronze. Sehr wahrscheinlich handelt es sich um ein Kultbild; wie sich dieses zur Massebe verhielt, ob es denselben oder einen anderen Gott repräsentierte, wissen wir nicht. Umstritten ist die Datierung der Bronze: Die bei den Ausgrabungen gesammelte Keramik zeigt, dass das Freilichtheiligtum im 11. Jh. in Betrieb war. Dass die Stierbronze in jener staatenlosen, relativ ärmlichen Übergangszeit hergestellt worden sein soll, ist aber unwahrscheinlich. Die meisten Parallelen stammen aus der Spätbronzezeit II (1400-1150 v. Chr.). Sie sind zwar alle viel kleiner, haben aber mehrheitlich und im Unterschied zu älteren Figurinen mit unserem Stück den charakteristischen Buckel gemeinsam. Es ist gut denkbar, dass das Kultbild während der Spätbronzezeit in einem Tempel der Region (z. B. im nahegelegenen Sichem) verwendet, bei dessen Zerstörung im 12. Jh. gerettet und in der anschliessenden Übergangszeit im Rahmen eines Stammeskultes von ‹manassitischen› Sippen weiter gehütet wurde.

Im Bild eines Jungstiers haben die Israeliten die Macht ihres Gottes noch bis ins 8. Jh. v. Chr. verehrt. König Jerobeam I. (925-906 v. Chr.) soll im Tempel von Bet-El (an der Südgrenze Israels, nördlich von Jerusalem) und in Dan (an der Nordgrenze Israels) je ein Stierbild errichtet und mit den Worten vorgestellt haben: «Hier sind deine Götter, Israel, die dich aus Ägypten geführt haben» (1 Könige 12,28). 1998 hat man in Dan eine Bronzeplakette aus dem ausgehenden 9. oder 8. Jh. v. Chr. gefunden, die in unbeholfener Ritzzeichnung einen auf einem Stier stehenden Gott und davor einen Verehrer darstellt (Abb. 73a). Die Wertschätzung des Jungstiers als Symboltier des Wettergottes (JHWH,

Abb. 73a

Baal, Hadad) dürfte in erster Linie mit seiner Kampfkraft und Vitalität zusammenhängen. Erst im 8. Jh. v. Chr. hat der Prophet Hosea diesen Kult mit dem Vorwurf «Menschen küssen Kälber» (Hosea 13,2) bekämpft und eine strikte Unterscheidung von J$_{HWH}$ und Baal gefordert. In der Erzählung vom Goldenen Kalb (eigentlich: Jungstier) von Exodus 32 hat die Ablehnung des Stierkult emblematischen Ausdruck gefunden. In Vergleichen blieb die Stiergestalt aber erhalten: «Gott hat sie aus Ägypten geführt. Er hat Hörner wie ein Wildstier» (Numeri 23,22, vgl. 24,8). CU

Lit.: A. Mazar, BASOR 247 (1982) 27-42. – Parallelen: P.R.S. Moorey, Levant 3 (1971) 90-91. – Diskussion (Auswahl): W. Zwickel, BN 24 (1984) 24-29; R. Wenning/E. Zenger, ZDPV 102 (1986) 75-86; S. Schroer, In Israel gab es Bilder. Nachrichten von darstellender Kunst im Alten Testament (OBO 74), Freiburg (CH)/Göttingen 1987, 81-104; GGG, §§ 69, 252. – Datierung: I. Finkelstein, PEQ 130 (1998) 94-98; A. Mazar, PEQ 131 (1999) 144-148. – Plakette aus Dan: IEJ 49 (1999) 43-54.

74 Stelenfragment mit Stierverehrung
Kalkstein
H. 11 cm, B. 13,8 cm
Ägypten, Saqqara, Serapeum
Spätzeit, 26. Dynastie (Saiten), 664-525 v. Chr.
ÄFig 2001.5
Schenkung Dr. Adolphe Merkle, Murten, CH

Die linke Hälfte des Giebels dieser kleinen Privatstele wird von einem stehenden Stier eingenommen. Eine Sonne liegt zwischen seinen Hörnern, eine weitere Sonnenscheibe mit zwei Uräen schwebt über ihm, sein Name, Apis, steht in wulstigen Hieroglyphen über seinem Rücken. Vor dem Tier befindet sich ein mit Blumen geschmückter Opferständer, davor knien zwei betende Männer, deren Namen, Pahemnetjer und Anchouahjbre, über ihnen fein eingeritzt sind. Der Name Anchouahjbre basiert auf dem Thronnamen Psammetichs I., des zweiten Königs der Saitendynastie, und liefert somit einen willkommenen Datierungshinweis. Unter dem Giebelfeld sind in sechs Spalten die Namen weiterer Mitglieder dieser Priesterfamilie festgehalten.

Der Apis-Stier, der schon in den ältesten Schriftquellen des frühen dritten Jahrtausends erwähnt wird, gewann ab dem Neuen Reich und ganz besonders in der Spätzeit zusehends an Bedeutung. Ein schwarzer, mit spezifischen helleren Flecken versehener Stier wurde in einem Heiligtum unmittelbar neben dem Ptahtempel von Memphis gehalten, wo auch seine Mutter eine eigene Stallung hatte. Das auserwählte Tier wurde inthronisiert, zu seinen Lebzeiten als Erscheinungsform des Gottes Ptah verehrt und bei feierlichen Prozessionen als Fruchtbarkeit spendender Gott durch die Stadt und über die Felder geführt. Nach seinem Tod wurde der Apis aufwendig mumifiziert und in einem riesigen Steinsarg in einer eigenen Nekropole, dem sogenannten Serapeum, beigesetzt. Beim Kult des verstorbenen Apis knüpfen auch seine Verbindungen zum Totengott Osiris an: Der heilige Stier wird zum Erscheinungsbild des verstorbenen Osiris. Nach dem Tod eines Apisstieres wurde, wenn nötig im ganzen Land, nach einem geeigneten, die richtigen Merkmale aufweisenden Nachfolger gesucht. Wie immer wenn in Ägypten Tiere verehrt wurden, so war auch der jeweilige Apisstier Träger göttlichen Wesens, der auf Erden sichtbare Aspekt der beiden Gottheiten Ptah und Osiris.

Priester, die an der Beerdigung eines heiligen Stieres oder dessen Totenkult beteiligt waren, stifteten oft eine Votivstele, die sie am Eingang der Grabgruft aufrichten liessen und auf der sie sich von Apis Schutz und langes Leben erflehten. Die Ausgrabungen des Serapeums lieferten viele Hundert solcher Stelen aus dem Zeitraum des gesamten ersten Jahrtausends v.Chr. SB

Lit.: Drouot-Montaigne, Archéologie, 22-23 Avril 2001, Paris 2001, 200, Lot 869. – Parallelen: F. Dunand/R. Lichtenberg, Les momies et la mort en Egypte, Paris 1998, 145-150. – Zu Apisstelen: Jean Vercoutter, Textes biographiques du Sérapéum de Memphis. Contribution à l'étude des stèles votives du Sérapéum (BEHE, IVe section, 316), Paris 1962.

75 Fragment einer Sargfussplatte mit rennendem Stier
(Abb. Seite 80)
Holz, stuckiert und polychrom bemalt (weisse, schwarze, rote u. blaue Farbe, z. T. abgeblättert)
L. 25 cm, B. 19 cm, T. 1,3 cm
Ägypten
Dritte Zwischenzeit, 22. Dynastie (Bubastiden), 945-713 v. Chr.
ÄFig 1997.2
Aus der Sammlung Dr. Leo Mildenberg

Das farblich attraktive Fragment war Teil der Fussplatte eines anthropoiden Sarges aus Holz. Das Bild des rennenden Apis-Stieres auf dem ursprünglich weissen und nun (aufgrund einer Oxidation der Oberflächenfirnis) vergilbten Hintergrund wird von einem roten Band gerahmt. Der junge Bulle weist jene für einen Apis-Stier typische schwarzweisse Fellmusterung auf. Mit gekonnter Pinselführung sind Details wie die verzierte Schabracke oder anatomische Eigenheiten des Tieres – der bauschige Schwanzbüschel, die Geschlechtsteile oder das vor Anstrengung weit aufgerissene Maul – aufgezeichnet. Die Hieroglyphen über dessen Rücken benennen den Stier mit Apis (vgl. Kat. 74, 76, 77).

Das Motiv des rennenden Apis-Stieres begegnet auf der Fussplatte anthropoider Holzsärge seit der Dritten Zwischenzeit bis in die ptolemäische Epoche. Diese Darstellung eines laufenden Apis-Stieres, der als eine weitere ikonographische Variante eine Mumie auf seinem Rücken mittragen kann, findet seine Wurzeln in einem seit der Frühzeit gepflegten Ritual. Mit dem Auslauf des Apis-Stieres – wie alle Stiergottheiten galt auch er als Garant der Fruchtbarkeit schlechthin – wird dem Wunsch nach einer guten und somit Leben spendenden Ernte Ausdruck gegeben.
MPG

Lit.: A.S. Walker (ed.), Animals in Ancient Art from the Leo Mildenberg Collection. Part III, Mainz 1996, 179, no. III, 283. – Parallelen: M. Page Gasser/A. Wiese, Ägypten – Augenblicke der Ewigkeit. Unbekannte Schätze aus Schweizer Privatbesitz, Mainz 1997, 250-253, Nr. 165-167 (Lit.).

76 Figur eines schreitenden Apis-Stieres
Bronze, Statue: Vollguss, rechteckiger Sockel: Hohlguss mit grauschwarzen Schlackespuren des Gusskerns
H. (inkl. Sockel) 8,2 cm, B. 3,2 cm
Ägypten
Spätzeit, 26. Dynastie, 664-525 v. Chr.
ÄFig 1989.1
Langzeitleihgabe der Schweizerischen Eidgenossenschaft

Diese Bronzefigur eines Apis-Stieres ist von einer bemerkenswerten Qualität: Der Metallguss ist einwandfrei, das Repertoire der für einen Apis-Stier möglichen Verzierungen und Attribute ist voll ausgeschöpft – lediglich die zu erwartende Inschrift auf der Basis fehlt. Die für einen göttlichen Apis-Stier kennzeichnenden Merkmale wie die Farbe und Zeichnung des Fells sind auch auf der vorliegenden Bronzefigur zu symbolträchtigen Elementen ausgeformt worden. Das Tier trägt auf dem Rücken eine reich dekorierte Schabracke, auf dem Steiss und dem Widerrist je einen geflügelten Skarabäus und um die ausladende Halswamme einen mehrteiligen Halskragen. Auf der breiten Stirn ist ein Dreieck angebracht, dass die Blesse markieren soll (eines der kennzeichnenden Elemente, das für die Auswahl eines Tieres zum göttlichen Apis-Stier berücksichtigt wurde). Zwischen den Hörnern ruht die Sonnenscheibe mit aufgerichteter Uräusschlange.

Aufgrund spezifischer Wesenszüge wurden Tiere – wie u. a. der Stier, der Löwe (vgl. Kat. 78-82) oder der Falke (vgl. Kat. 87-93) – seit frühester Zeit als ein Abbild göttlicher Mächte angesehen. Der in die Frühzeit zurückreichende Apis-Kult gilt als einer der ältesten Stierkulte, der seit je eng mit dem Königsritual verbunden war. Dem lebenden Apis-Stier ist kultische Verehrung im Tempeldistrikt des ihm sehr nahe stehenden Ptah in Memphis, dem Apieion zuteil geworden – dem verstorbenen (äusserst sorgfältig mumifizierten und nunmehr zu einem Osiris gewordenen) Apis in den labyrinthartigen unterirdischen Grüften seiner Nekropole im Wüstenplateau von Sakkara, wobei die unterirdische Anlage aus dem 7./6. Jh. v. Chr. als ‹Serapeum› bezeichnet wird. Von besonderer Bedeutung sind die synkretistischen Verbindungen des Apis mit den Göttern Ptah und Osiris (vgl. Kat. 55), die auf der Eigenschaft des Ptah als Schöpfergottheit und des Osiris als des jenseitigen Spenders der Fruchtbarkeit gründen. Von der grossen Popularität und Beliebtheit des im Verlauf des 1. Jt. v. Chr. zu einem All- und Orakelgott aufgestiegenen Apis wissen bereits klassische Autoren zu berichten. Die Werkstätten solcher qualitätsvollen Figuren befanden sich sehr wahrscheinlich im näheren Umfeld der memphitischen Tempelanlage und des Serapeums. Die zahlreich erhaltenen, als Weihfiguren dienenden Bronzefiguren von Apis-Stieren sind Ausdruck der Bitte des Stifters nach lebensspendender Zeugungskraft.
MPG

Lit.: Page Gasser, Götter, Nr. 7 (Lit.).

77 Mischwesen mit Stierkopf
Bronze, Statue: Vollguss; Sockel: Hohlguss mit grauschwarzen Schlackespuren des Gusskerns
H. 13,5 cm, B. 3 cm
Ägypten
Ptolemäische Epoche, 332-30 v. Chr.
ÄFig 1998.2
Schenkung des Diogenes Verlags zum Gedenken an Friedrich Dürrenmatt

Die intakte mischgestaltige Figur fügt sich aus einem schreitenden, männlichen Körper und einem mächtigen Stierkopf zusammen. Den Übergang vom Tierschädel zum Menschenleib bildet eine dreiteilige Perücke, wobei die seitlich abstehenden Tierohren jeweils dem vorderen Haarteil vorgesetzt sind. Auf den gerundeten, sichelartig geschwungenen Hörnern ruht eine Sonnenscheibe mit vorgesetzter Uräusschlange. Die für einen Stierkopf typischen anatomischen Merkmale sind mit eindrücklicher Sorgfalt wiedergegeben. Der Ansatz der hängenden Halswamme lässt sich unter dem breiten Maul erkennen; die Nüstern sind energisch aufgebläht; die seitlich abstehenden Ohren weisen eine flauschige Innenbehaarung auf; die Stirn wird von einer Reihe von Löckchen geziert. Die ursprünglich eingelegten Augen – die Umrandung und das ‹Weiss› (Silber) des linken Auges sind partiell erhalten. Der nach vorne greifende linke Arm ist angewinkelt. Die Hand des am Körper anliegenden rechten Armes ist zur Faust geballt. In der runden Durchbohrung der geschlossenen linken Hand ruhte ursprünglich wohl ein Szepter oder ein anderes Attribut.

Nebst der vorherrschenden, auch rundplastisch häufig belegten Darstellungsform als schreitender Stier mit einer Sonnenscheibe zwischen den Hörnern (vgl. Kat. 76) kann Apis zuweilen als Mischgestalt mit Männerkörper mit Stierhaupt dargestellt werden. In der Ikonographie von mischgestaltigen Göttern, die den Menschenleib mit einem Tierkopf verschmelzen lässt, findet die für das Verständnis der Gottheit wesentliche Bedeutung des Tieres (vgl. Einleitung zu Kap. V) eine weitere Ausdrucksform. MPG

Lit.: Charles Ede Ltd., Small Sculpture from Ancient Egypt, Egyptian Sculpture XXV, London 1998, Lot 18; Page Gasser, Götter, Nr. 10 (Lit.).

78 Löwensalbschale
(Abb. Seite 82)
Rost- bis dunkelbrauner, gebrannter Steatit (Enstatit), Einlagen aus weissem Muschelkalk
L. 13 cm, B. 7,6 cm, H. 5 cm, Schale 3,5 cm, Innendurchmesser 6,2 cm
Syrien, vielleicht aus dem sogenannten ‹Hort von Rasm et-Tanğara› im syrischen Ghab, nördlich von Apamea (Handel Zürich)
9. Jh. v. Chr.
VF 1999.13
Geschenk einer anonymen Donatorin

Das aus einem einzigen Block gearbeitete Stück besteht funktional-morphologisch aus zwei Teilen, einer runden Schale von etwa 7,2 cm Durchmesser und einer stiftförmigen Röhre von 2,2-2,3 cm Durchmesser, durch die ein 0,7-0,8 cm dickes, 6,5 cm langes Bohrloch führt. Die Verbindung zwischen Röhre und Schale wird durch den Vorderkörper eines Löwen hergestellt, der mit seinen Pranken die Schale hält. Seine mächtige Mähne wird durch schraffierte Rechtecke und Rhomben gebildet und fällt schwer bis auf die Pranken. Die kantige Schraffur, die Feinzeichnung der Schnauze und die tiefen, grossen Augenhöhlen verleihen dem Tier einen grimmigen Ausdruck. Parallelen, v. a. ein recht nahestehendes Vergleichsstück aus Hasanlu beim Urmia-See in Westiran (Abb. 78a, Rekonstruktionszeichnung), zeigen, dass die fünf von der Schnauze nach unten weisenden Spitzen für die Reisszähne stehen, der

Löwe sein Maul also weit geöffnet hat. Der Ausguss der Röhre liegt ungefähr auf Kehlenhöhe; die Flüssigkeit, die durch die Röhre fließen konnte, ergoss sich also durch den Löwenrachen in die Schale.

Zu beiden Seiten der Schale sind zwei kleinere Löwen mit ähnlich stilisierten Köpfen, aber nur je vier Reisszähnen, angebracht. Im Auge des einen hat sich als sehr seltene Besonderheit die ursprünglich bei allen vorhandene weisse Einlage aus Muschelkalk erhalten, die mit Bitumen in der Höhlung befestigt wurde. Das Bohrloch in der Einlage dürfte wiederum mit einem bunten Stein gefüllt worden sein, um die Pupille zu markieren; bei einem der ganz seltenen Exemplare, die auch diese Einlage bewahrt haben (einem 1935 erworbenen Stück im Louvre), ist sie aus Karneol. Betrachtet man die Schale von unten, zeigt sich, dass die beiden kleineren Löwen symmetrisch und fast ‹tanzend› dargestellt sind: zwei ihrer Hinterläufe berühren einander, die zwei andern sind weit nach vorne gehoben, als ob die Tiere an den Schalenrand klettern würden. Dies erweckt nun den Eindruck, als wollten die Tiere die Flüssigkeit in der Schale trinken.

Wie sind diese Salbschalen verwendet worden? An der Röhre konnte ein Lederbeutel befestigt werden. Dieser enthielt aromatisches Öl, das nach Bedarf durch die Röhre in die Schale geleitet werden konnte. Die Rille am Schalenrand sollte wohl verhindern, dass bei ungeschickter Handhabung kostbares Öl ungenutzt verloren ging. Die Löwen evozieren Wildheit und Kraft, die man mit dem Würzöl assoziiert haben dürfte. Solche Salbschalen sind im alten Orient in verschiedenen Varianten und mit unterschiedlichem Dekor (Kreuz, Hand, stilisierter Palmettbaum, Löwe oder Löwen, seltener Stier oder Nackte Göttin, Vögel und Kombinationen dieser Motive) seit dem 10./9. Jh. bezeugt. Baum und Löwe(n) können einerseits mit Ischtar und anderen Göttinnen, die für Erotik, Schönheit und Kosmetik zuständig waren, verbunden werden, weisen andererseits aber auch in die Sphäre höfischer Beamtensymbolik. Es empfiehlt sich deshalb nicht, die Funktion der Salbschalen einseitig auf kultische Rituale zu beschränken. Eher handelt es sich um ausgesprochene Luxusartikel für den täglichen Gebrauch, wie sie sich nur die obere Beamtenelite und ihre Frauen leisten konnten. Das Zentrum der Produktion scheint im nordsyrischen Raum gelegen zu haben, der im frühen 1. Jahrtausend v. Chr. von luwisch-späthethitischen Fürstentümern beherrscht wurde.

In Palästina sind derartige Salbschalen bisher v. a. im Norden des Landes ge-

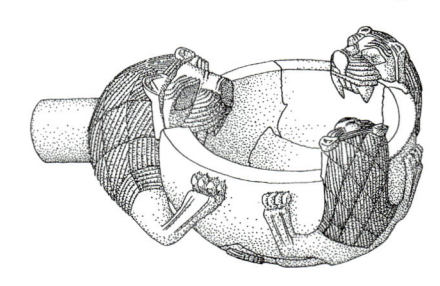

Abb. 78a

funden worden: in den Grenzregionen Israels zu Aram (Hazor, En Gev, Kinneret) und Phönizien (Evron in der Ebene von Akko) und in der dazwischen vermittelnden Jesreelebene (Megiddo). Ein Exemplar stammt vom Tel Zeror in der nördlichen Küstenebene, zwei aus Juda (Bet Schemesch und Tell Beit Mirsim). Meistens handelt es sich um Kreuz- oder Handschalen. Nur auf dem Exemplar aus Kinneret, das in die 2. Hälfte des 8. Jh. v. Chr. datiert werden kann, findet sich eine Kombination von Löwen- und Handdekor. Die besten Parallelen zu unserem Stück sind in Hasanlu und im nordsyrischen Sandiliye gefunden worden. Eine grosse Gruppe von Objekten, darunter Dutzende von Salbschalen, kam Ende 1960 über Beirut in den Antiquitätenhandel; als angebliche Herkunft wird Rasm et-Tangara im syrischen Ghab genannt, einem nördlich von Apameia gelegenen früheren Sumpfgebiet, das Ende der 50er Jahre trockengelegt worden war. Ein eisenzeitlicher Friedhof, auf den pflügende Bauern zufällig gestossen waren, war zuerst geplündert und dann der syrischen Antikenverwaltung gemeldet worden, die darauf eine kleine Nachgrabung durchführte. Unser Stück findet in der illegal ausgegrabenen Gruppe einige Parallelen, könnte selbst einmal zu der Gruppe gehört haben und dürfte jedenfalls in derselben Werkstatt produziert worden sein wie jene. Wenn die Herkunft stimmt und es sich wirklich um eine zusammengehörige Gruppe handelt, hätte diese Werkstatt zum mächtigen luwisch-aramäischen Königreich von Hamat gehört. CU

Lit.: Unveröffentlicht. – Vergleiche: Hans Walter, MDAI.A 74 (1959) 69-74, bes. Beilagen 120,1 (ex-Slg. Kofler-Truniger, Luzern, K410A, ex-Slg. Eustache de Lorey aus dem Beiruter Handel) und 122,1 (Sandiliye); O. White Muscarella, Archaeology 18 (1965) 41-46; H. Athanassiou, Rasm et-Tanjara: a recently discovered Syrian tell in the Ghab. Part I: Inventory of the chance finds (unpubl. PhD diss. University of Missouri-Columbia), 1977, 157-159, Nr. 65-67 (Typ B5), Pl. 133-140 (Pl. 133-136 das genannte Stück aus der ehemaligen Slg. Kofler-Truniger). – Diskussion: St. Mazzoni, in: Aldo Zanardo et al., Stato, economia, lavoro nel Vicino Oriente antico, Milano 1988, 307-308 (zur Frage einer Steatitindustrie in Rasm et-Tangara; freundlicher Hinweis von G. Lehmann, Beerscheba).

79 Stempelsiegel mit brüllendem Löwen
Skaraboid, gebänderter Achat
B. 1,85 cm, H. 1,35 cm, D. 0,75 cm
Südsyrien oder Palästina
Eisenzeit IIB, 8. Jh. v. Chr.
VS 1981.58, ehemals Sammlung R. Schmidt
Schenkung Erica Peters-Schmidt, Kilchberg, CH

Das Stempelsiegel hat die Form eines ovalen sogenannten Skaraboiden mit sanft gewölbtem Rücken und leicht schrägen, nicht ganz rechtwinklig zur Basis stehenden Seiten. Am oberen und unteren Rand sind Reste einer Randleiste erkennbar. Die Basisdarstellung zeigt in horizontaler Anordnung im Zentrum einen nach rechts schreitenden Löwen auf einer Standlinie. Vor ihm ist ein Rinderkopf zu sehen, hinter ihm ein nur teilweise erhaltener stehender Vogel. Über dem Rücken des Löwen steht in nordwestsemitischen Buchstaben der Name des einstigen Siegelbesitzers: ʻlh «Ala» oder «Ila».

Abb. 79a

Der brüllende Löwe ist eindeutig die Hauptfigur dieses Siegelbildes: Das weit geöffnete Maul und der erhobene Schwanz geben ihm ein majestätisches Aussehen. Die Stilisierung von Mähne und Bauchhaaren unseres Löwen erinnert frappant an das berühmte, in Megiddo gefundene Siegel eines gewissen Schemaʻ, der unter König Jerobeam II. (786-746 v. Chr.) von Israel als Minister diente (Abb. 79a). Im Gegensatz zu jenem ist der Löwe auf unserem Siegel aber nicht in stämmiger Angriffshaltung, sondern ruhiger schreitend dargestellt.

In der späthethitisch-aramäischen und assyrischen Hofkunst des 10.-7. Jh. waren brüllende Löwen v. a. als Wächter und Beschützer beliebt. Als solche sollen sie den Thron Salomos flankiert haben (1 Könige 10,18-20); in der Metaphorik assyrischer Königsinschriften vergleicht sich der König selber gerne mit einem Löwen. Unser Skaraboid gehört zu einer Gruppe von rund 20 Siegeln mit gleichem oder sehr ähnlichem Motiv und meist aramäischen, hebräischen und wohl auch phönizischen Namensinschriften. Dazu kommt eine Reihe unbeschrifteter Stücke. Auf manchen Siegeln verfolgt der Löwe einen Capriden. Die Parallelen erlauben es auch, den Vogel auf unserem Stück als Falken zu identifizieren (vgl. Kat. 87ff); ein solcher erscheint über dem Rücken eines brüllenden Löwen z. B. auf dem aramäisch beschrifteten Siegel eines gewissen Nuri, vor dem Löwen auch auf ammonitischen Siegeln.

«Der Löwe brüllt – wer fürchtet sich nicht? Gott der Herr spricht – wer wird da nicht zum Propheten?» (Amos 3,8; vgl. Hosea 5,14; 13,7). Man hat in Israel Gott zwar nicht in Gestalt eines Löwen verehrt, ihn aber mit einem Löwen verglichen. Der Satz «JHWH brüllt vom Zion her» (Amos 1,2; vgl. Jeremia 25,30; Joel 4,16) ist wohl auch vor diesem Hintergrund zu verstehen. CU

Lit.: A. Lemaire, Semitica 29 (1979) 67-69 mit Pl. 2,1; ders., Semitica 39 (1990), 13-22, hier 14 Nr. 8; Keel-Leu, Stempelsiegel, 107 Nr. 127 (Lit.); Nahman Avigad & Benjamin Sass, Corpus of West Semitic Stamp Seals, Jerusalem 1997, Nr. 442 (für Parallelen vgl. ebd. Nr. 2, 100, 391, 770 [echt?], 829, 843, 851, 888, 964, 1104, 1111 [echt?], 1129, 1135, 1141, 1156, 1160, 1169, 1191 [echt?]). – Diskussion: B. Sass, in: ders. & Christoph Uehlinger (Hg.), Studies in the Iconography of Northwest Semitic Inscribed Seals (OBO 125), Freiburg CH/Göttingen 1993, 194-256, bes. 221-223.

80 Relief mit löwenköpfiger Göttin
(Abb. Seite 83)
Kalkstein
H. 32 cm, B. 19 cm
Ägypten, Herkunft unbekannt, vielleicht Theben
Neues Reich, 19. Dynastie, Ramses II. (1279-1213 v. Chr.)
ÄFig 1998.4, ehemals Sammlung R. Bay
Erworben mit Mitteln des Bundesamtes für Kultur, Bern

Mehrere Göttinnen konnten in Gestalt einer Löwin abgebildet werden; die bekannteste unter ihnen ist Sachmet, «die Mächtigste». Oft wurden diese Göttinnen nicht ganz in Löwengestalt, sondern, wie auf dem vorliegenden Bildhauerlehrstück, als Frau mit Löwinnenkopf dargestellt. Über den weiblichen, von einem Perlenkragen bedeckten Schultern stecken der Tierkopf und das Löwenohr in einer grossen Strähnenperücke, deren Ansatz von einem Kranz Mähnenhaare bedeckt ist. Die Löwengestalt ist

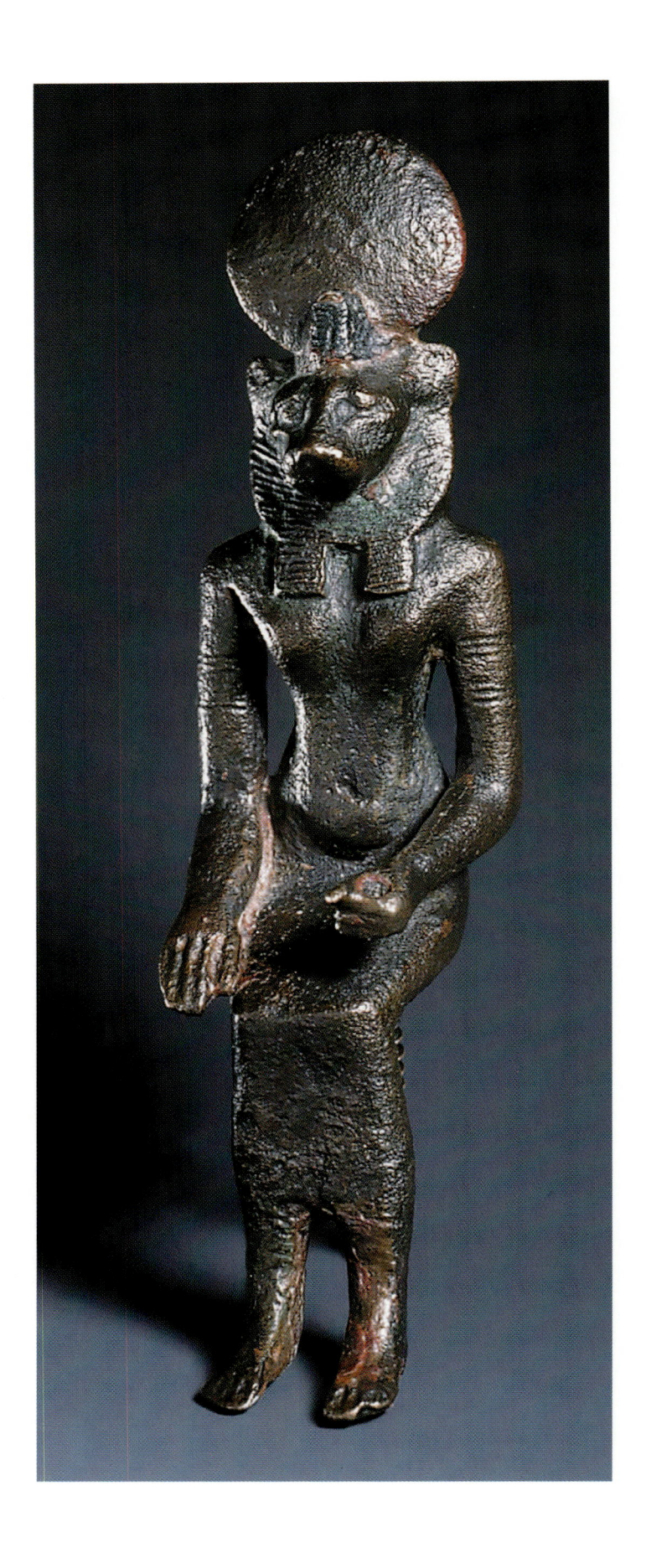

Ausdruck besonderer Kraft und verleiht den entsprechenden Göttinnen die Rolle überaus effizienter Schutzherrinnen. Im Falle der Sachmet gewinnt diese Macht aber auch eine gewisse Ambivalenz, ist sie doch gleichzeitig Verursacherin und Heilerin von Krankheit. SB

Lit.: H. Schlögl (Hg.), Geschenk des Nils, Ägyptische Kunstwerke aus Schweizer Besitz, Basel 1978, 69. Christie's, Antiquities, 23. September 1998, London 1998, 50f, Lot 88.

81 Thronende, löwenköpfige Göttin
(Abb. Seite 84)
Bronze, Vollguss mit partiell stark gereinigter Metallepidermis
H. 12,6 cm, B. 3,1 cm
Ägypten
Ptolemäische Epoche, 332-30 v. Chr.
ÄFig 2000.4, ehemals Sammlung Liechti

Die Mischfigur mit Löwenkopf ist thronend dargestellt. Der Übergang zwischen Tierkopf und Frauenkörper wird mittels einer dreiteiligen Perücke, deren beide vorderen Haarteile partiell von der Löwenmähne bedeckt werden, geschickt kaschiert. Ein wadenlanges, enganliegendes, die Arme frei lassendes Gewand betont die weiblichen Konturen. Die kräftigen, langen Arme sind angewinkelt und liegen dem Körper an, wobei die rechte Hand mit ausgestreckten Fingern flach neben und die zur Faust geballte, ursprünglich wohl ein Emblem umfassende linke Hand über den Oberschenkeln ruhen. Im Gegensatz zum Oberkörper entbehrt sowohl die Beinpartie als auch die gesamte Rückenpartie jeglicher Plastizität. Einzig die beiden Oberarme werden von zierenden Elementen (mehrreihige Bänder) geschmückt. Der Kopfputz, bestehend aus einer Sonnenscheibe mit vorgeblendeter (jedoch unvollständig ausgegossener) Uräusschlange, bildet zusammen mit der Figur eine Gusseinheit.

Seit dem Alten Reich bis in die Spätzeit figurieren eine Vielzahl von löwen-gestaltigen – vorwiegend weiblichen – Gottheiten im ägyptischen Pantheon. Göttinnen wie u. a. Sachmet, Bastet, Tefnut oder Wadjet treten in reiner Löwengestalt oder als mischgestaltige Feliden mit Frauenkörper und Löwenhaupt auf (Bastet seit der Dritten Zwischenzeit auch mit einem Katzenkopf), das von einer – im Grunde lediglich für das männliche Tier kennzeichnenden – Mähne gerahmt ist. Allen Löwengöttinnen voran sind es Sachmet von Memphis und Bastet von Bubastis, die zusehends in den Vordergrund rücken und die charakteristischen Züge eines Feliden in sich vereinen: Sachmet, «die Mächtige», verkörpert dessen gefährliche und wilde, Bastet dessen besänftigende und angenehme Eigenschaften.
MPG

Lit.: Small Sculpture from Ancient Egypt, Charles Ede Ltd., London 1999, no. 21. Page Gasser, Götter, Nr. 10 (Lit.).

82 Relief mit Löwenverehrungsszene
Kalkstein
H. 41 cm, B. 29 cm
Ägypten, Tell el-Moqdam, Leontopolis
Ptolemäische Zeit, 3.-1. Jh. v. Chr.
ÄFig 1999.6
Erworben mit Mitteln des Departements für Biblische Studien

Ein Löwe wurde in griechisch-römischer Zeit im Tempelbezirk der Stadt Leontopolis im östlichen Delta als Erscheinungsbild des Gottes Mahes verehrt. Mahes war eine Form des sich jede Nacht in Vereinung mit Osiris verjüngenden Sonnengottes. Die Stele zeigt einen König der Ptolemäerzeit, dessen Kartuschen, wie in jener Epoche häufig, leer sind. Er huldigt einem schreitenden Löwen, der auf einer schematischen Darstellung einer Tempelfassade erscheint, eine Sonnenscheibe mit Uräus über dem Haupt. Die hieroglyphische Inschrift über ihm bezeichnet ihn ausdrücklich als lebendiges Tier. Dahinter ist der gleiche Gott noch einmal zu sehen, diesmal menschengestaltig mit Löwenkopf. Nach seinem Tode wurde der Mahes-Löwe mumifiziert, bestattet und von da an als «Osiris, der Löwe» verehrt, während ein neues lebendes Tier die solaren Aspekte des Gottes verkörperte. Nur ein gutes Dutzend Löwen-stelen sind zur Zeit bekannt. Im Gegensatz zu den Apisstelen (Nr. 74), wo mehrheitlich Privatleute das heilige Tier verehren, erscheint bei den Löwenstelen immer der König, der entweder wie hier den Löwen verehrt, oder ihm eine Landschenk-ung darbringt. Einige dieser Stelen enthalten nebst hieroglyphischen Beischriften zur Szene auch kurze demotische oder griechische Texte. Auch auf dem vorliegenden Stück sind Spuren griechischer, fein eingravierter Buchstaben ersichtlich, die jedoch vermutlich von einer sekundären Verwendung, vielleicht als Grabstein, herrühren. SB

Lit.: Royal Athena Galleries, Art of the Ancient World, Vol. 10, Beverly Hills/London 1999, 46, Lot 189. – Parallelen: W. Spiegelberg, Ein Denkstein aus Leontopolis, RecTrav 36, 1914, 174-176; H. Kaiser, Die ägyptischen Altertümer im Roemer-Pelizaeus-Museum in Hildesheim, Hildesheim 1973, 130. – Zu Löwenstelen: J. Yoyotte, BIFAO 52, 1953, 179-192; id., Annales EPHE, 5ᵉ section, XCVI, 1987-1988, 156-161; id., Annales EPHE XCVII, 1988-1989, 155; É. Bernand, Dialogues d'histoire ancienne 16/1, 1990, 63-94.

83 Relief mit Standartenträgern
Kalkstein
L. 33 cm, B. 23 cm
Ägypten
Spätzeit, 6.-1. Jh. v. Chr.
ÄFig 1999.18, aus einer australischen Privatsammlung, in die das Stück 1918 gelangte
Erworben mit Mitteln aus der Postkartenaktion ‹Projekt BIBEL+ORIENT Museum› 2000

Neben lebenden Exemplaren bestimmter Tiergattungen spielten in den ägyptischen Tempeln auch Tierstandarten eine Rolle. Abbilder von Tieren, die Gottheiten repräsentierten, konnten so bei Festumzügen mitgeführt werden.
Das Relieffragment zeigt zwei Priester bei einer Prozession, der einzigen Gelegenheit, bei der das Volk die Symbole der Gottheiten zu sehen bekam. Der hintere trägt das Bild eines Stiers, der Erscheinungsform verschiedener Götter sein konnte (Kat. 74, 76), der vordere das eines Ibis (Kopf weggebrochen), der dem Gott Thot, dem Götterboten und Patron des Schreibens und der Wissenschaft, heilig war (Kat. 84-86).

Prozessionen konnten bei sehr verschiedenen Gelegenheiten durchgeführt werden. Zum einen gehörten sie zu den meisten Tempelfesten, bei denen Momente der Mythologie nachvollzogen wurden, zum andern begleiteten sie auch Begräbniszüge von Privatpersonen. In beiden Bereichen spielten die Vorlesepriester eine wichtige Rolle, denn sie trugen nicht nur die Götterbilder, sondern kannten auch den genauen Ablauf der durchzuführenden Rituale. Darstellungen von Priesterumzügen mit Standarten finden sich aus verschiedenen Epochen sowohl in Tempeln als auch in Gräbern. Grösse und Ausführung des vorliegenden Stückes sprechen eher für eine Herkunft aus einem Privatgrab. SB

Lit.: Christie's, New York, Antiquities, 9 December 1999, New York 1999, 18, Lot 227. – Parallele: G. Lefebvre, Le tombeau de Petosiris, Kairo 1924, Taf. 29, 33.

84 Skarabäus mit «Thot, dem Herrn der Hieroglyphen»
Enstatit
L. 4,1 cm, B. 2,9 cm, H. 1,8 cm
Ägypten
Neues Reich, 18. Dynastie, Amenophis III. (1390-1353 v. Chr.)
M. 1117, ehemals Sammlung F.S. Matouk

Der Skarabäus gehört zu einer Gruppe überdurchschnittlich grosser, im Durchschnitt ca. 4 cm langer Skarabäen, die Amenophis III. hat anfertigen lassen, wahrscheinlich als ein Mittel der Festigung und Propaganda seines Königtums. Mehrere hundert Stück dieser Gruppe sind heute bekannt. Der Käfer ist mit allen Details (Kopf, Pronotum, Flügeldecken, Schulterbeulen, sechs Beine) wiedergegeben, allerdings in eher schematischer Weise. Dieser Eindruck wird noch durch starke Bestossungen verstärkt. Auf der Basis ist der Thronname des Königs eingraviert: Neb-Ma'at Re' «Herr der (rechten) Ordnung ist der Sonnengott». Diesem ist auf vielen Skarabäen dieser Gruppe hinzugefügt, das er von einer bestimmten Gottheit Merj «geliebt» ist; in diesem Falle von Thot. Thot ist als schreitender Ibis dargestellt, der auf einer Standarte steht. Ihm ist der Titel beigeschrieben: Neb Medu Netscher «Herr der Gottesworte». «Gottesworte» meint auch die Hieroglyphen, die heiligen Zeichen, mit denen diese geschrieben wurden. Thot, der Götterbote, galt unter anderem als Erfinder und Herr der Schrift und der Schreibstuben. Die Griechen haben ihn mit Hermes, dem Götterboten gleichgesetzt, und als Urheber der hermetischen Literatur verehrt. OK

Lit.: Matouk, Corpus I, 215, Nr. 545; J.-L. Chappaz/S. Poggia, Collections égyptiennes publiques de Suisse (CSEG 3), Genève 1996, 29 oben Mitte. – Parallelen: Die Formel «Geliebt von Thot, dem Herrn der Hieroglyphen» ist singulär; «Geliebt von Thot» findet sich zusammen mit dem Thronnamen Amenoph's' III. bei F. Petrie, Scarabs and Cylinders with Names (PBSAE 29), London 1917, Pl. 33,42 und auf Abdrücken aus dem Palast Amenoph's' III. in Malkata: W.C. Hayes, JNES 10 (1951) 177 Fig. 32 Nr.S 46f, vgl. auch S 71.73.75.

85 Figur eines schreitenden Ibis
Bronze, Vogelleib: Hohlguss; Öffnung der Metallepidermis an der Unterseite der spitzauslaufenden Hinterfedern: 1,2 cm x 1,4 cm; sie gibt Einblick auf den dunkelgrauen Gusskern mit blasiger Oberflächenstruktur; Vogelbeine: Vollguss
H. 13,5 cm, B. 3,9 cm, L. 12,8 cm
Ägypten
Spätzeit, 2. Hälfte 1. Jt. v. Chr.
ÄFig 1998.6, ehemals Sammlung E. Halter-Jenny
Langzeitleihgabe von Christian Herrmann, Gachnang, CH

Plastisch hervorgehoben ist einzig der schön modellierte Vogelschädel mit den deutlich markierten Augen sowie dem langen, leicht gebogenen und realistisch gegliederten Schnabel. Die Kopfpartie und der Vogelleib bilden eine Gusseinheit. Die beiden Beine in Schrittstellung und der Vogelkörper, zwar beide antik, sind mit grösster Wahrscheinlichkeit erst neuzeitlich zusammengefügt worden. Die Federn am Hinterleib, die bereits am Gussmodell ausgearbeitet worden sind, lassen sich nurmehr schwach erkennen. Die Gelenke der Beine und die Krallen an den langen Zehen der Vogelfüsse sind ihrerseits plastisch hervorgehoben.

Der Ibis und der Pavian sind heilige Tiere des Thot, Gott der Weisheit und der Schreibkunst. Die Erscheinungsform in Gestalt eines Ibis kennt zwei kanonische Typen: den hockenden und den schreitenden Ibis. Die häufigste Wiedergabe – abgesehen von der reinen Tiergestalt – zeigt Thot in Mischgestalt mit einem männlichen Menschenkörper und einem Ibiskopf. Der Mondgott Thot stand an der Spitze der acht Urgötter (sog. Achtheit) von Hermopolis magna. Aufgrund seines komplexen Wesens und vielzähligen Verbindungen mit anderen ägyptischen Gottheiten ist Thot nebst dem hermopolitanischen Hauptkultort in zahlreichen religiösen Zentren kultische Verehrung zuteil geworden. In seiner Eigenschaft als Heilgott und Götterbote wurde Thot von den Griechen mit Hermes gleichgesetzt und in Orakeln befragt. Mit der Widmung solcher reichlich erhaltenen Bronzefiguren von Ibissen priesen die Stifter die Weisheit des Thot oder riefen ihn um seine Unterstützung an. MPG

Lit.: Unveröffentlicht. – Parallelen: M. Page Gasser/A. Wiese, Ägypten – Augenblicke der Ewigkeit. Unbekannte Schätze aus Schweizer Privatbesitz, Mainz 1997, 250-253, Nr. 165-167 (Lit.).

86 Skarabäus mit Ibis und Maʿat
Enstatit
L. 1,1 cm, B. 0,8 cm, H. 0,5 cm
Ägypten
Spätzeit, 26. Dynastie (Saiten), 664-525 v. Chr.
M. 3111, ehemals Sammlung F.S. Matouk

Der winzige, sorgfältig geschnittene Käfer, bei dem besonders die sechs Beine deutlich herausgearbeitet sind, ist typisch für die 26. Dynastie, die oft Formen der älteren 18. Dynastie nachahmt. Auf der Basis des Skarabäus ist ein schreitender Ibis eingraviert (vgl. Kat. 85), vor dem eine weibliche Gestalt hockt, die eine Straussenfeder auf dem Kopf trägt. Ihr ägyptischer Name ist Maʿat, ein Begriff, der mit «Gerechtigkeit, Wahrheit, Weltordnung, Recht, Schuldlosigkeit» wiederzugeben ist. Die ägyptische Maʿat entspricht auf weite Strecken der hebräischen Chokmah «Weisheit, Weltordnung, Richtigkeit». Beide werden als junge attraktive Frauen personifiziert. Die ägyptische Kultur sieht die Maʿat eng mit Thot, dem Schreiber und Boten der Götter verbunden (vgl. Kat. 84). Im biblischen Buch Ijob weist Gott auf den Ibis (Thot) als Künder der Nilüberschwemmung hin und demonstriert damit den von Ijob angefochtenen geordneten Charakter der Welt. Die Erde wird nicht nur, z. B. durch die Nilüberschwemmung, bewässert, sondern diese Bewässerung wird auch noch rechtzeitig angekündigt und so als geplante, weise Ordnung sichtbar (Ijob 38,36). OK

Lit.: Matouk, Corpus II, 392 Nr. 989. – Parallelen: Nicht Skarabäen, aber Bronzen kombinieren Ibis und Maʿat, so z. B. E. Brunner-Traut/H. Brunner, Osiris, Kreuz und Halbmond. Die drei Religionen Ägyptens, Mainz, 4. Aufl. 1984, 34, Nr. 20 und 36 (Kestner Museum, Hannover).

87 Mumie eines Wanderfalken
Wanderfalke (Falco p. peregrinus; Skelettbestimmung aufgrund der Röntgenaufnahme von B. Manser Meyer durch Prof. D. Meyer) mumifiziert und eingewickelt in fünf verschiedene Arten von Leinen (Bestimmung durch S. Raemy)
L. 43 cm
Ägypten
Ptolemäische Zeit, 3.-1. Jahrhundert v. Chr.
ÄFig 1999.5
Schenkung H. A. Schlögl

Die kunstvoll gewickelten Leinenbänder verhüllen die Mumie eines Wanderfalken. Das Röntgenbild im Massstab 1:1 lassen den Knochentuberkel in der Nasenöffnung und den Falkenzahn klar erkennen. Der Wanderfalke galt wie andere Falkenarten im alten Ägypten wahrscheinlich dank seiner Kraft und seiner Fähigkeit, sehr schnell zu fliegen, als eine Erscheinung des Himmels- und Königs-Gottes Horus, des «Fernen». Tote Falken wurden in der Spätzeit mumifiziert, und diese Mumien betrachtete man als segenbringend, wie später die Reliquien christlicher Heiliger. Falkenmumien sind – zusammen mit Ibismumien – in den Tierfriedhöfen von Kom Ombo, Theben, Hu, Dendara, Abydos, Tuna el-Gebel und an vielen anderen Orten gefunden worden. Der Grieche Herodot, der im 5. Jh. v. Chr. Ägypten bereiste. sagt: «Wer einen Ibis oder einen Falken tötet, der muss sterben, ob es nun absichtlich oder unabsichtlich geschah» (Historien II, 65). Da der Bedarf an Mumien für das Königsritual aber auch als Votivgaben und zu magischen Zwecken privater Art anscheinend sehr gross war, hat man offensichtlich an Tempeln Falken, Ibisse und andere heilige Tiere gezüchtet, ihnen das Genick gebrochen, sie mumifiziert und häufig für gutes Geld verkauft. OK

Lit.: Unveröffentlicht – Zu einer Greifvogelmumie mit ähnlich zu einem Kasettenmuster geordneten Binden: C. Gaillard/G. Daressy, La faune momifiée de l'antique Égypte (Catalogue général des antiquités égyptiennes du Musée du Caire), Le Caire 1903, Pl. XLV, No. 29.694; vgl. auch Pl. XLVIII, Nos. 29.711 und 29.712.

88 Falsche Falkenmumie
(Abb. Seite 89)
Holz und Schilf in Leinenbänder gewickelt und bemalt
L. 34 cm
Ägypten
Ptolemäische Zeit, 3.-1. Jahrhundert v. Chr.
ÄFig 2000.6
Schenkung H. A. Schlögl

Die Gestaltung der ‹Mumie› mit dem relativ kleinen runden Kopf, dem kurzen Schnabel und dem kurzen Hals sowie die in Malerei hinzugefügten kreisrunden Augen mit den darunter verlaufenden Bartstreifen und die wie eine Halskette angeordneten der Brust aufgemalten schwarzen Punkte legen nahe, dass wir es mit der Mumie eines Falken zu tun haben. Die Binden sind so gewickelt, dass ein Fischgrätenmuster entsteht. Am unteren Ende sind die Binden beschädigt und Schilf- und Holzstücke sichtbar. Sie suggerieren, dass angedeutet. Die Basis zeigt im Zentrum den Königsring (Kartusche) mit dem Namen des Königs. Der Ring gewährt diesem magischen Schutz und bedeutet gleichzeitig die von der Sonne umkreiste Erde, über die der König herrscht. Der dem Ring einbeschriebene Name ist *Men-Ma'at-Re* «Dauerhaft ist die Ordnung des Sonnengottes». Es ist der Thronname Sethos' I. Rechts von ihm steht *Netscher*, links von ihm *Nefer*. *Netscher Nefer* «Vollkommener Gott» bezeichnet den König als auf Erden lebende Gotteskraft. Zusätzlich zum Königsring schützt der symmetrisch verdoppelte Horusfalke, der Himmelsgott par excellence, mit ausgebreiteten Flügeln den Namen. Er steht wie der Name des Königs auf dem Zeichen Gold (Himmel), trägt die ‹Geissel› und auf dem Kopf eine Sonnenscheibe, die von einem Uräus geschützt wird (vgl. Kat. 90). Im Gegensatz zum Uräus, der alle möglichen Grössen schützt, ist der Schutz durch den Falken in der Regel königlichen Grössen vorbehalten. OK

Lit.: Matouk, Corpus I, 216 Nr. 601. – Parallelen: B. Jaeger, Essai de classification et de datation des scarabées Menkhéperrê (OBO.SA 2), Fribourg (CH)/Göttingen 1982, 77 (mit dem Thronnamen Thutmosis III.). – Zum Königsring: J. von Beckerath, Handbuch der ägyptischen Königsnamen (MÄS 49), Mainz, 2. Aufl.1999, 27-29.

90 Sargfragment mit Falke auf Gold-Hieroglyphe
(Abb. Titelseite Umschlag)
Holz, bemalt
L. 21 cm, B. 13 cm
Ägypten, Herkunft unbekannt
1000-800 v. Chr.
ÄFig 1999.16
Erworben mit Mitteln der Gedächtnisstiftung Peter Kaiser, Vaduz (FL)

Der Falke war von jeher eines der wichtigsten Tiere der ägyptischen Göttervorstellungen. Sein sich hoch aufschwingender Flug brachte ihn mit der Sonne und dem Himmel in Verbindung. Früh wurde er mit dem Gott Horus und seinen verschiedenen Kultformen assoziiert, oft als Re-Horachti, einer Erscheinungsform des Sonnengottes. Sein strenges Aussehen strahlt Macht aus, seine Schwingen gewähren Schutz. Als Schutzsymbol erscheint er auch auf diesem Sargfragment, buntbemalt, eine Sonnenscheibe auf dem Kopf. Das Ende seines Beinamens «Herr des Himmels» ist noch zu erkennen. Er steht auf der Hieroglyphe für «Gold», einem Zeichen, das auch göttliche Strahlkraft und den glänzenden Himmel bezeichnen kann. Dem Verstorbenen im Sarg bietet er sowohl Geborgenheit als auch die Bewegungsfreiheit, die ihm den Aufstieg ins himmlische Jenseits und die Vereinigung mit dem Sonnengott gewährleistet. SB

Lit.: Charles Ede Ltd, Small Sculpture from Ancient Egypt. Egyptian Sculpture XXVI, London 1999, Lot 29.

91 Reliefbruchstück mit thronendem Falkenköpfigen
(Abb. Seite 90)
Sandstein und Stuck
L. 27 cm, B. 22, D. 4,3 cm
Ägypten
Neues Reich, 20. Dynastie, Ramses III. (1187-1156 v. Chr.)
ÄFig 2001.1

Der Stuck, mit dem die Oberfläche des Steins überzogen war, ist weitgehend weggebrochen und das grobgearbeitete Relief sichtbar, und auch dieses ist noch teilweise beschädigt. Dennoch ist der für das Neue Reich typische würfelförmige Thron mit dem links unten ausgegrenzten Quadrat und kurzer Rückenlehne deutlich zu erkennen. Auf dem Thron sitzt ein falkenköpfiger Gott. Der Übergang vom Tierkopf zum Menschenleib ist durch eine dreiteilige Perücke ka-

wir es mit einer Pseudomumie zu tun haben. Eine Röntgenaufnahme durch B. Manser Meyer hat den Verdacht bestätigt. OK

Lit.: Unveröffentlicht. – Zu einer vergleichbaren Anordnung der Mumienbinden: F. Dunand/R. Lichtenberg, Les momies et la mort en Égypte, Paris 1998, 156 links oben; zu einer falschen Hundemumie vgl. ebd. 143 rechts unten.

89 Skarabäus mit Falken, die den Königsnamen flankieren
Enstatit
L. 4,4 cm, B. 3,2 cm, D. soweit erhalten 1,5 cm
Ägypten
Neues Reich, 19. Dynastie, Sethos I. (1290-1279 v. Chr.)
M. 1222, ehemals Sammlung F.S. Matouk

Kopf und Rücken des Käfers sind weitgehend weggebrochen. Die sechs Beine sind kräftig herausgearbeitet; ihre Behaarung ist durch vertikale Striche

schiert. Die Rechte über dem Oberschenkel hält das Lebenszeichen (ʿanch), die Linke das Uas-Zepter. Vor den Knien ist der eigentlich hinten herunterhängende Tierschwanz zu sehen. Dieser war ursprünglich ein Canidenschwanz, der den König als «Grossen Jäger» charakterisierte. Spätestens im Neuen Reich wurde er dem Beinamen «Starken Stier» entsprechend zu einem Stierschwanz umgedeutet. Vom König übernahmen ihn vor allem Königsgötter wie Horus.
Wie Hathor (Kat. 57) oder Mahes (Kat. 82) in reiner Kuh- bzw. Löwengestalt oder mischgestaltig erscheinen können, so auch die falkengestaltigen Gottheiten. Der wichtigste Falkengott, ist der Königsgott Horus. Aber auch der eng mit dem Krieg verbundene Month oder der zur Nekropole von Memphis gehörige Sokar erscheinen falkengestaltig oder wenigstens falkenköpfig. Es hat in Ägypten ursprünglich sehr viele, voneinander unabhängige Falkenkulte gegeben, von denen mit der Zeit die meisten in den alles dominierenden Horuskult integriert wurden. Links vom Thronenden sind Reste eines grossen Königsrings zu sehen. Sie erlauben den Geburtsnamen *Raʿ messu* «Ramses» zu rekonstruieren, dem – wie bei Ramses III. üblich – das Epithet *Heqaʾ Junu* «Herrscher von Heliopolis» beigegeben ist. OK

Lit.: Hirsch Nachfolger, Antiken Auktion 213, 14. Februar, München 2001, 33 Lot 771; Taf. XXXI, 771. – Das gleiche Verhältnis von der Grösse der Figur zur Kartusche ist z. B. auf Türrahmen zu finden: H.H. Nelson (ed.), Reliefs and Inscriptions at Karnak I. Ramses III's Temple within the Great Inclosure of Amon I (OIP 25), Chicago 1936, Pl. 8 oben Mitte; vgl. zu einem thronenden Falkenköpfigen Ebd. Pl. 49 (Chonsu).

92 Falkenkopf als Teil eines Räuchergerätes
Bronze, Hohlguss
L. 4,6 cm, B. 2,7 cm, Abwinkelung des Falkenkopfes zum partiell erhaltenen, quadratischen Fortsatz: 110°
Ägypten
Spätzeit, 2. Hälfte 1. Jt. v. Chr.
M.A. 2567, ehemals Sammlung F. S. Matouk

Dieser Falkenkopf war Bestandteil eines Räucherarmes, der als Kultgerät für das Weihrauchopfer in Gebrauch war (Abb. 92a). Der Gusskern wurde, soweit es die Abwinkelung des Falkenkopfes erlaubte, entfernt. Somit konnte der quadratische Fortsatz an den mit einem Bronzeblech verkleideten Holzstiel angezapft werden. Die differenzierte Modellierung des Falkenkopfes lässt die runden Tieraugen und den gebogenen Schnabel klar

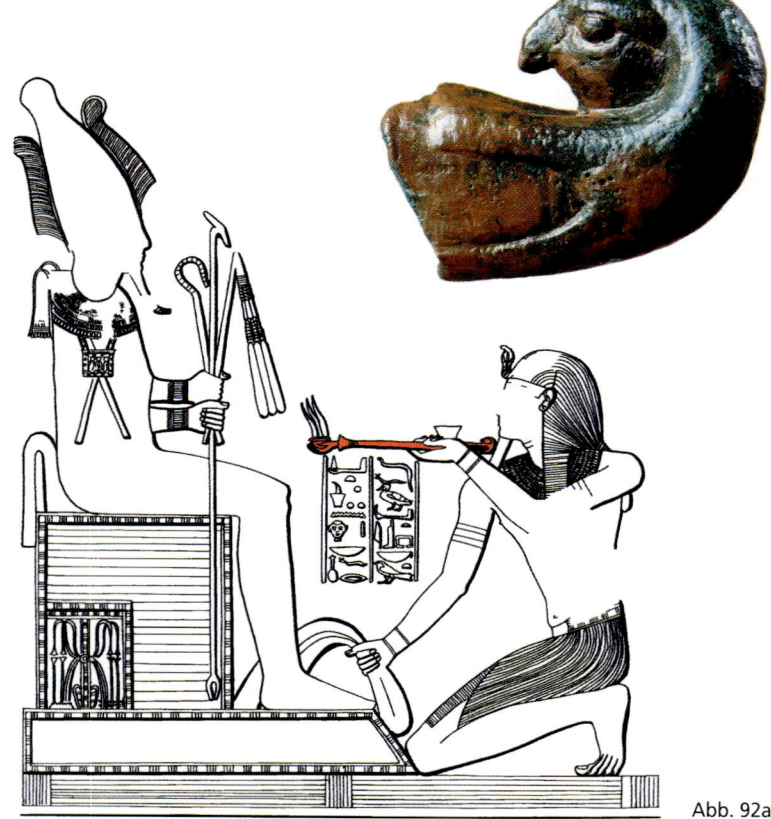

Abb. 92a

Kapitel V

erkennen. Den Darstellungen von Mischgestalten entsprechend, ist der Tierkopf vor eine dreiteilige Perücke gesetzt, deren Strähnen lediglich an der rechten Seite zu erkennen sind. Der Falkenkopf diente nicht allein als dekoratives und symbolträchtiges Abschluss-element, sondern auch funktional als Gegengewicht zum Ausbalancieren des zuweilen doch recht langen Räucher-arms und seines schweren, mit Holzkohle und wertvollen Essenzen verse-henen Napfes auf der Innenfläche der Hand. Das Verbrennen von Räucherwerk war in der altägyptischen Kultur von grosser Bedeutung und erstreckte sich über den kultischen, magischen, medizinischen und hygienischen Bereich. Die auf glühende Holzkohle gelegten Materialien (Terebinthen-Harze, Olibanum, Ladanum, Galbanum, Styrax), die in einem eigens gefertigten Becken oder Napf gesammelt waren, gaben beim Zerschmelzen ihre wohlriechenden Düfte frei. Seit dem Neuen Reich wurden die bis dahin verwendeten schlichten Becken und Näpfe aus Kupferlegierungen auf einen besonderen Halter gestellt, der in seiner Formgebung einen menschlichen Arm mit ausgestreckter und geöffneter Hand imitierte. Der leicht transportable, in drei Elemente gegliederte Räucherarm bestand aus einer Hand mit Räuchergefäss, einem Arm resp. Stiel mit appliziertem Weihrauchbehälter und einem abschliessenden angewinkelten Falkenkopf. Der eigentliche Räuchernapf ruhte auf der geöffneten, nach oben gedrehten Handfläche. Auf der Innenseite des Vorderarmes war ein weiteres kleines Schälchen befestigt, dem man die Weihrauchkörner entnehmen konnte, die während der Räucherung in die Schale gelegt wurden.

Weihrauch wurde als die göttliche Essenz schlechthin angesehen – speziell eng war die Verbindung des Weihrauches mit Horus. Das Olibanum, ein zur Räucherung benutztes Harz, wurde als «Träne des göttlichen Auges», «Gottesauge» und «Horusauge» bezeichnet. Diese besondere Beziehung zwischen Weihrauch und dem Gott Horus findet Ausdruck im Motiv des Räucherarmabschlusses – eines nach vorne gewandten Falkenkopfes. MPG

Lit.: Page Gasser, Götter, Nr. 37 (Lit.).

93 Harpunierende falkenköpfige Gottheit
Bronze, Vollguss
Basisplatte: L. 3,6 cm, B. 1,4, H. 0,3 cm, Statuette mit Basisplatte: L. 8,1 cm
Ägypten
Ptolemäische Epoche, 332-30 v. Chr.
ÄFig 1983.1, ehemals Sammlung F. S. Matouk

Diese Statuette, eine Mischform mit Menschenleib und Falkenkopf, ist in Schrittstellung dargestellt. Der üppige Körper trägt einen kurzen plissierten Schurz mit Gürtel. Auf dem falkenköpfigen Haupt ruht die Doppelkrone, vor die eine Uräusschlange gesetzt ist. Zwischen den beiden vorderen Haarpartien der dreiteiligen Strähnenperücke ist ein Halskragen zu erkennen. Das Falkenhaupt charakterisieren nebst dem gebogenen Schnabel die runden, schwarz eingelegten, von einem feinen Silberdraht umrahmten Augen. Der rechte, seitlich erhobene Arm mit der geballten Faust zeigt eine Durchbohrung, die eine (nun verlorene) Harpune umschloss. Die linke, parallel zum Körper vorgestreckte Hand hält den Strick einer Harpune, die sich im Hinterleib des im rechten Winkel zur Figur stehenden Nilpferdes verkeilt hat. Die Wiedergabe des verschwindend kleinen Nilpferdes reduziert sich auf dessen typische Körpermerkmale: mächtiger Kopf mit breitem Maul und voller Leib mit stämmigen Beinen. Der bemerkenswert gute Zustand dieser Gruppe ist lediglich durch das Fehlen der Harpune beeinträchtigt.

Das Motiv der das Nilpferd harpunierenden falkenköpfigen Gottheit ist Teil der Geschichte des Streites zwischen Horus und Seth, die eine der ältesten und bedeutendsten Mythen innerhalb der ägyptischen Götterwelt ist. Die Geschichte erzählt vom unerbittlichen Streit, den gegenseitigen Angriffen und Verletzungen, die sich Horus und Seth im Kampf um den Thron Ägyptens zufügten. Der Mythos beabsichtigte den Sieger des Streites – Horus, dessen Inkarnation der König war – in seinem Anspruch auf eine alleinige Herrschaft über ganz Ägypten zu legitimieren. Gleichzeitig verdeutlicht er, dass Herrschaft nur in schweren Kämpfen zu erlangen und erhalten ist. Mit der Eingliederung der Geschichte des Streites zwischen Horus und Seth in die Osirislegende (vgl. Kat. II, 55, 91) weitete sich der Inhalt aus und bekam neue Züge: Horus wollte sich am Mörder seines Vaters rächen. Die Vereinigung des Mythenkreises des Horus mit dem des Osiris verwandelte den siegreichen Kampf des Horus mit Seth zu einem Akt der Rache, der jene Untersuchung in Gang brachte, deren Ausgang mit der Rechtfertigung des Osiris zugleich auch die nachträgliche Legalisierung des Kampfes des Horus gegen Seth festlegte. Der Triumph ermöglichte eine Wiedereinsetzung des Osiris, der sich jedoch mit dem Totenreich begnügte und Horus die Herrschaft über Ägypten vererbte.

Das für die vorliegende Bronzefigur relevante Motiv findet sich u. a. im Tempel des Horus von Edfu. Dort war der Triumph des Horus Gegenstand eines Mysterienspiels, das an der Innenseite der westlichen Umfassungsmauer des aus ptolemäischer Zeit stammenden Tempels aufgezeichnet worden ist. Die vorliegende Bronzefigur dürfte von den ortseigenen Werkstätten als Devotionalie für Tempelbesucher hergestellt worden sein.

Das ‹Harpunieren des Nilpferdes› kennzeichnet einen elementaren Gedanken des ägyptischen Glaubens und Weltbildes: Das nie endgültig verdrängte Chaos (Zustand der Welt vor ihrer Entstehung) muss stets auf das Neue bekämpft und besiegt werden. Der König, als lebender Horus, nimmt diese entscheidende Aufgabe auf sich und wird somit zum Garant der Weltordnung und des Lebens. Das Motiv des Gottes, der das Böse in der Gestalt des Nilpferds bekämpft, ist von der Bibel in Ijob 40,15-24 übernommen worden. MPG

Lit.: Miniaturkunst, 116; Taf. X; M. A. Brandes et al., Vom Euphrat zum Nil, Kunst aus dem Alten Ägypten und Vorderasien, Ausstellungskatalog Kartause Ittingen, Egg/Zürich 1985, 53, Nr. 26; U. Staub, Unterwegs. Religion in Kunst und Brauchtum, Zuger Kunstgesellschaft, Zug 1984, 5, Abb. 3; A. Behrmann, Das Nilpferd in der Vorstellungswelt der Alten Ägypter, Teil I: Katalog: EHS.A 22, Frankfurt 1989, Dok. 207 c; Page Gasser, Götter, Nr. 22 (Lit.).

94 Figur einer geflügelten Isis
Bronze, Vollguss mit partiell stark erodierter Oberfläche
H. Sockelrand bis zur Bruchstelle am Kronenansatz 7,5 cm, B. der Figur am Flügelrand 5,8 cm
Ägypten
Spätzeit, 2. Hälfte 1. Jt. v. Chr.
M.A. 2598, ehemals Sammlung F. S. Matouk

Die Figur, die eine leichte Drehung nach vorne rechts erfahren hat, ist kaum modelliert. Die Rückenpartie entbehrt jeglicher Formgebung. Einzig Bauch- und Brustrundungen sind dezent angedeutet. Die rechte Schulter ist etwas hochgezogen. Besonders auffallend sind die überlangen, ungegliederten, schräg vorgestreckten Arme. Sie tragen Flügel, die ihren Ansatz in den Achselhöhlen finden, sich längs des unteren Armrandes entlang schmiegen und über die Hände hinauslaufen. Die schlanke Frauengestalt trägt ein enganliegendes, langes Kleid, dessen Kanten lediglich mittels eines Saumes über den Knöcheln angegeben sind. Das Haupt wird von einer dreiteiligen Perücke gerahmt. Über der Stirn richtet sich eine übergrosse Uräusschlange mit aufgeblähtem Schild auf. Vom Kopfputz ist einzig ein Kranz erhalten. Der weitere Kronenaufbau fehlt. Über den Haarsträhnen des Hinterkopfes lässt sich ein Geierbalg erkennen. Das Antlitz ist Gattin, die nach dem durch Seth verschuldeten Tod ihres Brudergemahls unermüdlich dessen zerstückelten Leichnam suchte. Mit Hilfe ihrer magischen Kräfte gelang es ihr, Osiris zu neuem Leben zu erwecken, und ermöglichte ihm somit, Herrscher des Jenseits zu werden. Auf einer Stele des Amenmes aus der 18. Dynastie (Paris, Musée du Louvre, Inv.-Nr. C 286) steht: «Isis, die Zauber(kundige), die ihren Bruder schützte, die ihn suchte, ohne zu ermatten, die dieses Land in Trauer durchzog, ohne dass sie Halt machte, bevor sie ihn gefunden hatte; die mit ihren Federn Schatten machte, die mit ihren Flügeln Luft entstehen liess; die jubelte und ihren Bruder zur Ruhe brachte, die die Müdigkeit des Herzensmüden aufrichtete.» Die bildliche Wiedergabe dieser Leben spendenden Funktion zeigt Isis mit erhobenen und geflügelten Armen hinter Osiris stehend. Durch die Osiris-Symbolik, die den ägyptischen Jenseitsglauben erfüllte und den Toten (vgl. Kat. 57) in die Rolle des verstorbenen Osiris rücken liess, lag das Schicksal des Menschen, der auf eine Wiedergeburt hoffte, auch in der Hand der Isis. Zusammen mit Nephthys findet sich Isis als klagendes Falkenweibchen zu Haupt und Füssen des Toten. Schützend breiten sie, zusammen mit Neith und Selkis, die Flügel um den Sarg des Verstorbenen aus. MPG

Lit.: U. Staub, Unterwegs. Religion in Kunst und Brauchtum, Zuger Kunstgesellschaft, Zug 1984, Abb. 7; Page Gasser, Götter, Nr. 18 (Lit.).

95 Sarg mit Mischgestalt aus Aal, Kobra und Mensch
Bronze
L. 17,8 cm, B. 3,8 cm, H. 12,5 cm
Ägypten
Spätzeit, 6.-1. Jh. v. Chr.
Leihgabe aus der Sammlung A. Pfingsttag

Der lange, im Querschnitt rechteckige Sarg barg wohl die Mumie eines Aals (*Anguilla vulgaris*). Auf dem Deckel des Sargs ist der sich schlängelnde Leib des Fisches zu sehen. Sein Kopf ist durch einen gespreizten Kobrahals und einen Menschenkopf ersetzt, der den Götterbart und die Krone Ober- und Unterägyptens trägt. Die im übrigen schlecht erhaltene Inschrift auf dem Sarg lässt deutlich den Namen des Gottes Atum erkennen. Er ist hier dargestellt.
Während Stier, Löwe und Löwin bis heute, z. B. als Wappentiere, Ansehen geniessen, haben in der Kosmotheologie Ägyptens auch manche Tiere Verehrung genossen, die der hebräischen, vor allem aber der griechisch-römischen Kultur nicht beachtenswert schienen. Ein typisches Beispiel ist der Aal.

Der bis 70 cm lange, sich schängelnde Fisch ist in schlammigen Gewässern zu finden. Diese erinnerten das alte Ägypten an die trüben Fluten des Urmeers. Der Aal symbolisierte den Urgott Atum, der den fliessenden Übergang zwischen dem ungestalteten potentiellen Sein des Urwassers vor der Schöpfung und der gestalteten, differenzierten Welt danach repräsentierte. Für die Ägypter war er eine geniale Chiffre für diesen Bereich und ein wesentlicher Teil ihrer Kosmotheologie, die gewisse Gemeinsamkeiten mit Baruch Spinozas (1632-1677) *Deus sive natura* hatte. Griechen und Israeliten hingegen konnten sich nicht genug wundern, dass die Ägypter ein solch unscheinbares Tier als Erscheinung des Göttlichen verehrten.

Der Athener Komödiendichter Antiphanes dichtete im 4. Jh. v. Chr.: «Ägypter sind auch sonst, so sagt man, sonderbar,/ Da sie für göttergleich erachten (selbst) den Aal». Der Zeitgenosse und Berufskollege des Antiphanes, Anaxandrides, spottete: «Als obersten der Götter wähnest du den Aal,/ Wir schätzen ihn als besten Fisch beim Mahl.» Die im 1. Jh. v. Chr. in Alexandrien entstandene jüdische ‹Weisheit Salomos› sagt von den Ägyptern: «Allzuweit waren sie in die Irre gegangen, als sie die allerhässlichsten und verachtetsten Tiere für Götter hielten» (12,24). Zu diesen Tieren gehörte wohl auch der Aal, der in Israel als unrein galt. OK

Lit. Unveröffentlicht – Parallelen: K. Myśliwiec, Studien zum Gott Atum I (HÄB 5), Hildesheim 1978, 131-138, 279-283 Taf. XXXVIIa-XLIIc; zu den griechischen Autoren vgl I. Gamer-Wallert, Fische und Fischkulte im Alten Ägypten (ÄA 21), Wiesbaden 1970, 115.

Abkürzungsverzeichnis

ÄA	Ägyptologische Abhandlungen	FRLANT	Forschungen zur Religion und Literatur des Alten und Neuen Testaments	MÄS	Münchner Ägyptologische Studien
ÄAT	Ägyypten und Altes Testament	G.	Gewicht	Matouk, Corpus I	Fouad S. Matouk, Corpus du scarabée égyptien I, Beyrouth 1971.
ABD	Anchor Bible Dictionary	GGG	Othmar Keel/Christoph Uehlinger, Göttinnen, Götter und Gottessymbole (QD 135), Freiburg/Basel/Wien, 5. Aufl. 2001.	Matouk, Corpus II	Fouad S. Matouk, Corpus du scarabée égyptien II, Beyrouth 1977.
ABSt	Archaeology and Biblical Studies			MDAI.A	Mitteilungen des Deutschen Archäologischen Instituts, Athenische Abteilung
AF	Altorientalische Forschungen				
AfO	Archiv für Orientforschung				
ANET	James B. Pritchard (ed.), Ancient Near Eastern Texts Relating to the Old Testament, Princeton NJ 1950.	Grzimek	Grzimeks Tierleben 1979/80	Miniaturkunst	O. Keel/Ch. Uehlinger, Altorientalische Miniaturkunst. Die ältesten visuellen Massenkommunikationsmittel. Ein Blick in die Sammlungen des Biblischen Instituts der Universität Freiburg Schweiz, Freiburg (CH)/Göttingen, 2. Aufl. 1996.
		H.	Höhe		
		HKL	Hildi Keel-Leu, Freiburg (CH)		
		HÄB	Hildesheimer Ägyptologische Beiträge		
Annales EPHE	Annales de l'Ecole pratique des Hautes Etudes	IEJ	Israel Exploration Journal		
AOAT	Alter Orient und Altes Testament	JDS	Judean Desert Studies		
		JEA	Journal of Egyptian Archaeology		
ArOr	Archiv Orientální	JNES	Journal of Near Eastern Studies		
AuS	Gustaf Dalman, Arbeit und Sitte in Palästina, Gütersloh/Hildesheim 1928-2001.	JSOT	Journal for the study of the Old Testament	MPG	Madeleine Page Gasser, Projekt «BIBEL+ORIENT Museum»
AV	Archéologie Vivante	JSOT.S	Journal for the study of the Old Testament, Supplement Series	NBL	Neues Bibel-Lexikon, Zürich 1991-2001
B.	Breite				
BA	Bibliotheca Aegyptiaca				
BaghM	Baghdader Mitteilungen	Kap.	Kapitel	NSK–AT	Neuer Stuttgarter Kommentar–Altes Testament
BAH	Bibliothèque Archéologique et Historique	Kat.	Katalog-Nummer		
		Keel, Böcklein	Othmar Keel, Das Böcklein in der Milch seiner Mutter und Verwandtes im Lichte eines altorientalischen Bildmotivs (OBO 33), Freiburg (CH)/Göttingen 1980.	NTOA.SA	Novum Testamentum et Orbis antiquus. Series Archaeologica
BAR	Biblical Archaeology Review			NW	Neue Wege
BAR.IS	British Archaeological Reports International Series			OK	Othmar Keel, Departement für Biblische Studien, Universität Freiburg CH
BASOR	Bulletin of the American Schools of Oriental Research				
BBVO	Berliner Beiträge zum Vorderen Orient	Keel, Corpus	Othmar Keel, Corpus der Stempelsiegel-Amulette aus Palästina/israel. Von den Anfängen bis zur Perserzeit. Einleitung (OBO.SA 10), Freiburg (CH)/Göttingen 1995.	OBO	Orbis Biblicus et Orientalis
BCH	Bulletin de corréspondance héllenique			OBO.SA	Orbis Biblicus et Orientalis Series Archaelogica
BEHE	Bibliothèque de l'École des Hautes Études			OEANE	The Oxford Endyclopedia of Archaeology in the Near East, Oxford 1997
BIFAO	Bulletin de l'Institut Français d'Archéologie Orientale			OIP	Oriental Institute Publications
BN	Biblische Notizen	Keel, Corpus I	Othmar Keel, Corpus der Stempelsiegel-Amulette aus Palästina/Israel. Von den Anfängen bis zur Perserzeit. Katalog Band I: Vom Tell Abu Fara' bis 'Atlit (OBO.SA 13), Freiburg (CH)/Göttingen 1997.	OLB I	Othmar Keel/Max Küchler/Christoph Uehlinger, Orte und Landschaften der Bibel. Bd. 1: Geographisch-geschichtliche Landeskunde, Zürich/Einsiedeln/Köln 1984.
BThSt	Biblisch-theologische Studien				
Collon, Impressions	Dominique Collon, First Impressions. Cylinder Seals in the Ancient Near East, London 1987.				
CSEG	Cahiers de la Société d'Égyptologie, Genève	Keel, Hohelied	Othmar Keel, Das Hohelied (ZBK.AT 18), Zürich, 2. Aufl. 1992.	Page Gasser, Götter	Madeleine Page Gasser, Götter bewohnten Ägypten. Ägyptische Bronzen des Departements für Biblische Studien der Universität Freiburg/Schweiz, Freiburg (CH)/Göttingen 2001.
CU	Christoph Uehlinger, Departement für Biblische Studien, Universität Freiburg (CH)				
		Keel-Leu, Stempelsiegel	Hildi Keel-Leu, Vorderasiatische Stempelsiegel. Die Sammlung des Biblischen Instituts der Universität Freiburg Schweiz (OBO 110), Freiburg (CH)/Göttingen 1991.		
D.	Dicke				
DDD	Dictionary of Deities and Demons in the Bible, Leiden 2nd ed. 1999.			PBSAE	Publications of the British School of Archaeology in Egypt
DkAWW	Denkschrift der kaiserlichen Akademie der Wissenschaften in Wien				
		L.	Länge	PEQ	Palestine Exploration Quarterly
Dm.	Durchmesser	LÄ	Lexikon der Ägyptologie, Wiesbaden 1972-1986	Porada, Corpus	Edith Porada, Corpus of Ancient Near Eastern Seals in North American Collections. The Collection of the Pierpont Morgan Library, Washington 1948.
DNP	Der Neue Pauly. Enzyklopädie der Antike, Stuttgart/Weimar 1996ff.				
		Lit.	Weiterführende Literaturhinweise		
EHS.A	Europäische Hochschulschriften. Archäologie	MK	Max Küchler, Departement für Biblische Studien, Universität Freiburg (CH)		
EI	Eretz Israel			QD	Quaestiones Disputatae

Abbildungsnachweis

QuSem	Quaderni di semistica	
RäR	Reallexikon der ägyptischen Religionsgeschichte	
RB	Revue biblique	
RGG	Religion in Geschichte und Gegenwart	
RSO	Rivista degli Studi Orientali	
SB	Susanne Bickel, Departement für Altertumswissenschaft, Freiburg (CH)	
SAAS	State Archives of Assyria Studies	
SBS	Stuttgarter Bibel-Studien	
StEU	Studia Ethnographica Upsaliensia	
T.	Tiefe	
TST	Thomas Staubli, Projekt «BIBEL+ORIENT Museum»	
TA	Tel Aviv (Zeitschrift)	
TAVO	Tübinger Atlas des Vorderen Orients	
ThZ	Theologische Zeitschrift	
Trans	Transeuphratène	
TTKY	Türk Tarih Kurumu Yayinlarindan	
TUAT	Texte zur Umwelt des Alten Testaments, Gütersloh 1981ff.	
US	Ursula Seidl, München	
UAVA	Untersuchungen zur Assyriologie und Vorderasiatischen Archäologie	
UF	Ugarit-Forschungen	
UMM	University Museum Monographs	
Vergangenheit	S. Schroer/Th. Staubli, Der Vergangenheit auf der Spur. Ein Jahrhundert Archäologie im Land der Bibel, Zürich 1993.	
VT	Vetus Testamentum	
Winter, Göttin	Urs Winter, Frau und Göttin. Exegetische und ikonographische Studien zum weiblichen Gottesbild im Alten Israel und in dessen Umwelt (OBO 53), Freiburg (CH)/Göttingen, 2. Aufl. 1987.	
WMANT	Wissenschaftliche Monographien zum Alten und Neuen Testament	
WuD	Wort und Dienst	
ZÄS	Zeitschrift für Ägyptologische Studien	
ZAW	Zeitschrift für Alttestamentliche Wissenschaft	
ZBK	Zürcher Bibelkommentare	
ZDPV	Zeitschrift des Deutschen Palästina-Vereins	

Einleitungen

Ia: © Stiftsbibliothek St. Gallen.
Ib: Richard D. Barnett, Ancient Ivories in the Middle East (QEDEM 14), Jerusalem 1982, 6, Fig. 2.
Ic-g: © Barbara Connell, Susanne Staubli; Atelier WiZ, Volketswil, CH.
IIa: © Benny Mosimann; Atelier für Gestaltung, Bern, CH.
IIb: R. Amiran, in: M. Kelly-Buccellati et al. (eds.), Insight Through Images. Studies in Honor of Edith Porada, Malibu 1986, 12, fig. 3.
IIc: Avigad/Sass (Lit. Kap. II), Nr. 196.
IId: Deutsch/Lemaire (Lit. Kap. II), 94, Nr. 88.
IIe: B.Sass/Ch. Uehlinger (eds.), Studies in the Iconography of Northwest Semitic Inscribed Seals (OBO 12), Freiburg (CH)/Göttingen 1993, 219, Abb. 101.
IIf: OLB I, 169, Abb. 93.
IIIa: E. Strommenger, Habuba Kabira. Eine Stadt vor 5000 Jahren, Mainz 1980, 62, Abb. 55.
IIIb: O. Keel: VT 31 (1981) 222, Abb. 1.
IVa: B. Heinrich/G.A. Bartholemew, The Ecology of the African Dung Beetle: Scientific American 241/5 (1979) 122f = Keel, Corpus, 22 Abb. 2-5.
IVb: © Archäologisches Museum Nicosia, Zypern.
IVc: A. Parrot, Sumer (Universum der Kunst), München 1962, 2. Aufl. 278f, Abb. 346.
IVd: M. Fortin, Syrien – Wiege der Kultur, Québec 1999, 243.
IVe: Nach dem Original im Museum.
IVf: Nach dem Original im Museum.
IVg: Nach dem Original im Museum.
IVh: © Joy Caros.
Va: O. Keel, Deine Blicke sind Tauben. Zur Metaphorik des Hohen Liedes (SBS 114/115), Stuttgart 1984,131, Abb. 16.
Vb: Winter, Göttin, Abb. 503.

Katalogteile

Primula Bosshard, Fotografin, Freiburg (CH) © Vordere Umschlagklappe (Kat. 8), S. 4 (Kat. 21), Kat. 9-11, 13, 25, 45, 54, 56, 57, 61, 63, 74, 75, 76, 79, 80, 81, 83, 90, 91, Hintere Umschlagklappe (Kat. 7).
Jürg Eggler, Freiburg (CH) © Kat. 3-6, 10, 15, 26-34, 37-39, 43, 44, 46-52, 58, 59, 64-69, 71, 72, 84, 86, 89.
Ueli Hiltpold, Fotograf, Jegenstorf (CH) © Kat. 2, 12, 17, 18-20, 22, 23, 36, 55, 70, 77a/b, 82, 85, 87, 88, 92, 94, 95.
D. Röthlisberger, Zoologisches Museum der Universität Zürich © Titelbild (Kat. 90).

14: © Barbara Connell; Atelier WiZ, Volketswil, CH.
16: Umzeichnung von Hildi Keel-Leu nach A. Glock (s. Lit. Kat. 16).
35: Othmar Keel, Die Welt der altorientalischen Bildsymbolik und das Alte Testament. Am Beispiel der Psalmen, Zürich et al. 1980 (3. Aufl.) 69, Abb. 91, Grafik: Thomas Staubli.
35a: OLB I, Abb. 44.
40: Umzeichnung nach dem Original von Jean-Marc Wild.
41: s. Kat. 41 (Lit.).
42a: Karl Jaroš, Hundert Inschriften aus Kanaan und Israel, Freiburg CH 1982, 81.
42b: Ebd. 80.
42c: Umzeichnung von Thomas Staubli nach Nahman Avigad/Benjamin Sass, Corpus of West Semitic Stamp Seals, Jerusalem 1997, Nr. 1142.
60: © Stadtbibliothek Winterthur.
73: © D. Röthlisberger, Zoologisches Museum der Universität Zürich.
73a: IEJ 49 (1999) 54, fig. 14.
78a: Archaeology 18 (1965) 46, fig. 10.
79a: B. Sass/Ch. Uehlinger (eds.), Studies in the Iconography of Northwest Semitic Inscribed Seals (OBO 125) 223, Abb. 109.
92a: Othmar Keel, Die Welt der altorientalischen Bildsymbolik und das Alte Testament. Am Beispiel der Psalmen, Zürich et al. 1980 (3. Aufl.) 253, Abb. 374.

neu

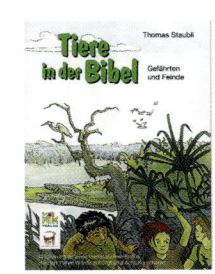

Thomas Staubli
Tiere in der Bibel – Gefährten und Feinde
Mit einer Einführung von Silvia Schroer und Illustrationen von Barbara Connell.
Arbeitsmappe inkl. Begleitheft (Comic-Strip zum Thema), mit ausführlichen Lehrkraftinformationen, Kopiervorlagen, Farbfolien und zahlreichen Illustrationen.
KiK-Verlag, Berg am Irchel 2001.
SFR 35.- ISBN 3-906581-53-5 Begleitheft
(Comic-Strip zum Thema) separat SFR 8.- (ab 10 Ex. SFR 7.20, ab 20 Ex. 6.40)

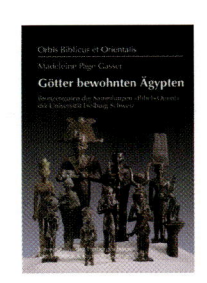

neu

Madeleine Page Gasser
Götter bewohnten Ägypten
Ägyptische Bronzen des Departementes für Biblische Studien der Universität Freiburg/Schweiz.
Universitätsverlag Freiburg (CH), Vandenhoeck & Ruprecht, Göttingen 2001.
196 Seiten Text + 56 Seiten Abbildungen.
SFR 48.- ISBN 3-7278-1359-8

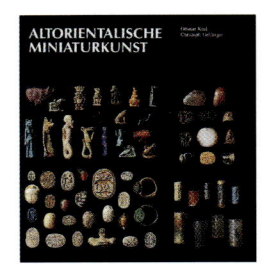

Othmar Keel, Christoph Uehlinger
Altorientalische Miniaturkunst
Die ältesten visuellen Massenkommunikationsmittel.
Ein Blick in die Sammlungen des Biblischen Instiuts der Universität Freiburg Schweiz.
Universitätsverlag Freiburg (CH), Vandenhoeck & Ruprecht, Göttingen,
2. erw. Auflage 1996, 192 S. reich illustriert, gebunden.
SFR 48.- / DM 58.-/ öS 467.- ISBN 3-7278-1053-X

neu

Othmar Keel, Silvia Schroer
Schöpfung
Biblische Theologien im Kontext altorientalischer Religionen.
Universitätsverlag Freiburg (CH), Vandenhoeck & Ruprecht, Göttingen 2001,
336 S. 150 Abb., kartoniert.
SFR 58.- / DM 64.-/ öS 426.- ISBN 3-7278-1053-X

BIBEL+ORIENT MUSEUM
MUSÉE BIBLE+ORIENT

Ein Projekt des Departementes für Biblische Studien
der Universität Freiburg Schweiz

• eine Sammlung von internationalem Rang
und pädagogischer Aussagekraft

• ein einzigartiger Blick auf Quellen und Wurzeln
der europäischen Religions- und Kulturgeschichte

• ein ideal gelegenes Forum der Begegnung von
Wissenschaft und Gesellschaft, Religion und Kultur

• ein Novum in der schweizerischen Museenlandschaft
mit europäischem Potential

Möchten Sie mehr über das Projekt erfahren?
Möchten Sie das Projekt finanziell unterstützen?
Wir senden Ihnen gerne entsprechende Unterlagen:
Projekt «BIBEL+ORIENT Museum», Kirchstr. 52, 3097 Liebefeld
Tel. 031-971 84 54; E-mail b-o@unifr.ch; www.unifr.ch/bibelundorient